胡海峰◎著

美国创业资本制度与市场研究

人民出版社

策划编辑:郑海燕
责任编辑:万　琪
装帧设计:肖　辉

图书在版编目(CIP)数据

美国创业资本制度与市场研究/胡海峰著.
-北京:人民出版社,2008.1
ISBN 978－7－01－006735－3

Ⅰ.美…　Ⅱ.胡…　Ⅲ.资本市场-经济制度-研究-美国
Ⅳ.F837.125

中国版本图书馆 CIP 数据核字(2007)第 196052 号

美国创业资本制度与市场研究
MEIGUO CHUANGYE ZIBEN ZHIDU YU SHICHANG YANJIU

胡海峰　著

人 民 出 版 社 出版发行
(100706　北京朝阳门内大街 166 号)

北京市文林印务有限公司印刷　新华书店经销

2008 年 1 月第 1 版　2008 年 1 月北京第 1 次印刷
开本:880 毫米×1230 毫米 1/32　印张:9.5
字数:227 千字　印数:0,001－3 000 册

ISBN 978－7－01－006735－3　定价:21.00 元

邮购地址 100706　北京朝阳门内大街 166 号
人民东方图书销售中心　电话 (010)65250042　65289539

目　　录

2

3

第一章　美国创业资本的制度安排与制度变迁

美国的创业资本市场无疑是目前世界上规模最大、发展最为完善的创业资本市场。经过五十多年的发展，它已经形成了一套比较系统的创业资本制度安排，为美国技术创新型企业的成长与发展提供了必要的资金和管理支持，对促进整个美国高新技术行业的发展起到了至关重要的作用。本章将对美国创业投资的发展做一个比较全面的回顾，从制度安排的角度对美国的创业投资市场进行分析，找出其变迁的原因和动力所在，并期望能对我国创业资本市场的发展提供一些借鉴。

第一节　美国创业资本制度安排的起源

制度安排就是管束特定行动模型和关系的一套行为规则，也是支配经济单位之间可能合作与竞争的一种安排。制度安排可以是正式的，也可以是非正式的。在美国创业资本市场上，一套包括了资金筹集、投资、投资监控和退出渠道的制度安排对美国的创业资本投资起到了引导和约束的作用，而本章要对美国创业资本投资进行一个比较系统的分析，我们的首要工作就是对美国创业资本发展的几个阶段有一个比较明确的了解。按时间顺序，美国的创业资本发展可以分为三个阶段。

一、美国创业资本发展的几个阶段

1. 起步阶段（1946～1969 年）

这个时期开始于第二次世界大战结束之后。经过了第二次世界大战，美国聚集了一大批优秀的科学技术人才，整个科学技术水平得到了空前的发展，以核技术和电子技术为特征的第三次产业革命蓬勃兴起；由于在战争中欧洲的工业设施大部分已经被摧毁，而美国发起的"马歇尔计划"在重振欧洲的过程中使得美国国外对美国产品的需求急速增加，美国国内的厂家都在想方设法使用新的技术来增加产出，这些因素在客观上构成了创业资本投资发展的前提条件。

在这个阶段，美国出现了第一个真正的创业资本投资企业 ARD（American Research and Development）（1946），这个企业创立的目的在于将不断增加的私人资本引入到那些缺乏有效融资渠道的新兴企业或小型企业中去；此外就是要创立一个既提供资金又提供管理技巧支持的投资机构，ARD 是作为一个在证券市场上公开交易的封闭式基金而存在的，投资者可以像买卖股票一样在交易所内进行交易。这也反映出这个时期的人们确信，管理技巧或专业知识与资金一样，都是企业发展成败的关键。

另外，第一个以有限合伙制形式组织的创业资本投资企业——Draper、Gaither 和 Anderson 也在这个期间出现了。这个企业成立于 1958 年。与 ARD 类型的企业不同的是，有限合伙制的创业资本投资企业有一个固定的存续期，而且，他们不受许多美国证券监管条例〔包括 1940 美国投资公司法（Investment Com-

2

pany Act of 1940）〕的管制，投资者可持有接受合伙制企业投资的公司的股票，掌握何时进行变现的时机，这能对那些大的机构投资者产生比较大的吸引力，但由于其他的原因，有限合伙制在这个阶段没有得到充分的认识和发展。在这个时期的后期阶段，还出现了继 ARD 之后的另一个公开在证券市场上交易的创业资本投资企业 SBICs（Small Business Investment Companies）。SBICs 是由美国小型企业管理局（SBA-Small Business Administration）批准设立的向风险企业提供专业管理的私人资本的企业，在市场上公开交易。SBICs 允许使用 SBA 的贷款来充实自己的资本，并享受一定的税收优惠，这是政府资金与私人资本结合促进创业资本投资发展的一种新的尝试。

2. 发展阶段（20 世纪 70 年代～1980 年）

经过起步阶段不断的尝试，在 1968～1969 年间，一个新的发行市场为许多 20 世纪 60 年代的投资提供了丰厚的回报和富有价值的投资经验，也带动了创业资本投资的发展，兴起了一批有限合伙制的创业资本投资企业。但一直到 20 世纪 70 年代，创业投资主要都是由一些富有的家庭、行业公司、金融机构对风险企业进行直接投资。

从 20 世纪 70 年代中期开始，创业资本投资遇到了一定的挫折。首先，在 20 世纪 70 年代经历了一定的经济衰退，IPO 市场，特别是为小型企业提供 IPO 的市场萎缩，投资者的退出渠道受到了阻碍；由于税务制度发生变化，资本利得税增加以及对 ESOPs 的课税方法改变，这使得以股票为基础的一系列补偿计划变得不再具有吸引力。因此，那些具备较强领导能力的创业企业家出现短缺，20 世纪 70 年代的这些变化不仅对创业投资起到了抑制作用，还使得不少资金的投向发生了变化，转向了非创业投资领域。

到了 1977 年，对于新兴企业缺乏投资的现象再度引起公众的关注，政府方面也对以前的政策在法规和税务制度方面针对创业资本的特性做出了一定程度的检讨和修正，这可以看做是以后快速增长的创业投资的前奏。其中最重大的变化是美国劳工部在1978 年对 ERISA（Employee Retirement Income Security Act）法案中"关于信托投资的审慎管理人原则（prudent man）"条款的重新解释，这就放宽了养老基金的投资范围，使之可以进行创业资本投资，这在市场上几乎立刻起到了立竿见影的作用。在 1976～1978 年间，创业资本合伙企业从 ERISA 的养老基金中募集来的资金总额不足 500 万美元，而在劳工部对"关于信托投资的审慎管理人原则"条款的解释通过后的 1979 年前 6 个月中，创业资本合伙企业从同样的来源中募集的资金就达到了 5000 万美元。

4

3. 高速发展阶段（1980 年～20 世纪末）

有限合伙制创业投资企业的发展与美国法律、税务环境的改善明显刺激了创业资本的供应量，而且，自 20 世纪 70 年代开始，信息产业和生物技术产业的蓬勃发展也增加了对创业资本的需求。在这些有利条件的影响下，从 20 世纪 80 年代开始，美国的创业资本投资产业进入了一个发展的高潮。

由于几个在 20 世纪 70 年代时候接受创业投资的公司（Apple Computer，Genentech，Intel，Federal Express，Qume Corporation，和 Tandem Computers）的成功，大量的资本开始涌入了创业资本市场，其中，投向创业资本合伙企业的资金从 1980 年的 6 亿美元增长到了 1984 年的 30 亿美元，足足增长了 5 倍。而对上面所说的那几个成功的风险企业进行投资的合伙制投资公司，它们在 20 世纪 70 年代后期的年回报率超过了 20%。在这种形势下，不少创业资本企业不断将已经收回的投资再投入到风险企业中去。在这个期间，创业资本投资在 20 世纪 90 年代初经济不景气的时候曾经有过一定程度的衰退，但在 20 世纪 90 年代后期到 2000 年间，互联网产业与生物医药产业的兴起再度吸引了大量的投资，将创业投资推向了一个顶峰。

在这个期间的创业投资还出现了一些新的内容。如，创业资本企业更愿意与投资者合作发展一定的业务，他们不仅从投资者（即有限合伙人）那里接受投资，而且他们还与投资者开展各种类型的合作。一个典型的例子就是著名的创业资本企业——软银（Softbank）与它的一个有限合伙人 K-Mart 联合设立了一个合资公司，这个公司利用了软银在信息技术方面所特有的专长和技术渠道，向普通客户免费提供互联网接入服务、网上打折商店以及来自于雅虎（Yahoo!）的一些相关服务等，以此来增加 K-Mart 的销售额。

5

这个时期的另外一个重要现象就是，虽然有限合伙制在创业资本投资中仍占有优势地位，但是在 20 世纪 90 年代，一些公开交易的创业投资基金再度兴起。这种复兴包括的方式有：纯粹的创业投资基金的出现，如 Internet Capital Group，这个组织是一个创业投资基金与营运公司的复合体（利用自己的专长，发展相关产业）；还有就是出现了一些包含有"孵化器"的营运企业。

二、美国创业资本制度变迁的起源

创业资本市场是一个以高度信息不对称、高度不确定性和高风险为特点的市场。在这个市场的参与者——投资者（Investors）、创业资本家（Venture Capitalists）和创业企业家（entrepreneur）之间，存在着专业知识、风险厌恶程度、禀赋等因素之间的巨大差异。

在创业资本市场上，投资者是创业资本最重要的来源，他可以根据自己对回报率的要求和风险的厌恶程度等因素决定自己所拥有的资本的最终投向。但作为投资者而言，因为关注自己的资金安全，所以投资者始终都是一个风险的厌恶者，但在投资者之间，仍存在着风险厌恶程度的差异。这些创业投资者期望自己的投资回报率能高于传统行业的投资回报率，因此他们才将资金投向了这个风险很高的领域。他们的收入形式通常表现为资本利得、分红等。

而创业企业家在创业资本市场上掌握着某种特定的知识，他们往往具有一个良好的创业构思或专利技术，但由于信用和渠道的原因，他们却无法通过传统的渠道——如银行贷款或在证券市场上募集资金——获取将自己的创业构思或专利转化为实实在在的商业运作的资本。其收入往往要等到企业成功后才能实现。

创业资本家则是这个市场上的积极参与者，但他却不是伴随着投资者或创业企业家一起出现的。创业资本家在这个市场中扮演了一个中间人或联络人的角色，当然，他的功能不仅仅局限于中间人或联络人。通常的创业资本家应该具有丰富的管理知识，对某一个行业或某一项技术有一定程度的了解；此外，现代的创业资本家还应该是一个投资银行家，拥有灵通的信息和融资渠道；创业资本家还经常为企业提供管理咨询方面的服务，为企业联络供应商或客户。创业资本家的收入形式往往有管理费用（作为有限合伙投资企业的普通合伙人的收入）、分红收入和风险企业的管理咨询服务收入等。

从上面列举的美国创业资本市场发展的三个阶段来看，在美国创业资本市场发展的起步阶段所采用的主要制度形式中，并不存在着创业资本家这么一个角色。此时的投资者对创业企业家的投资通常采用直接的方式，两者在创业资本市场上相互搜寻，但这种搜寻往往是低效而且盲目的，交易费用居高不下；即使双方偶尔达成了投资的协议，由于投资者缺乏相关的专业知识，而创业资本家却拥有大量的技术信息和企业运营经验，因此两者之间是一种高度的信息不对称状况，投资者面临着高风险，其所期望的效用最大化的实现受到一定程度的潜在威胁；而创业企业家在收到投资后，因为在他与投资者之间存在着较大的信息（专业知识、企业运行情况等）差距，因而对于投资者而言，他只能看到创业企业家行动的结果，而无法看到其行动过程和选择决策的制定。因此，这就在委托人（投资者）和代理人（创业企业家）之间产生了逆向选择的问题，市场迫切需要一个中间人来协调、缓和两者之间的矛盾。

随着创业资本家等中介人的出现，在投资者和创业企业家的关系中插入了一个新的影响因素，这也打破了市场原来的不正常均衡。创业资本家的出现在一定程度上减轻了委托人和代理人之间的信息不对称程度，减少了投资者的风险，提高了两者之间的搜寻效率，在一定程度上降低了交易费用；但由于创业资本家的加入，投资者与创业企业家之间又拉开了一定的距离。原来投资者直接选择与监督企业的功能就分解为中介机构选择、监督企业和投资者选择、监督中介机构两部分。虽然创业资本家也并不具有完全的专业知识，但却掌握了一定的信息渠道。此时，事实上，在投资者与创业资本家之间、在创业资本家与创业企业家之间又形成了两个委托—代理关系，信息不均衡的状态依然是存在的，但已经得到了一定程度的减轻。投资者因为与创业资本家之间存在着契约关系，因此他能借助于创业资本家的力量将一部分外部因素（如信息差异）内在化，赢得在原状态下无法取得的利润。同样，因为创业资本家身兼投资者代理人与创业企业家委托人的双重角色，在这三者之间也存在着某种程度的逆向选择和道德风险问题。

由以上分析可以看出，交易费用、风险、专业知识的差别等外部因素都可以对不同的市场参与者形成一定的外部利润，而对于这些利润来源的追求和改变往往就变成了制度变迁的起源。制度的安排和变迁就是为了更好地解决这些问题而存在的。

第二节　美国创业资本制度变迁的形式

创业资本制度变迁的最终目的是为了解决存在于委托人和代理人之间的信息不对称以及激励问题。根据诺斯的制度变迁理论，我们可以知道制度变迁是一个循序渐进的过程，这个过程的发展形式往往是平缓演进的。传统观点认为，制度变迁的类型有两种：诱致性变迁和强制性变迁。诱致性制度变迁指的是现行制度安排的变更或替代，或是新制度安排的创造，它由个人或一群人，在响应获利机会时自发倡导、组织或实行。与此相反，强制性制度变迁由政府命令或法律引入和实行。诱致性制度变迁必须由在某种原有制度安排下无法得到的获利机会引起；而强制性制度变迁可以纯粹因在不同选民团体之间对现有收入进行再分配而发生。

现在回过头来看美国创业资本的制度安排，并考虑创业资本循环过程中的几个环节：资金筹集、投资和退出中委托人与代理人之间的利益冲突及其解决方法。

一、美国创业资本筹集中的制度变迁

这一过程形成了创业资本投资中的第一个委托—代理关系。其中委托人为外部投资者，而代理人则是创业资本家。投资者为了实现其对风险回报的需求，将资金委托给创业资本家管理，实现了所有权和控制权的分离。

1. 组织形式的变迁

首先来看这个环节内的组织形式的变迁。从第一部分的美国创业资本发展历程来看，美国创业资本的组织形式经历了从公司制到有限合伙制的过程（ARD→SBICs→有限合伙制），而有限合伙制则是现在创业资本的一种主要组织形式。

在早期的投资过程中，创业资本家尚未出现，创业资本投资基本上由富裕家庭、金融机构和行业公司等进行，他们直接对融资公司发行的有价证券进行投资，投资者和创业资本家直接发生接触。由于信息不对称，企业向外融资的结果将会是一个逆向选择的动态过程（Akerlof，1970）。投资者对项目进行评估、筛选与创业企业家自身之间的价值评估产生了一个差距，就是对于这个动态逆向选择过程的期望从一开始就阻止了创业资本融资市场的形成。

9

而随后出现的 ARD 和 SBICs 等在证券市场上公开交易的公司制创业投资机构也缺乏有效的制度安排；而且，这两种投资方式都不能引起大机构投资者的兴趣，因而他们在资金的筹集方面不甚成功。其中 ARD 总共存在了 26 年，它的年投资回报率为15.8%，但是这个利润主要来源于对 DEC（Digital Equipment Company）的 70000 美元的投资，如果去除了这个利润，它的回报率只有 7.4%。由于在组织形式上采取了公众公司的制度，导致 ARD 公司一直存在短期经营亏损与长期盈利不确定矛盾，这种巨大的经营压力对 ARD 的发展极为不利，因而在 ARD 成立后的几十年间，美国并无人效仿 ARD 成立第二家同类公司。

SBICs 这种制度安排存在着许多缺陷：

其一，SBICs 主要吸引中小个人投资者，而非机构投资者参与。而个人投资者风险承受能力有限，不愿意去承担私人权益性投资的风险和困难。由于 20 世纪 60 年代，美国股票市场处于熊市，大量的公开上市小企业投资公司折价出售，因而个人投资者纷纷卖出小企业投资公司股票，最终许多 SBICs 不得不倒闭清算。

其二，由于 SBICs 没有好的激励机制，因而他们没能吸引到有经验的投资管理人。据调查，当时美国 700 家 SBICs 中有 232 家是有问题的企业。这些公司的管理人素质不高、专业知识水平较差，往往从事无把握、冒险的投资。SBICs 由于亏损严重，引来国会和相关机构的指责和调查，其数量从成立头五年的 692 家一下子在 1977 年减少到了只有 276 家，并从此一蹶不振。

10

可见，这些创业资本组织制度最终之所以被有限合伙公司的组织制度取代，是创业资本的本质特征和制度安排的内在要求所决定的。

首先，原有的组织形式不能较好地解决创业资本投资者和管理者之间所产生的信息不对称问题。作为公开上市的投资公司，由于其投资者分散而公司的投资具有较大的不确定性，因而这种组织形式的投资公司很难协调股东与管理者的委托代理关系。对于小型企业投资公司制度，其资金的供给者是政府，而政府又不能从机制上来防止由于信息不对称带来的道德风险和逆向选择。

其次，原有的组织形式不能较好地解决投资者和管理者委托代理关系所产生的监督和激励问题。由于创业资本的投资成功可以带来巨大的投资收益，因而如何分配这一投资收益也就成为创业资本能否顺利发展的关键因素。作为原有的组织形式，一方面没有对创业资本家的投资行为在制度上进行有效的监督，另一方面又不能设计出较好的激励制度。因而这些组织形式在合约安排上限制了创业资本家创新精神的发挥。在这种情况下，以这些组织形式来担当创业资本的融资和投资必然会形成效率不高的投资结果，或者背离创业资本的真正投资目标，不能促使创业资本进一步发展壮大。

相对于原来投资者直接投资于风险企业或将资金投向公开交易的风险组织而言，有限合伙创业投资企业在治理结构上的法律设计与制度创新是美国创业资本制度安排成功的关键因素，他们通过这种法律设计与制度创新把委托人与代理人之间、有限合伙人与普通合伙人之间高度的不确定性和信息不对称性降低到最低程度，从而也降低了他们之间的交易费用。

但是从20世纪90年代一些公开交易的创业投资基金的复兴来看，一些单独的投资者仍有将自己的资金投资于创业投资基金的需求，以追求更高的风险回报。但由于外部因素（传统法规条例）对于投资者资金规模和收入水平的限制，目前市场上盛行的创业资金组织形式——有限合伙制——不能接纳这部分投资者的投资需求，因而市场上公开交易的创业投资基金再度兴起，投资者通过在公开市场上买入或卖出创业资本投资公司的股票将这个外部性内在化，实现投资收益的需求。

11

2. 对创业资本家的约束

由于创业资本家在有限合伙制创业资本组织中扮演了一个普通合伙人的角色，因此，他必须对创业资本组织的债务承担无限责任，这促使了他在投资发生之前对项目进行仔细的筛选和尽职的调查。创业资本家只负责创业资本组织出资的很少一部分（通常为1%），还要收取创业投资基金总额1%～3%的管理费，其最后的收益与自己的经营业绩挂钩，在项目成功后能获取高达15%～25%的资本收益。而且，尽管创业资本家具有独立经营权，但投资者还是保留了对基金经营的某些重大财务活动的决策权，以此监控创业资本家的行为选择。

此外，市场上的信誉机制也对创业资本家的行为产生了一定的约束。因为有限合伙制创业投资企业是有寿命限制的，一个企业终结后，创业资本家必须在市场上重新筹集资金开始新的投资行为。那些在市场上信誉优良的企业往往更容易重新取得资金，实现自身的利益。因此，委托人通过这些制度的创新和变迁，形成了对代理人（创业资本家）的有效约束和激励。

在这个变迁过程中，创业资本市场的参与者自发组织和实行了这个变迁的过程，通过这种变迁，投资者实现了原来无法获取的外部利润。这与诱致性制度变迁理论恰好吻合。

二、美国投资过程制度安排的变迁

由于创业资本家的介入，投资方式由直接投资转为了间接投资，但随之也产生了创业资本家与创业企业家之间的信息不对称和激励问题。为了解决这些问题，创业资本家主要采用了合约的方式规定双方的权利和义务，一个较为完善的合约可以将一部分风险因素内在化，形成可以实现的收益。在一个创业资本合约形成的过程中往往都要包括以下步骤：

1. 项目筛选

在创业投资市场上，具备高素质和高期望回报率的项目终究是少数，而且，投资者对创业资本家的投资权利也有一定的约束。因此，创业资本家需要在合约签订和投资决策做出之前花费大量的时间和精力对所收到的项目投资提议做出合理的评估和筛选。长期的投资经验已经使创业资本家形成了一整套的项目投资评价标准。这其中包括行业状况、潜在市场规模、企业经营战略决策、专有技术、目标客户群体、竞争水平和管理团队、人力资源状况等通常需要考虑的因素。

一般的筛选过程通过后，创业资本家如果已经对项目产生了兴趣,则需要进一步考虑筛选分析的结果与将来合约设计的互动问题。这就需要考虑到创业资本家与创业企业家之间的控制权调配、现金流量权以及融资的不同阶段之类的问题,还有就是企业的风险因素。根据 Kaplan 和 Stromberg(2001b)的研究,管理风险是影响合约与投资连续性的最重要因素。因此,创业资本家需要确保管理风险出现时,合约结构能为其提供很高程度的控制权,这个控制权包括董事会代表权和投票权,当然也包括在企业家没有达到业绩要求标准时停止为企业继续融资的权利。

2. 契约设计

(1)激励与约束

在创业资本家做出将资金投向某一新企业的决策时,通常事先给企业设定一个业绩标准要求,然后采用分阶段投资的方法给企业注入资金。首次投资的金额不会很大,只有在创业企业家的经营管理达到业绩标准的要求时创业资本家才会继续给企业投资。其实,这种分阶段投资的形式起到了筛选和监控的作用,一旦资金已经投出,分段投资机制给予创业企业家一个去满足业绩标准要求的强有力的激励。因为一旦企业在运营初期不成功,创业资本家可能会停止继续给企业融资,而且原合作创业资本家的退出也会影响到新的创业投资者对该企业的估值,为企业继续融资带来困难。

13

在创业资本合约中,创业资本家为了保护自己作为原始投资人的投资利益,有时会要求双方签署一个反摊薄条款,按该协定,后加入的投资者等额投资所拥有的权益不能超过原始投资人,或原始投资人在企业股份增加的时候可无偿得到企业股份,以在企业内保持相应的权益份额。

除了这些设置外,创业资本家在合约中给创业企业家提供一个在一定时期内赋予企业家股票期权的条款,作为创业企业家的一种补偿，创业企业家平时只领取少量的工资报酬，其大部分的收入将来自企业的股份增值。这使得企业家放弃企业的代价变得昂贵，并且减轻了企业家与创业资本家之间的套牢问题。但是这种补偿计划对创业企业家的激励作用远非完美。因为创业企业家有着关于企业运作信息方面的优势，因此，他始终存在着一种利用信息优势获取个人收益的动机。而且，从收益的获取方式来看，投资者的回报必须完全依赖于企业股份的增值，而创业企业家则不会因为股份价值的减少而遭受任何损失。这可能会导致管理人选择那些对企业不利的风险行为，使企业无法实现价值最大化的目的，其产出结果自然也是次优的。

14

（2）控制权分配

创业资本家与创业企业家之间的控制权分配是创业资本合约中的一个核心问题。为了进一步监控创业企业家的行为，创业资本家通常持有与其所持股份不成比例的控制权。包括拥有董事会席位的权利、否决特定的主要管理人决策的权利、现金流量权以及股东投票权等。创业资本家在取得控制权后，在企业的董事会中可以得到几乎完全的保护。即使创业资本家没有完全的控制权，通常他也会在合约制定之前明确双方权利的划分，要求在创业企业家的经营表现实在糟糕的时候（往往是达不到业绩要求的标准），得到全部的控制权；而当企业经营情况有所改善时，他们会保留现金流量权，但也会放弃大多数权利以及要求企业进行清算的权利。

Black 和 Gilson（1998）认为，控制权不成比例地向创业资本家分配可能扮演了另外一个角色。因为创业企业家可以从控制中获取个人收益，那么对创业企业家而言，控制权向创业资本家的初始转移其代价是高昂的。因此，在 IPO 时，重新获得控制权的机会为创业企业家创造了增加企业价值的强有力的非货币性激励。这样的合约安排与一个买入控制期权相类似，企业运营足够成功而实现上市时，也就是企业家执行这个期权合约的时候。

而且，根据 Gompers（1998）的研究结果可知，即使在创业资本家与创业企业家共享企业控制权的时候，创业资本家通常仍在以下这些决策上具有否决权：资产出售、控制转换、资产采购以及证券发行。这些否决权的存在与创业资本家是否拥有董事会控制权无关，而且往往和所有权分离。

3. 金融工具的选择

在美国的创业资本市场中，可转换优先股是一种使用率最高的融资证券，它是实现创业资本家控制权的重要工具。在传统行业中，优先股通常是不被赋予表决权的，但处于创业阶段的风险企业的可转换优先股一般在两年之内分不到股息，因而它不同于传统意义上的优先股，可具有投票权、优先认购权和对若干重大的合伙事项的参与决策权。另外，普通股和债券也是可选择的证券。创业资本家通过使用不同的证券组合来实现自己的权利要求。国外学者调查发现，在大约40%的融资案例中创业资本家使用了不同的可转换优先股——参与优先股。参与优先股除了享受固定的股息收入外，还可以参与对企业剩余价值的二次分配，具有与债券（零息票）和被赋予投票权的权益相类似的要求。更为重要的是，可转换优先股与其他优先股相比，其价格与企业经营状况、新产品研制进展以及市场行情紧密相连，更容易产生波动。这就使它对于拥有可转换优先股的管理层更能产生有效的激励作用。

与创业资本市场发展前期企业直接投资于公开交易的证券投资所采用的普通股和债券形式相比，创业资本家既能在企业尚未产生利润前获得一定的股息收入，满足投资者的一般回报要求，而且在企业经营情况好转或上市后，还可以以一定的转换价格将

15

其转变为普通股，享受更多的企业价值增值。

在企业被出售或清盘的时候，参与权赋予创业资本家一个清盘优先权，还要再加上一个按比例在首次分配后对普通股股东分配的再参与权。因此，在企业被出售或清盘的时候，参与优先股股东有一个类似于债务的要求权，这个要求权相当于其既有清算优先权又有普通股股东所享有的权利。而单一持有普通股或债券的权利人是无法同时享有这一权利的。

在使用优先股的情况下，管理人以补偿方式得到的股票期权也体现为一种优先股，这可致使管理人采纳那些不提供补偿回报的风险项目，它减少了管理人接受风险的动机，将管理人的采纳风险动机与创业资本家的采纳风险动机统一起来；优先股的使用还减少了管理人以企业为代价，追求个人收益的动机（Bergemann 和 Hege，1998）。由此看来，优先股形成了对企业家的有效激励，是创业资本安排中一种最优的证券选择。

16

4. 辛迪加投资

创业资本家采用辛迪加投资方式可能是创业资本家与创业企业家之间存在的不确定性、信息不对称以及相关的代理成本的一种反映。辛迪加方式的投资在创业资本投资中的应用往往用来分散创业资本家的投资，或用来作为一种获取其他创业投资者对一个项目评价的工具。Gompers 和 Lerner（1999a）在对创业资本投资案例的研究中已经发现了这样一种趋势，即已具备一定营运历史而且有一定规模的创业资本投资商更喜欢采用辛迪加的投资方式，而那些新创立且规模较小的创业资本投资商，则倾向于跟随已具备一定营运历史且有一定规模的创业资本投资商的投资，但时间上更为滞后一些。

而且，当风险企业得以成长且募集后继所需资金的时候，参与的创业资本家在不断增加。在第一个阶段，平均有 2.2 个创业资本家参与其中，到了第二个阶段，这个数字变为3.3个，在更后期的阶段，变为4.2个。经验表明，新创业资本家的参与对企业价值的形成和评估是十分必要的。辛迪加投资方式通常有两个含义，一是它可能反映了创业资本家缺乏向所有有吸引力的项目实施投资的资金，二是可能反映了创业资本家希望用一个次优的有限规模的创业投资分散风险的愿望。但无论如何，辛迪加的投资方式给了创业资本家一个新的投资渠道，在一定程度上减轻了信息不对称，是对原有投资制度的一种创新。

三、美国创业资本退出安排的变迁

创业资本企业有自己的存续期限（在美国通常为10年），投资者对风险企业的投资期限通常也只有3～7年；而且，创业资本追求高回报率的特性注定使它不可能作为企业的一个长期投资者而存在，投资者是厌恶风险的，他们更乐意见到纸上的财富变为实实在在的货币收入。所以投资者最终必定要寻求一个退出所投资企业的渠道，在退出过程中实现资本的价值增值。

常见的退出方式有4种：企业上市（IPO）、企业兼并、出售和清算。

从资本最后收益的角度来看，IPO是创业资本家退出创业投资项目的最佳渠道，风险企业在IPO时所实现的资本收益将能满足投资者对期望回报率的要求，而且也有助于创业资本家声誉的提升。但由于证券市场对企业各方面的要求较为严格，因此能够采用IPO上市的企业毕竟仍属少数。美国现时最大的风险企业IPO市场是NASDAQ市场，这也是世界上发展最成熟，规模最大的风险企业IPO市场。

对于不能满足IPO条件且价值较低的企业，更为普遍的方式就是股份转让（包括企业兼并和企业出售）。对象可以是另

外的创业资本家或创业企业家（风险企业）等。如在一些风险
合约签订时就已经表明了企业在一定时期或经营条件下有赎回
优先股的义务，而且这种权利往往还带有触发企业进行清算的
条款。

　　清算是创业资本家所采取的一种不得已而为之的方法，往
往意味着投资的失败。创业投资具有很高的风险特性，而且对
新建立的风险企业投资越早，失败的可能性也就越高。据统
计，在美国创业资本支持的企业中，只有不到 5% ~ 10% 的企
业在最后能获得成功，而统计数据表明，以清算方式退出的投
资占投资总额的 32% 左右，在这种情况下，投资的回收率一般
只有 64% 。

　　要完成一个完整的创业资本循环，退出渠道是必不可少的一
部分，也是投资者价值增值最后得以实现的地方，可以认为，一
个有效的退出渠道是创业资本投资成功的关键性因素。而且从退
出市场的形成来看，投资者和创业资本家在其中起到了巨大的作
用，他们的自发行为对整个市场的完善起到了重要作用。

　　从上面的这些分析可以看出，创业资本制度变迁在很大程度
上是由于这个市场的参与者在其中对于某种外部利润的追求，它
们或是追求一种规模经济的效应，或是对风险的厌恶，还有就是
对于高额交易费用的回避，在达到这些目的的过程中，他们使用
了许多的创新手段，改变了潜在的利润分布状况。但这是否说明
创业资本制度安排的变迁完全是一种诱致性的变迁呢？要回答这
个问题，需要对政府在这个市场中的作用予以探讨。

四、美国政府在创业资本制度中的角色

　　以上讨论揭示了市场参与者在创业资本制度变迁中的角色和
作用。从另外一个角度来看，这些参与者的自发性行为可以看做

是一种制度发生变迁的内在因素，他们的行为确实在市场中取得了一种参与各方决策上的一致，而且各方接受这一决定的成本要低于各自原有的成本或是退出这一决定所带来的成本。但是从整个市场的形成情况来看，内因要完全发挥出其优势还必须要有一定的外因来配合，而政府在其中恰好起到了外因的作用，在创业资本领域，政府的行为更像是一种催化剂，对制度的变迁起到了促进作用。

从美国创业资本发展的历程中我们也可以看到，创业资本存在的制度环境变化对创业投资产业的发展往往起着最后的关键性作用。如美国的《统一有限合伙法》为有限合伙制企业的发展奠定了良好的基础，这种企业制度既有利于保障有限合伙人的合法权益，又可增加对普通合伙人的监督，均衡双方的权益和责任，产生有效的监控和激励作用，保持合伙企业经营的独立性和稳定性，减少各项成本。因此，美国创业投资在选用和采取企业最佳组织形态时具有天然的优势。

政府在创业资本发展中从一开始就发挥着重要的作用。从创业投资发展早期的 ARD 的形成，到后来由 SBA 批准成立的 SBICs 都可以见到政府的身影。政府不仅制定众多法规条例保证创业资本投资的规范发展，还对于那些阻碍创业资本投资顺利发展的法规做出了积极的更正，使之顺应潮流的发展，进而推动整个行业的进步。在前面我们提到了 1940 美国《投资公司法》（Investment Company Act of 1940），还有美国国会在这个期间通过的其他几项法案：《小型企业投资激励法案》（1980）（The Small Business Investment Incentive Act of 1980），这个法案重新将私人权益合伙企业定义为"商业发展企业（Business Development Companies）"，使其不受《投资顾问法案》的限制，可以享受基于绩效基础的补偿；同时，美国国会还在 1978 年将最大资本利得税从49.5%减少到28%，在1981年这个税率甚至减少到了20%；国会还在1981年通过了《激励股票期权法》（Incentive Stock Option Law），允许恢复使用股票期权作为一种激励手段，并且对其实行课税的时机改在股票出售之时，而不是行权的时候；还有就是美国证监会在1990年采用的《144A条例》（Rule 144A），使得私人证券在一定机构投资者之间的交易有章可循。

以上种种法规条例的变迁成为美国创业资本市场发展的关键性因素，这些措施使得创业资本投资基金的流入量显著增加，极大地促进了美国创业资本市场的繁荣。

按照韦伯的定义，国家在使用强制力时有很大的规模经济，属于一种自然垄断的范畴，作为垄断者，国家可以比竞争性组织以低得多的费用提供制度服务。而在创业资本市场中，每个参与者都存在着不同的个人利益，因此要达成一致，有可能会增加组织成本，而在政府的安排下内含了一个追加的成本因素，因此，给定同样数量的参与者，在政府的安排下组织成本将会低于自愿安排下的成本。在政府干预下的创业资本市场中，每个参与者都受到政府强制性权力的影响，不管其反应如何，他都不可能退出。由于政府的强制力，一个的政府的强制性方案可能会产生极高的收益性。

但强制力也不是万能的，如原来的ARD投资模式和SBA推行的SBICs投资模式一样，由于缺乏市场的配合和完善的监督管理机制，而且其筹集资金的方式存在一定的缺陷，都不能引起大的机构投资者的兴趣，最后的运作也并不十分成功。由此可见，政府的力量也需要得到市场的配合才能达到期望的效果。

总而言之，创业资本制度变迁是一个诱致性创新和政府强制性干预相互作用的结果，缺少了其中的任何一个因素，其作用结果都不足以完成一个制度变迁的过程。

第三节　美国创业资本制度
变迁的主体

制度的变迁总是要由一定的行为主体来发动和实施，而这种推动制度变迁的行为主体就是那些能够从制度变迁中获得利益的社会群体。从以上的分析中我们可以看出，在创业资本制度安排中，作为创业资本市场的参与者——投资者、创业资本家和创业企业家无疑是创业资本制度诱致性变迁的主体。他们在既定的政府政策限定的制度选择集合内充分利用了优先股、股票期权、优先股权证等现代金融工具，形成了制度上的创新，将原来许多的外部因素内在化，降低了原有制度下的交易费用，形成了制度的诱致性变迁。

21

我们在这里假设原先的制度维持着一种暂时的平衡状态，制度中的各个因素相对稳定，而不管这种平衡是否是一种正常的平衡抑或是不正常的。但由于这些参与者对潜在外部利润的追求，在旧制度的内部引发了制度变迁的需求，打破了原先制度的平衡状态，这就产生了制度迁移的需求。但有些制度的不平衡由于私人和社会收益、费用之间的分歧而继续存在。作为一个垄断者而存在的政府，在预期收益高于强制推行制度的成本的条件下采取行动消除这种不均衡的状态，也造成了制度的强制性迁移。此时政府在制度变迁中是作为一个主体而存在的。

借用诺斯的话来说，在制度变迁主体的制度创新能力的形成过程中，企业家的作用又是至关重要的。但这里所说的企业家不是我们通常所说的那种从事技术革新的企业家，而是一种"政治企业家"，即从事包括政治制度变革在内的制度革新的企业家，其包含了以上所说的三种市场参与者（投资者、创业资本家和创业企业家），他们能够更敏锐地觉察到制度变迁的收益所在，有能力发现最有效的、成本最低的变革制度的途径，并且拥有改变现行制度的一种决心；政府其实也在扮演着一个"政治企业家"的角色，其通过自己所特有的强制性权力，可以将上述市场参与者的决心落实为行动的条件，并最后使得变迁成为可能。

第四节　美国创业资本制度变迁的动因

　　按照诺斯的看法，制度变迁的诱因在于相对价格和偏好的变化。所谓的相对价格，指的是生产过程中要素的变化，以及信息成本和生产技术的变化等。在创业资本市场上，一项技术的成熟需要大量的资金支持。因此，在一个时期内，资本成为支配科技发展的主要因素。这可以从美国创业资本市场发展阶段的早期得到证明。当时，由于制度环境和人们对创业投资的认识有限，创业企业家获取资本的代价是高昂的，他必须放弃大部分控制权作为取得资本的交换。因为此时创业资本家处于优势地位，他可以从容地挑选那些高质量的项目或创业企业家，因而他获得高收益的可能性更大。高收益将会吸引更多的创业资本家进入这个市场，使得资本的供给增加，而市场上能最后获取商业成功和实现高利润的风险项目始终是少数，因此，双方的供求关系产生了变化，此时那些有着光明前景项目的创业资本家反而占据了相对的优势地位。因此资本的价格相对下调，而在创业资本供应过剩的时候，一些创业资本家更是饥不择食，将资金投向了那些品质低劣的项目，而且资金投出后疏于监控，造成了投资人的资金损失，这在1999～2000年的网络投资热潮中屡见不鲜。

创业资本家与创业企业家之间要素价格的变化改变了他们各自的激励结构，也因此影响了他们各自的行为利益关系和议价能力，而这些改变将诱使市场参与者对当前的制度安排做出重新规划或改变创新的动机或努力，双方在这一个过程中的相互作用将在实质上对当前的制度安排做出实质性改动。而且由于技术进步和信息获取成本的降低，变迁所发生的成本将会低于变迁所带来的收益，这也为变迁创造了一个先决条件。

而所谓的偏好变化往往也是要素相对价格变化的结果。即相对价格的变化将会使得创业资本家或是创业企业家的思想、风尚和意识形态乃至最后的选择等受到一定程度的影响，这些因素的变化将最终改变人们的行为模式。如在创业资本市场风险加大，投资回报率下降时，创业资本家撤出市场或改变资金投向，将资金投向非风险领域等都是这样的变化结果。

23

制度变迁的发生是由于人们要努力去改变当前制度安排的收益来源，但导致制度发生变迁的"最后一根稻草"仍在于原有制度均衡的打破，而这个均衡的打破往往是制度内部生产要素相对价格发生变化的结果。因此，制度变迁的诱因对其最后发生并没有起到决定性的作用。

通过本章的分析，我们可以初步对美国创业资本的制度安排和制度变迁做出如下总结：

1. 美国创业资本的主导组织形式是有限合伙制的创业投资公司。美国创业资本是一种新的融资制度安排。创业资本有别于传统的间接融资（银行信贷）、直接融资（股票、债券）形式，它是一种专门向成长性强的企业提供的一种权益性资本。这种资本具有投资周期长、参与被投资企业经营管理、在企业成熟时退出等特点。

有限合伙公司这种制度安排是经过多次组织制度变迁形成的。之所以采取这种组织形式，是因为创业资本市场存在着严重的信息不对称。采取有限合伙制度有利于解决委托人与代理人之间由于信息不对称带来的监督和激励问题。

2. 美国创业资本的募集对象主要是机构投资者。这种资金来源结构是与美国资本市场的投资者结构相一致的。目前，美国资本市场占主导地位的投资者是机构投资者，主要包括公司养老基金、社会养老基金、保险基金等。这些机构投资者管理着上千亿美元的资金。基金的管理人为了分散投资，取得较高的投资收益，开始进入创业资本市场。尽管这些机构投资者对创业资本市场的投资比例，相对整个基金规模而言并不太大。但是在资金数额上却是惊人的。这些大的机构投资者是创业资本基本的和主要的资金来源。

创业资本家从上述机构投资者手中募集资金主要依靠信誉机制。在创业资本市场，信誉机制是克服信息不对称带来的"道德风险"和"逆向选择"的主要手段。

由于养老基金、保险基金等机构投资者的资金具有数额大、来源稳定等特点，其资金运用主要追求长期投资效益，所以，从投资期限的角度看，它们适合投资于创业资本。

3. 创业资本有一套严格的投资管理制度。创业投资公司通过对投资项目严格的筛选、评估，审慎调查以及详细的合同，来避免投资失误，降低投资风险。同时，创业投资公司又通过公司治理结构的设计和股权结构的安排、参与创业企业的经营管理等手段，来减少其与创业企业存在的委托代理问题。

4. 创业资本在开始投资的时候，就通过合约安排设计其退出的方式和时机。这是创业资本与其他形式的资本的重要区别之一。

5. 美国创业资本市场之所以得到较快的发展，一个重要的原因在于美国从制度上建立了一套可供创业资本退出的第二板市场——纳斯达克证券市场。同正规的主板市场——纽约股票市场相比，纳斯达克证券市场一方面降低了创业企业首次公开发行股票的条件，另一方面又在交易制度、交易手段等方面起到了活跃市场、降低交易费用的作用。这样，创业资本就有了一条可行的退出渠道。

同时，由于美国资本市场比较健全和完善，因而兼并收购市场高潮不断涌现。并购市场的发展也为创业资本采取并购方式退出提供了有利条件。

6. 美国创业资本市场的发展得益于美国完善的法律制度和严格的监管体系。《证券交易法》、《投资公司法》、《投资顾问法》、《小企业投资法》、《信托法》、《银行法》等一系列有关资本市场运行的法律，使资本市场有秩序地运行和健康地发展。《雇员收入保障法案》、《国内收入法案》等法律，又使创业资本获得可靠的资金来源，并刺激资金流入创业资本市场。所以说，制度环境是促使美国资本市场快速发展的重要因素。

7. 美国创业资本的发展与美国政府的政策支持是分不开的。为了支持高科技产业的发展，美国政府在资金、政策、税收等多方面，鼓励创业企业的发展，鼓励创业投资。1958 年，美国政府还采取了政府强制性制度变迁的手段，推出小企业投资公司制度。尽管随着创业资本市场的发展，小企业投资公司制度逐渐被有限合伙公司制度替代。但美国政府对创业资本的有力支持，推动了创业资本市场的发展。

当然，美国创业资本市场的发展并不是一帆风顺的。美国创业资本的制度变迁过程是一个复杂的、艰巨的过程。创业资本制度变迁不仅要受到各方面利益团体的制约，也受到宏观经济环境、证券市场发展的制约。可以说，美国股票市场的每一次"牛市"，都为创业资本带来了空前的繁荣，也为创业资本制度采取更好、更有利的组织形式提供了有利条件。

第二章 美国创业资本的运行机制

从上一章的分析可以看出，创业资本制度在美国是对高新技术产业的一种独特的融资制度，是一种新型的制度安排。随着美国新经济的成功，创业资本制度日益成为全球性的新型融资制度。本章试从创业资本运行机制和运作方式上，进一步揭示创业资本的本质特征。

第一节 美国创业资本运行的特点

一、创业资本的含义

创业资本的英文名称是"Venture Capital"，国内也有人将其译为："风险资本"、"风险投资"。我们认为，"创业"二字更能表达出"Venture"一词所蕴涵的"敢于做什么"，"冒险从事什么事业"的真正含义，故而将其译作创业资本。由于创业资本是一种专门从事特定行业投资活动的资本，所以我们也将创业资本投资简称为创业投资。

创业资本是由创业资本家出资，协助具有专门技术而无法筹得资金的技术创业家，并承担创业时的高风险的一种权益资本。创业资本家以专业知识主动参与经营，使被投资企业能够健全经营、迅速成长，创业资本家可于被投资企业经营成功后，将所持有的股票卖出收回资金，再投资于另一新创事业，周而复始进行长期投资并参与经营。创业资本家以获取股息、红利及资本利得为目的，其最大特征在于承担较大的风险以获得巨额资本利得。

创业资本与一般性资本一样都面临一定的风险。但前者的风险远远大于后者，成功率也低，甚至可能损失殆尽。但是，一旦一笔投资获得成功，就会带来丰厚的收益，足以弥补其他投资项目造成的损失，而且总体收益相当可观，正所谓高风险高收益。美国的苹果（Apple）计算机公司在硅谷的发迹史就是一个典型案例。这家公司最初以几百美元在一间汽车库开张，仅用了5年时间就进入美国最大的500家工业公司之列。当初投资该公司的创业资本家在1976年至1982年的6年时间内，就使投资收益增加到242倍。

28

一项创业方案的产生，开始仅是一个人或几个人产生一个新念头或提出新产品的构想，但这种新构想是否能够研究下去，变成一项有商业价值的新技术、新产品，投入商品化生产，打开销路，直到创造出超额利润，投资者与创业者在创业初期并不是有很大把握，而且在方案选择阶段，被投资者淘汰的比例很高，美国的选中率约为1‰。只有被选中的项目，投资者才会给予投资支持。

二、创业资本的特点

创业资本一般具有以下几个特点：

1. 创业资本是一种没有担保的投资

创业资本所投资的对象一般为刚刚起步或还没有起步的高技术企业或高技术产品，没有固定资产或资金作为贷款的抵押和担保，因此，创业资本是没有担保的投资。

2. 创业资本是一种无法从传统渠道获得资金的投资

对处于创业阶段的技术创新者，他们可选择的融资方式主要有以下几种：一是内部集资。这种方式很难适用于大多数技术创新企业。二是向银行贷款。但由于银行在从事放贷活动过程中，其价值标准是基于其资金来源和负债结构的。银行负债主要来自期限较短，流动性较强的居民和企业储蓄存款，投资高风险行业与储户的利益相悖，而且这些负债结构构成货币供应的主体部分，依托这种负债结构来支持长期性投资支出，易导致支付危机。因此，银行发放贷款的主要标准是信誉和偿还能力。而在高新技术企业的创业阶段，由于风险大，企业尚未建立信誉，即使企业建立起来了，也没有任何承担风险的能力，所以很难从银行和其他常规融资机构中获得贷款。三是发行债券。由于发行债券存在固定的收益率，而高新技术企业的创业阶段，存在着技术和市场等多种不确定因素，其债券很难能够得到投资者的认同，因而以此种形式筹资几乎不可能成功。四是发行股票。股票融资的前提条件是企业过去有经营业绩、财务状况良好，而创业阶段的高新技术企业根本就不符合股票融资的要求，因而这些企业也不能采取股票方式融资。

通过上述分析，可以看出，在高新技术创新的关键阶段，由于创新风险的不定确性和新企业风险承担能力的脆弱，往往导致资金需求的特殊性和供给障碍。很显然，靠原有的资金供给方式无法从根本上解决这一障碍。创业资本形式的融资就是解决高新技术创新对资金的需求与现实经济生活中资金供给缺口之间的矛盾应运而生的。

3. 创业资本是一种高风险与高收益并存的投资

由于创业资本没有抵押和担保，所投资的对象常常是高技术中的种子技术、某种设计思想和尚未起步或刚刚起步的创新型小企业,不确定因素很多。此外,一项新的科技成果转化为一种新产品,中间要经过工艺技术研究、产品试制、中间试验和扩大生产、上市销售等多环节,每一个环节都有失败的风险。如美国"硅谷",就有很多企业因为管理不善、资本不足、经济形势的影响等问题而中途夭折。因此我们说,创业资本具有高风险的特点。同时,依靠创业资本建立起来的高技术企业生产的产品,成本低、效益高、性能好、附加值高、市场竞争能力强,企业一旦成功,其投资利润率远远高于传统产业和产品。

一般来说,发达国家高技术企业成功的比率在 20% ~ 30%。但是高风险总是和高收益并存的,投资者可拥有创业企业(Venture-backed Companies)50% 未上市前的股份,一旦该公司首次公开发行股票(Initial Public Offering,简称首次公开发行股票),则可以获取几十倍,甚至上百倍的投资收益。因此,对于创业资本家(Venture Capitalist)来说,只要在投资的十家公司中有一家获得较大的成功,就可以获得足以弥补九家损失的资金,而且绰绰有余。近年来的美国创业资本,其投资最为成功,创业资本的年收益率高达 50% 以上,一般的年收益率也可达 35%。美国创业资本家瓦尔丁 1976 年向苹果计算机公司投入 20 万美元的创业资本,到 1980 年仅 4 年的时间就获得 1.34 亿美元的超额利润。我们设想,他有 2000 万的创业资本,即使他的投资成功率仅为 1% 的话,他仍然可以获得 1.34 亿美元的超额利润。这个超额利润是他投入 20 万创业资本的 670 倍。正因为有这种巨额利润的引诱,创业资本家才甘愿承担巨大的风险。

4. 创业资本是一种流动性很小的中长期投资

创业资本是一种长期投资,其投资周期要经历研究开发、产品试制、正式生产、扩大生产到盈利规模进一步扩大、生产销售进一步增加等阶段。直到企业股票上市、股价上升时，投资者才能回收创业资本获得投资利润。这一过程少则需要 3 ~ 5 年，多则要 7 ~ 10 年，是一种中长期投资，由于其流动性很小，常常被称为"呆滞资金"。

　　5. 创业资本是一种资金与管理结合的投资

　　创业资本家将创业资本投入某个企业后，并非像其他投资者那样不参与该公司的经营活动，而是自始至终参与公司的管理，提供咨询，参与重大问题决策，甚至在必要的情况下解雇公司总经理，亲自接管公司，直至找到新的总经理。创业资本家之所以参与创业企业董事会，对创业企业的发展进行实地管理和经营，最重要的原因是为了降低投资风险，提高投资成功率。

31

　　这就是说，在创业资本运营的机制中，投资者和被投资者的关系是患难与共、风雨同舟的关系。同时，由于创业资本家通晓金融及市场行情，而创业家往往在技术上较为擅长而对金融及市场方面较为生疏，因此创业资本家参与企业的管理对创业企业的发展、壮大都是有很大贡献的。

　　6. 创业资本是一种金融与科技相结合的投资

　　形成创业资本投资机制的两大主要要素，一是资金，二是高科技技术，两者缺一不可。创业资本的投资主要集中于高技术产业。高科技产业是当今世界经济发展的火车头，发展很快。当代高、精、尖产品无一不是高科技成果的结晶。创业资本就是为了支持这种创新产业而产生的，当今世界的创业资本几乎就是高科技产业投资的代名词。高科技产业具有知识密集、技术密集和人才密集的特点，与之相应，创业资本行业也是知识密集、技术密集、人才密集的行业。因此，创业资本是一种金融与科技相结合的融资、投资机制。

　　7. 创业资本是一种主要面向高新技术中小企业的投资

创业资本可以理解为对传统投资机制的一个重要的补充，它是金融投资机制发展到较为成熟的阶段后产生的一种更为高级的投资机制，它所投资的对象是一般投资机构所害怕投资的、不愿投资的领域。从投资对象讲是高新技术中小企业，它们资金力量单薄，又无法得到银行贷款，它们需要资金；从投资项目上讲是高技术项目，是新技术，是人类想要探索的未来技术，是一国生产力发展、经济结构升级换代的关键。各国都已充分肯定了高新技术中小企业对国民经济的贡献，创业资本投资的对象主要是它们。

8. 创业资本是一种积极的投资，而不是一种消极的赌博

创业资本是通过创业企业的成长达到资本增值的。它通过投资的整体效益来衡量投资的效益。从这种意义上说，创业资本是一种积极的投资活动，而不是一种消极的赌博。这是创业资本与股票、期货投机的最大区别。

创业资本这种投资机制的运作从表面上看，似乎有些铤而走险的味道，而实际上却是一种探索与开拓精神的体现。尽管这种探索与开拓是以追求利润为目的的，但仍然不妨碍其客观上存在对发展国民经济具有促进作用。

总之，创业资本是投入到具有高成长性的企业中的一种权益资本。创业资本有三个基本特征：一是投资周期长，一般需要3～7年；二是这种资本不仅给企业提供资金，而且参与企业的战略决策和经营管理；三是创业资本不追求长期的资本收益，往往是以转让股份的形式一次性退出。

第二节　美国创业资本的组织形式

美国是创业投资的发祥地。20 世纪 40 年代，哈佛大学经济

学教授劳瑞尔特（Georges Doriot）在波士顿创办了"美国研究与发展公司"，成为世界上最早的创业投资公司，并拉开了现代创业投资业发展的序幕。20世纪70年代以来，创业投资日趋活跃，它以全新的运作方式，成为美国高新技术产业和美国经济发展的重要动力。

美国创业投资公司的组织形式主要有三种：

——有限合伙公司。这是创业投资企业的最主要的形式。资金主要来自于机构投资者、大公司和富有个人，以私募形式征集。

有限合伙公司是一种合伙企业，通常由两类合伙人组成，即普通合伙人（general partner）和有限合伙人（limited partner）。高级经理人一般作为普通合伙人。普通合伙人负责管理有限合伙公司的投资，同时也提供少部分的合伙资金，有限合伙人主要是机构投资者，他们是投资资金的主要提供者。有限合伙公司的合伙资金通常是普通合伙人占1%，有限合伙人占99%。有限合伙人负责提供创业投资所需要的主要资金，但不负责具体经营，承担有限责任。一般合伙人通常是创业投资机构的专业管理人员，统管投资公司的业务，同时也对公司投入一定量的资金。据统计，美国的创业投资公司中，有限合伙人与一般合伙人的投资比例大约为99%和1%，而两者收益分配比例一般为80%和20%。

有限合伙公司有固定的存续期限，通常是10年。如果合伙合同中带有延长合伙期限的条款，通常也只有1年至2年的延长期，最多能延长4年。

在有限合伙公司运营的第3年至第5年间，有限合伙公司首先是投资，然后是对投资进行管理，最后是退出并获得投资利润。投资利润可以是现金，也可以是有价证券。有限合伙公司的经理人一般在现存合伙公司的投资已全部完成的情况下，开始筹集新的合伙资金。这样经理人几乎是每隔 3 年至 5 年的时间就要筹集新的合伙资金，并同时管理几笔基金。每个基金都有不同的存续期限，并且每个有限合伙公司在法律上均是独立的，管理也是分开的。表 2 - 1 反映了美国有限合伙公司的基本情况。

表 2 - 1　1980 ~ 1994 年美国有限合伙公司情况

（单位：10 亿美元）

年份	有限合伙公司新吸收的资金	新成立的有限合伙公司数量	新成立的有限合伙公司平均规模（百万美元）	创业资本股票售出额
1980	0. 62	26	28. 0	4. 5
1981	0. 83	40	24. 3	5. 8
1982	1. 21	40	27. 4	7. 6
1983	2. 49	76	39. 1	12. 1
1984	3. 02	83	38. 4	16. 3
1985	1. 77	59	32. 8	19. 6
1986	2. 01	59	51. 6	24. 1
1987	3. 11	78	43. 7	29. 0
1988	2. 06	54	44. 3	31. 1
1989	2. 76	64	47. 6	34. 4
1990	1. 65	21	52. 0	35. 9
1991	1. 37	21	50. 8	32. 9
1992	2. 57	33	64. 7	31. 1
1993	2. 89	37	78. 9	34. 8
1994	4. 20	NA	NA	34. 1
合计	32. 56			

资料来源：Fenn, G. W. N. Liang & S Prowe, The Economics of the Private Equity Market, Staff Studies 168. Washington, D. C. : Board of Governors of the Federal Reserve System, 1995, pp12 ~ 13。

　　——公开上市的创业投资公司。少数创业投资公司得以在证券市场上市，通过公开的资本市场向社会投资者募集创业投资基金。这种基金为封闭型，可以上市自由转让，创业投资基金与一般共同基金的重要区别在于，创业投资公司要参与企业的决策管理，并在董事会中占有席位。共同基金则一般不参与企业管理，在公司中的股份持有额一般不得超过5%。

——大公司的创业投资公司。大公司发展到相当规模后，往往以独立实体、分支机构或部门的形式建立创业投资机构。这些机构在大公司的资金支持下寻找具有发展前景的新技术。大公司建立创业投资机构，有助于它们建立技术窗口，有的将创业投资机构发展为其下属的子公司。此外，有些大的金融机构也建立附属的创业投资公司，专门从事区别于日常融资业务的创业投资。

表2-2 美国创业资本组织形式 （单位：百万美元）

年份	1980	1981	1982	1983	1984	1985	1986	1987	1988
创业资本总计	4500	5800	7600	12100	16300	19600	24100	29000	31100
有限合伙公司	40.0%	44.0%	58.0%	68.7%	72.0%	73.0%	75.0%	78.0%	80.0%
大公司下属创业投资机构	31.1%	28.0%	25.0%	21.0%	18.0%	17.0%	16.0%	14.0%	13.0%
小企业投资公司	28.9%	28.0%	17.0%	11.0%	10.0%	10.0%	9.0%	8.0%	7.0%

资料来源：Sahlman, William A. "The Structure and Governance of Venture Capital Organizations," Journal of Financial Economics, Vol. 27 (October 1990), pp473~521。

从表2-2可以看出，有限合伙公司是创业资本的主导组织形式。从制度安排的角度分析，有限合伙公司的出现降低了创业资本市场的交易费用；从委托—代理关系的角度分析，它的出现从机制上较好地解决了约束机制和激励机制相容的问题。

一般而言，局外人（outsider）在投资一个企业时通常会产生两个问题，即信息不对称问题和激励问题（incentive problem），在搜寻企业的时候会发生信息不对称问题，企业的所有者和管理者比局外人更了解企业，他们往往会夸大企业的优势而掩盖潜在的问题。这种事前的信息不对称，就会产生逆向选择问题。激励问题产生于企业的经营过程，管理人员有很多机会以局外人的受损为代价，使自己获益。

在创业企业中，外部投资者面临的信息不对称问题和激励问题更为严重。为了解决这两个问题，投资者必须深入地进行投资前的调研和投资后的管理工作。这些工作不可能由大量的投资者去完成，因为工作本身相当繁杂，而投资者又有搭便车（free-rider）的心理。因此，创业资本投资过程中如何从制度安排上去解决上述问题，降低交易成本是创业资本市场健康发展的关键。有限合伙公司的出现可以说有效地解决了这一难题。对这一结论，我们可以从两方面入手分析。

首先，为了解决信息不对称带来的逆向选择以及搭便车的道德风险，必须将创业资本的投资工作委托给一个单独的中介机构。由于在选择、组建和管理创业企业中需要相当专业的知识和经验，很多机构投资者不具备这方面的特长。因此，中介的作用非常重要。中介机构的经理人通过参与大量的投资具备了这方面的能力，而且，经理人的技能是非常专业化的，他们往往专注于特定行业的企业或处于特定发展阶段的企业。中介机构的参与大大降低了创业资本投资过程中的交易成本。

此外，中介机构在扶持创业企业中能发挥重要的作用。中介机构的信誉、知识和专业化都有助于创业企业的发展，如一个管理良好的企业能够获得承销服务，而中介机构的高度专业化对于创业企业的人员招聘、与供应商打交道等方面都有很大帮助。引进中介机构之后，原来投资者直接选择与监督企业的功能就分解为中介机构选择、监督企业和投资者选择、监督中介机构两部分。

其次，由于创业资本的资金供给者在选择、委托中介机构的过程中，也同样存在信息不对称问题和激励问题，因此中介机构的效率高低，取决于资金供给者和中介机构如何有效地解决信息不对称和激励问题。

在创业资本市场中，有限合伙公司以其独特的信誉机制解决了上述问题。因为创业资本市场的参与者数量有限，大家经常打交道。如果哪一家有限合伙公司的经理人经营业绩不佳，那么他就失去了大家对他的信任，难以再次筹集资金，充当创业资本的代理人。

由于上述两方面的原因，促成有限合伙公司这一新的组织制度逐渐取代其他创业资本组织形式（像小企业投资公司、大企业或银行的创业投资公司），成为创业资本市场中的主导组织形式。

第三节　美国创业资本的运作方式

创业资本的运作方式包括资金的募集、投资、管理、退出等过程。

一、创业资本的资金来源

创业资本的资金来源（表2-3），一般呈现为多渠道、多元化的格局。美国创业资本的资金来源主要有政府出资、大公司的创业基金、银行及各类金融机构贷款、民间资金等。其中民间资金包括养老金、保险金、富有的个人资本、捐赠及外国投资者的投资等。其中养老基金是最主要的来源，占到40%以上，其次是基金会和捐赠基金，再次是银行和保险公司，真正的家庭或个人民间资金投入较少，所占比例不到10%。

表 2 – 3　1994 年年末创业资本市场的投资者

投资者	百分比（％）
1. 公共养老金	22.2
2. 公司养老金	19.7
3. 捐赠基金	11.4
4. 银行持股公司	11.0
5. 富有的家族和个人	10.3
6. 保险公司	7.2
7. 投资银行	4.9
8. 非金融机构或公司	4.3
9. 其他	9.1

　　资料来源：Fenn，G. W. N. Liang & S. Prowe，The Economics of the Private Equity Market，Staff Studies 168. Washington，D. C. ；Board of Governors of the Federal Reserve System，1995。

38

二、创业资本投资的一般流程

1. 创业投资的阶段

创业投资公司除了募集资金，很重要的工作就是选择项目和选择投资阶段。一般说来，创业投资公司投资签约的项目只占其全部申请项目的 0.1％ 不到，大量的精力用于项目筛选、论证。选择项目的标准主要有两条：一是年增长率高于 15％，二是内部收益率大于 25％。创业投资对创业企业的投入，要随着产品开发的不断进展分批注入资金，主要方式是认购企业发行的股票或公司可转换债券。依据美国创业投资界的概念，创业投资全过程分为 4～5 个阶段。据统计资料显示，1996 年，美国创业投资总投资额为 100 亿美元，其中种子期占 1％，导入期 25％，扩展期 17％，成熟期 41％，重整期 16％。种子期、导入期属于早期阶段投资，扩展期、成熟期则属于晚期阶段投资。

（1）种子期（seed stage）资金

所谓种子期是指技术的酝酿与发明阶段。这一时期的资金需要量很少，从创意的酝酿，到实验室样品，再到粗糙样品，一般由科技创业家自己解决，有许多发明是工程师、发明家在进行其他实验时的"灵机一动"。但这个"灵机一动"，在原有的投资渠道下无法变为样品和进一步形成产品，于是发明人就会寻找新的投资渠道。这个时期的创业资本称作种子资本（seed capital）。其来源主要有：个人积蓄、家庭财产、朋友借款、申请自然科学基金，如果还不够，则会寻找专门的创业资本家和创业资本机构。

　　这一阶段创业资本主要面临三大风险：一是高新技术的技术风险；二是高新技术产品的市场风险；三是高新技术企业的管理风险。创业资本家在种子期的投资占其全部创业资本额的比例是很少的，一般不超过10%，但却承担着很大的风险。这些风险一是不确定性因素多且不易测评，二是离收获季节时间长，因此也就需要有更高的回报。

39

　　（2）导入期（start-up stage）资金

　　所谓导入期是指技术创新和产品试销阶段。在这一阶段，企业需要制造少量产品，经费投入显著增加。一方面要进一步解决技术问题，尤其是通过中试，排除技术风险。另一方面，还要进入市场试销，听取市场意见。这个阶段的资金主要来源于原有创业资本机构增加的资本投入。这时期投入的资本称作导入资本（start-up capital）。如果这种渠道无法完全满足需要，还有可能从其他创业资本渠道获得。这一阶段风险仍主要是技术风险、市场风险和管理风险，并且技术风险和市场风险开始凸显。这一阶段所需资金量大，是创业资本投资的主要阶段。对于略大的项目来说往往一个创业资本机构难以满足，创业资本机构有时组成辛迪加（syndicate），共同向一个项目投资。这样做也可以分散风险。

　　（3）扩展期（expansion stage）资金

　　所谓扩展期是指技术发展和生产扩大阶段。很显然，这一阶段的资本需求相对前两阶段又要增加。其原因，一方面是为扩大生产，使企业达到经济规模；另一方面是开拓市场、增加营销投入。这一阶段的资金称作扩展资本（expansion capital）。其主要来源于原有创业资本家的增资和新的创业资本的注入。另外，创业企业的产品销售也能回笼相当的资金，同时一些银行和金融机构的稳健资金也会择机而入。这也是创业资本的主要阶段。

此时，创业资本所投资的创业企业所面临的风险已不主要是技术风险，因为技术风险在前两个阶段已经基本解决。这一阶段创业企业的主要风险是市场风险和管理风险加大。由于技术已经成熟，竞争者开始仿效，会夺走一部分市场。加之企业领导多是具有技术背景的人，对市场营销不甚熟悉，易在技术先进和市场需要之间取舍不当。因此，企业规模扩大，会对原有组织结构提出挑战。如何既保持技术先进又尽享市场成果，就成为摆在创业企业面前的主要课题。

为此，创业资本家为了避免上述投资风险，主要采取的措施分别是积极评估风险，派员参加董事会，参与重大事件的决策，提供管理咨询，选聘更换管理人员等。这一阶段的风险相比前两个阶段而言已大大减少，但利润率也在降低，创业资本家在帮助增加企业价值的同时，也应着手准备退出。

（4）成熟期（mature stage）资金

所谓成熟期是指技术成熟和产品进入大工业生产阶段。这一阶段的资金称作成熟资本（mature capital）。尽管该阶段资金需要量很大，但创业资本已很少再增加投资了。一方面是因为企业产品的销售本身已能产生相当的现金流入，另一方面是因为这一阶段的技术成熟、市场稳定，企业已有足够的资信能力去吸引银行借款、发行债券或发行股票。更重要的是，随着各种风险的大幅降低，利润率也已不再是先前那样高得诱人，对创业资本不再

40

具有足够的吸引力。成熟阶段是创业资本的收获季节，也是创业资本的退出阶段。创业资本家可以拿出丰厚的收益回报给投资者了。创业资本在这一阶段退出，不仅因为这一阶段对创业资本不再具有吸引力，而且也因为这一阶段对其他投资者，如银行、一般股东具有吸引力，创业资本可以以较好的价格退出，将企业的接力棒交给其他投资者。

由此看来，创业资本的投入有四个阶段：种子期的小投入、导入期的大投入、成长期的大投入及成熟期的部分投入。它们分别对应着产品成长的四个过程。而实际上，这四个阶段之间并无那么明显的界限。

表 2 - 4　美国有限合伙公司投资情况表

年份	总投资 （10 亿美元）	被投资公司 数量	对每家公司 平均投资额 （百万美元）	早期阶段投资 占总投资额的 百分比（%）
1980	0.61	504	1.21	NA
1981	1.16	797	1.46	NA
1982	1.45	918	1.58	NA
1983	2.58	1320	1.95	35
1984	2.73	1410	1.96	34
1985	2.67	1388	1.92	30
1986	3.22	1512	2.13	35
1987	3.97	1740	1.26	29
1988	3.85	1530	2.52	29
1989	3.38	1465	2.31	21
1990	2.30	1176	1.96	30
1991	1.36	792	1.72	31
1992	2.54	1093	2.33	24
1993	3.07	969	3.13	24
1994	2.74	1011	2.71	37

资料来源：Fenn, G. W. N. Liang & S. Prowe, The Economics of the Private Equity Market, Staff Studies 168. Washington, D. C. : Board of Governors of the Federal Reserve System, 1995. p14。

2. 创业资本投资的流程

图 2 - 1 给我们展示了创业资本投资的整个流程。但我们把它作一简化后，创业资本投资过程就可分为四个阶段：第一阶段，选择投资对象，包括获取必要的信息并评估其潜在的投资价值。第二个阶段是组织投资，确定投资结构，即确定投资的类型和数量，并讨论投资协议的具体条款，这些条款会影响有限合伙公司对创业企业经营的干预能力以及对创业企业的管理激励等。第三个阶段是监控投资，即积极地参与企业的管理，通过在董事会的席位和其他非正式的渠道，有限合伙公司的经理人控制并扶持被投资企业的发展。第四个阶段是将所投资的企业公开上市或转让所持有的股份，因为有限合伙公司的存续期有限，并且投资者希望以现金或可流通的证券作为回报，所以这种退出策略是投资过程中必不可少的一环。

创业投资的方式主要采取股权形式。包括购买优先股、认股权、可转换债券等形式。其特点有两个：一是创业投资公司对创业企业投资通常不以取得对投资对象的控股权为目的。创业资本投到创业企业，实现与科技发明专家的结合，促进高新技术产业化。科学技术发明者以技术入股，创业投资公司以参股方式参与创业投资。二是创业投资公司通常要参与对所投资创业企业的管理。包括创业企业的发展战略、技术创新评估、市场分析与投资回收，甚至招聘企业的管理人员等。

三、创业资本的投资管理

创业资本对创业企业的管理可根据不同的融资阶段采取不同的管理方式。一般而言，前期融资特别值得关注。第一，对于刚刚起步的企业而言，更需要权益类资本融资，否则债务负担可能会将企业在成熟期获得大量利润之前，即在冲破发展前期的瓶颈

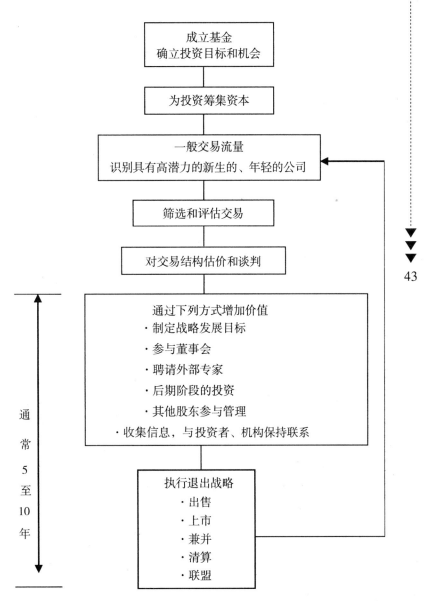

图 2-1 创业资本投资流程图

之前就压垮了。第二，前期融资正是创业资本家需要采用"辅导"技术（hands-on）管理其投资的业务领域所在。有时创业资本家可能会不得不接管所投资的企业，负责总经理业务，而让企业家致力于技术生产或市场营销问题，以保障企业的生存和发展。这需要高级创业资本家才能胜任。许多创业资本正因不愿或难以承担这一技术，而失去了前期融资的市场。

　　到了后期融资阶段，若管理出现断层，创业资本家通常都建议创业家从外部聘请专家担任管理人员，而不采用"辅导"技术。

44

　　创业资本就像一场婚姻一样，企业家和创业资本家的相互选择好像一场自由恋爱，洽谈交易的过程是双方筹办婚事的过程；签订完成所有的法律文件好比是双方领取结婚证书举行婚礼。蜜月过后，创业资本家和企业家必须共同生活 3～10 年。在这段时光中，创业资本家必须密切关注企业的运行状况，进行创业资本管理。这也是创业资本与其他类型投资相区别的主要特征。

四、创业投资的三种退出机制

　　创业资本投资的根本目的和动机，就是为了获得高额投资回报。没有高额投资回报的吸引和诱惑，创业资本市场就无从发展。创业资本的投资过程及其运营过程都要考虑到如何更好地、高效地退出。无论是以何种形式成立的创业资本，其在持有创业企业股权到一定时候后，就要考虑退出创业企业，收回投资。然后，再进行新一轮的投资计划。

　　由此可见，退出制度安排的有效性直接影响到创业资本的业绩。这就像一场百米接力比赛，退出就是跑到终点的最后一棒。创业资本区别于其他资本的最重要之处在于它有退出制度安排。只有这种制度安排才有可能吸引更多的投资者向创业资本投资。

正是由于创业资本的退出安排,才使整个创业资本成为一种有效的制度安排。也就是说,退出安排是创业资本这种新的制度安排得以成功的保障。

创业资本退出创业企业主要有三种方式:一是股份上市①;二是股份转让;三是公司清理。表2-5是美国创业资本的退出情况。

表2-5 美国创业企业收购和首次公开发行股票

(单位:公司家数)

年份	1982	1983	1984	1985	1986	1987	1988	1989	1990
私人收购	NA	NA	59	83	90	113	106	101	76
私人和公众收购	40	49	86	101	120	140	135	136	97
首次公开发行股票	27	121	53	47	98	81	36	39	42

资料来源:Venture Capital Journal(May 1990),p14 and(May 1991),p21。

对美国创业资本发展过程进行详细分析,我们可以得出以下结论。

(一)美国创业资本是一种新的融资制度安排。创业资本有别于传统的间接融资(银行信贷)、直接融资(股票、债券)形式,它是一种专门向成长性强的企业提供的一种权益性资本。这种资本具有投资周期长、参与被投资企业经营管理、在企业成熟时退出等特点。

(二)美国创业资本的主导组织形式是有限合伙制的创业投资公司。有限合伙公司这种制度安排是经过多次组织制度变迁形成的。之所以采取这种组织形式,是因为创业资本市场存在着严

① 企业第一次向社会公众发行股票,称为首次公开发行股票(Initial Public Offering,简称IPO)。

重的信息不对称。采取有限合伙制度有利于解决委托人与代理人之间由于信息不对称带来的监督和激励问题。

（三）美国创业资本的募集对象主要是机构投资者。这种资金来源结构是与美国资本市场的投资者结构相一致的。目前，美国资本市场占主导地位的投资者是机构投资者，主要包括公司养老基金、社会养老基金、保险基金等。这些机构投资者管理着上千亿美元的资金。基金的管理人为了分散投资，取得较高的投资收益，开始进入创业资本市场。尽管这些机构投资者对创业资本市场的投资比例，相对整个基金规模而言并不太大，但是在资金数额上却是惊人的。这些大的机构投资者是创业资本基本的和主要的资金来源。

（四）创业资本有一套严格的投资管理制度。创业投资公司通过对投资项目严格的筛选、评估、审慎调查以及详细的合同，来避免投资失误，降低投资风险。同时，创业投资公司又通过公司治理结构的设计和股权结构的安排、参与创业企业的经营管理等手段，来减少其与创业企业存在的委托代理问题。

（五）创业资本在开始投资的时候，就通过合约安排设计其退出的方式和时机。这是创业资本与其他形式的资本的重要区别之一。

（六）美国创业资本市场之所以得到较快的发展，一个重要的原因在于美国从制度上建立了一套可供创业资本退出的第二板市场——纳斯达克证券市场。同正规的主板市场——纽约股票市场相比，纳斯达克证券市场一方面降低了创业企业首次公开发行股票的条件，另一方面又在交易制度、交易手段等方面起到了活跃市场、降低交易费用的作用。这样，创业资本就有了一条可行的退出渠道。

（七）美国创业资本的发展与美国政府的政策支持是分不开

的。为了支持高科技产业的发展，美国政府在资金、政策、税收等多方面，鼓励创业企业的发展，鼓励创业投资。1958年，美国政府还采取了政府强制性制度变迁的手段，推出小企业投资公司制度。尽管随着创业资本市场的发展，小企业投资公司制度逐渐被有限合伙公司制度替代，但美国政府对创业资本的有力支持，推动了创业资本市场的发展。

当然，美国创业资本市场的发展并不是一帆风顺的。创业资本市场的制度变迁过程是一个复杂的、艰巨的过程。创业资本制度变迁不仅要受到各方面利益团体的制约，也受到宏观经济环境、证券市场发展的制约。可以说，美国股票市场的每一次"牛市"，都为创业资本带来了空前的繁荣，也为创业资本制度采取更好、更有利的组织形式提供了有利条件。

47

第三章 美国创业资本市场的 规模与结构分析

48

　　20 世纪末，随着美国新经济的成功以及知识经济和经济全球化的发展，世界各国开始逐渐认识到创业投资对技术创新、宏观经济的巨大影响，一时间，效仿或复制美国发展创业资本的方法和经验，极力推动本国创业资本市场的发展，成为各国政府的一项重要公共政策。然而，随着 2000 年 3 月美国股市的暴跌和创业资本市场陷入低谷，许多国家的创业资本市场同美国一起步入了困境。因此，客观地分析和总结美国创业资本市场的特征和发展经验，正确地评价创业投资的宏观经济效应，对今后制定相应的政策措施，具有很好的借鉴意义。本章在收集整理美国创业资本市场大量统计数据的基础上，试图对美国创业资本市场近 20 年的发展特征及创业资本对宏观经济的作用和影响，做一具体分析。

第一节 美国创业资本市场 近年的演变特征

　　20 世纪 80 年代以来，美国创业资本市场呈现以下几个主要特征：

第一，创业投资呈现机构化，有限合伙制创业投资基金成为主流的组织机构。

最早，在美国从事创业投资活动的机构主要有三种组织形式：一是以有限合伙（Limited Partnership）形式存在的创业投资基金；二是大企业附属的创业投资机构；三是小企业投资公司（Small Business Investment Companies，SBICs）。我们从第二章表2-2的统计数据可以看出，1980年，三种组织形式筹资的资金分别占创业资本总量的40.0%、31.1%、28.9%，基本上三分天下。然而从1982年开始，有限合伙基金的份额就开始逐年上升，到1988年就达到80%，从此，其份额一直稳定在80%左右的水平①，成为美国创业资本市场占主导地位的组织形式。目前我们谈论的创业资本就是指以有限合伙制形式存在的创业投资基金，这种组织形式在学术界被称为正式的创业资本（Formal Venture Capital）。对于从事创业投资活动的其他组织形式，则称为非正式的创业资本（Informal Venture Capital）。

有限合伙制创业投资基金包含两类合伙人，一类是普通合伙人，另一类是有限合伙人。美国的创业资本之所以采取合伙制，是与其法律体系和税收政策相关的。首先，合伙制不具有独立的法人资格，是一级税赋，仅个人所得纳税；其次，合伙制的有限合伙人虽然是出资者，但不参与基金的日常投资运作和管理，保证了普通合伙人作为专家理财的独立性；最后，合伙制中的普通合伙人作为基金的管理者，要承担创业投资的债务和法律连带责任，这样就对其起到自我约束的作用。此外，通过签订合伙契

49

---

① 1989～1994年，有限合伙制创业投资基金占见创业资本总量的比例分别是79%、80%、80%、81%、78%、78%（见Gompers, P. A and J. Lerner, 1999, The Venture Capital Cycle, p9. Boston, MA：MIT Press）。

约，充分保证了两类合伙人权益，对普通合伙人起到了有效的激励和约束作用。

从表3-1可以看出，在1980～1990年，流入有限合伙制创业投资基金的资金大多数年份都在40亿美元左右，但创业投资基金管理的资产规模逐年递增，已从1980年的40.7亿美元上升到1990年的340亿美元，增加到8倍多。进入20世纪90年代，美国创业资本的筹资规模在迅速增长，从1991年的不足15亿美元，逐年攀升，到2000年创新纪录地达到1069亿美元，管理资产高达2337亿美元。

与此同时，20世纪90年代美国创业资本行业出现了巨型创业投资基金。20世纪80年代巨型基金的概念是指管理1亿美元以上资金的创业投资基金，然而进入20世纪90年代，上亿美元的基金已经司空见惯，随之出现的是10亿美元以上的巨型基金。在1996～1998年三年间，美国创业资本市场仅有4只超10亿美元的巨型基金成立，而1999年就诞生了9只这种巨型基金，2000年就猛增至19只基金。这19只基金资金规模总和超过了1994～1996年三年间创业投资基金募集资金总额。

表3-1　1980～1990年美国有限合伙制创业
投资基金管理的创业资本情况

（单位：百万美元）

年份	新成立的家数	承付的新资本	管理的创业资本总额
1980	57	2073.6	4071.1
1981	81	1133.2	5685.7
1982	98	1546.4	7758.7
1983	147	4120.4	12201.2
1984	150	3048.5	15759.3
1985	99	3040.0	19330.6

续表

年份	新成立的家数	承付的新资本	管理的创业资本总额
1986	86	3613.1	23371.4
1987	112	4023.9	26998.5
1988	78	3491.9	29539.2
1989	88	5197.6	33466.9
1990	50	2550.4	34000.9
1991	34	1488.0	31587.2
1992	31	3392.8	30557.3
1993	46	4115.3	31894.0
1994	80	7339.4	34841.3
1995	84	8426.7	38465.0
1996	80	10467.2	46207.2
1997	103	15175.6	59614.5
1998	297	25292.6	84180.1
1999	459	60138.4	145195.6
2000	653	106933.2	233666.1
2001	331	40713.0	283732.0
2002	108	6884.9	287572.3
2003	124	11128.3	298700.6
2004	205	18566.0	317266.6
2005	218	27957.3	345223.9
2006	212	30260.4	375484.3

资料来源：*Thomson Financial Venture Economics*，Newark，New Jersey，2004。

　　美国创业投资组织形式的机构化和专业化，是美国创业资本发展历史上的一次重要的制度创新，促使美国的创业资本发展成为一种系统化的融资、投资制度，并已形成一套完整的进入、评价、投资、监控、退出等市场体系，从根本上解决了技术创新和创业企业由于高度不确定性、信息不对称等原因，带来的代理问题和激励问题，从而在投资者和技术创新之间建立了一个互相沟通的中介，承担和弥补了创业企业融资困难的缺口。

　　更重要的是，专业化的创业投资机构（创业资本家），使美国的技术创新方式发生了戏剧性的变化，产生了一种由新熊彼特学派提出的将企业家驱动和公司导向两部分结合起来的新型技术创新模型。在创新过程中，创业资本家积极地与大企业、大学、金融机构以及各种各样的在创新过程中起重要作用的机构建立联系，成为扩大技术创新网络的核心，使美国的技术创新进入了一个新的发展时代。

第二，机构投资者是创业投资基金的主要投资者。

从表3-2我们可以看出，美国创业资本市场的资金来源，也即创业投资基金的投资者主要是机构投资者，包括养老基金、捐赠基金、保险公司和银行持股公司、公司投资者。其中，养老基金是美国创业资本市场的主要投资者。自1979年美国《员工退休收入保障法》的"谨慎人"条例允许养老基金投资于创业资本后，养老基金就一直作为有限合伙人大比例地投资创业投资基金。

这种资金来源结构是与美国资本市场的投资者结构相一致的。目前，美国资本市场占主导地位的投资者是机构投资者，主要包括公司养老基金、社会养老基金、保险基金等。这些机构投资者管理着上千亿美元的资金。其中养老金成为目前美国资本市场三大主力机构投资者之一。2000年，美国养老基金达到11.52万亿美元，其中个人退休金账户62.65万亿美元，固定缴款计划2.65万亿美元，国家及地方政府基金2.33万亿美元，私人固定收益计划2.11万亿美元，联邦固定收益计划7050亿美元。这些基金的管理人为了分散投资，取得较高的投资收益，开始进入创业资本市场。尽管这些机构投资者对创业资本市场的投资比例，相对整个基金规模而言并不太大，但是其资金数额却是惊人的。这些大的机构投资者是创业资本基本的和主要的资金来源，基本占创业资本资金来源的80%以上。

表3－2　美国有限合伙公司资金来源（1980～1999 年）

（单位:%）

年份	1980	1981	1982	1983	1984	1985	1986	1987	1988	1989
公司	19	17	12	12	14	12	11	10	12	20
个人	16	23	21	21	15	13	12	12	8	6
养老基金	30	23	33	31	34	33	50	39	47	36
外国投资者	8	10	13	16	18	23	11	14	13	13
捐赠基金	14	12	7	8	6	8	6	10	11	12
保险公司和银行	13	15	14	12	13	11	10	15	9	13
年份	1990	1991	1992	1993	1994	1995	1996	1997	1998	1999
公司	7	5	3	8	9	2	20	31	20	19
个人	11	12	11	7	13	17	7	14	11	19
养老基金	53	42	42	59	46	38	57	44	52	29
外国投资者	7	12	11	4	2	1	2	0	3	9
捐赠基金	13	24	18	11	21	23	11	10	9	15
保险公司和银行	9	5	15	11	9	19	3	1	5	9

资料来源：1980 年至 1988 年数据引自 Sahlman，William A（1990）. "The Structure and Governance of Venture Capital Organizations," Journal of Financial Economics, Vol. 27, pp. 473～521；1989～1999 年数据根据 Venture Economics 的数据计算得出。

　　机构投资者对创业资本市场的介入，大大提高了创业资本市场的资金供给能力，为美国创业资本在 20 世纪 90 年代进入大发展时期，提供了重要的市场环境和筹资渠道。

　　第三，美国的创业资本主要投资领域在高科技领域。

　　创业资本成立的主要目的是投资于技术创新型的中小企业，解决高科技商品化过程中的融资困难问题。美国一直是世界科技创新的策源地。进入 20 世纪 90 年代，人类在基因工程、医药产业、生物工程、计算机、信息通讯等诸多高科技领域取得了重大的突破，科学技术水平处于一个飞速发展的阶段。美国的创业投资家们灵敏地捕捉住了这一机遇，将创业资本主要投资于高科技领域，在科技转化为生产力的同时也获得了巨额的利润。由表

3－3可以看出，美国创业投资的主要投资领域和投资热点基本上反映了科技发展的最新趋势，像20世纪80年代的个人计算机、通讯技术、软件开发到20世纪90年代的生物工程、互联网，创业投资均大量涉足。创业投资对高科技产业的投资占其总投资的90％以上。可以说，创业投资是美国科技创新的主要推动力量。

表3－3　美国创业资本投资的行业分布　（单位:%）

年份	生物技术	通讯	计算机硬件	消费相关产业	能源	医疗保健	软件及服务	其他产品及服务	合计
1980	8.1	12.1	25.1	8.1	24.0	7.9	3.1	11.6	100
1981	7.2	13.1	26.7	12.1	21.0	7.6	3.8	8.4	100
1982	5.2	13.8	38.9	6.2	14.8	7.0	9.2	5.0	100
1983	4.3	15.5	36.0	8.2	8.5	8.6	11.6	7.3	100
1984	2.6	10.3	21.9	36.5	6.8	6.9	10.2	4.8	100
1985	4.7	17.0	23.7	8.3	14.5	10.8	13.5	7.5	100
1986	7.9	14.9	20.1	12.5	7.8	9.5	12.0	15.5	100
1987	8.3	11.1	15.7	18.9	8.7	12.6	11.4	13.4	100
1988	7.7	17.8	11.4	15.8	7.0	11.9	9.1	19.3	100
1989	6.5	15.8	9.8	16.5	8.2	18.4	9.4	15.4	100
1990	8.7	13.2	9.4	12.4	6.8	16.7	18.9	13.9	100
1991	10.5	12.3	9.8	14.8	6.9	14.1	19.2	12.3	100
1992	11.8	23.4	5.6	7.6	3.6	17.6	13.7	16.6	100
1993	9.9	18.1	3.3	13.4	3.5	13.0	28.0	10.8	100
1994	10.5	18.7	5.3	16.1	4.4	18.7	17.3	9.0	100
1995	8.1	18.3	6.5	13.3	6.6	17.1	19.7	10.3	100
1996	7.2	16.4	4.2	12.0	4.2	13.6	27.3	15.1	100
1997	8.6	19.7	3.8	9.0	3.6	15.9	28.7	10.7	100
1998	6.5	18.0	3.5	7.5	2.5	14.4	36.2	11.5	100
1999	4.0	15.5	4.2	17.5	3.3	5.6	39.4	10.5	100
2000	4.1	17.2	5.0	19.7	2.5	4.0	39.8	7.7	100
2001	8.0	15.5	7.2	11.5	3.1	6.7	41.1	6.9	100
2002	13.4	13.4	9.4	6.4	3.9	10.9	40.5	2.1	100

资料来源：根据 Venture Economics 的数据整理。

第四，从创业资本投资的区域分布来看，美国的创业投资具有明显的区域聚集特征。

首先，从投资数量上看，美国创业资本主要集聚在加利福尼亚州、马萨诸塞州两个地区。从表3－4和表3－5可以看出，1965～2002年37年间，加州、麻省两地创业资本投资数目一直是美国50个州创业投资数目和投资金额最多的两个地区，其中加州投资数目所占比例由最初21.52％上升到36.85％，投资金额所占比例1965～1969年是31.67％，1997～2002年则是41.72％。2002年，美国创业资本投资总额212.36亿美元，其中投资于加州93.9亿美元，占44.22％，投资于麻省24.03亿美元，占11.32％（具体见图3－1）。这表明美国的创业资本投资主要集中在这两个地区。

55

表3－4 1965～2002年美国各州创业资本投资数目

年份 州名	1965～ 1969	1970～ 1974	1975～ 1979	1980～ 1984	1985～ 1989	1990～ 1996	1997～ 2002
加利福尼亚	65	179	310	1836	2645	3380	8610
马萨诸塞	45	93	155	708	1014	1028	2439
得克萨斯	18	71	84	373	584	489	1309
纽约	28	90	73	311	324	276	1525
新泽西	15	35	47	171	291	336	571
科罗拉多	5	22	31	194	258	298	646
宾夕法尼亚	8	21	32	120	290	311	728
伊利诺依	16	29	31	133	214	312	534
明尼苏达	12	34	42	170	186	194	371
康涅狄格	3	20	37	136	217	210	405
所有州合计	302	847	1253	5365	8154	9406	23363

注：每5年期中创业资本投资数目是每一年获得投资的企业数目合计。

资料来源：1965～1996年数据来源于Gompers, P. A and J. Lerner（1999），The Venture Capital Cycle, p14. Boston, MA：MIT Press. 1997～2002年数据，根据NVCA的统计数据计算得出。

表 3 - 5 　1965~2002 年美国各州创业资本投资金额

（单位：百万美元）

年份 州名	1965~ 1969	1970~ 1974	1975~ 1979	1980~ 1984	1985~ 1989	1990~ 1996	1997~ 2002
加利福尼亚	247	620	784	7615	10973	15436	108220
马萨诸塞	69	176	224	2205	3210	3842	26241
得克萨斯	42	159	168	1317	2463	2281	15092
纽约	36	175	184	781	1593	1582	16169
新泽西	37	93	87	420	1378	1942	7324
科罗拉多	14	57	52	559	913	1079	9537
宾夕法尼亚	20	47	132	420	1736	1258	6563
伊利诺依	67	152	133	326	1371	1603	5107
明尼苏达	7	102	50	306	461	592	3235
康涅狄格	1	36	96	362	1660	822	3969
所有州合计	780	2196	2563	17317	34884	42169	259466

资料来源：1965~1996 年数据来源于 Gompers, P. A and J. Lerner（1999），*The Venture Capital Cycle*, p14. Boston, MA：MIT Press. 1997~2002 年数据，根据 NVCA 的统计数据计算得出。

其次，在美国加州地区的创业投资又主要集聚在硅谷地区，而麻省地区的创业投资则集聚在波士顿 128 公路两旁。事实上，这两个地区是美国区域创新最活跃的地区。但 20 世纪 90 年代以后，硅谷后来居上，成为美国乃至世界技术创新的策源地，创业投资在此的集聚程度远比波士顿 128 公路两旁高。表 3 - 6 数据表明，硅谷地区创业投资占全美创业投资的比例，由 1993 年的 23.96% 上升至 2003 年的 33%。可以说，硅谷地区是美国创业投资最为集中的地区。

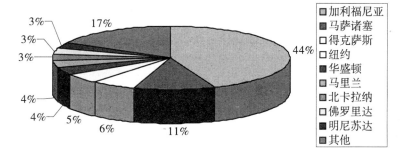

图 3 - 1 2002 年美国创业资本投资的区域分布

资料来源：根据 Venture Economics 数据整理后绘制。

表 3 - 6 1993 ~ 2003 年美国创业投资集聚硅谷程度

年份	全美创业投资额 （百万美元）	硅谷地区创业投资额 （百万美元）	集中程度（%）
1993	3810. 5	912. 9	23. 96
1994	4159. 2	1099. 4	26. 43
1995	7648. 1	1917. 8	25. 08
1996	11561. 5	3698. 6	31. 99
1997	15111. 3	4794. 4	31. 73
1998	21391. 8	6207. 0	29. 02
1999	54895. 2	18870. 8	34. 38
2000	106131. 0	34760. 0	32. 75
2001	40700. 8	12797. 3	31. 44
2002	21236. 2	7071. 5	33. 30
2003	18187. 7	6047. 8	33. 25

资料来源：根据 Venture Economics 数据整理。

　　硅谷之所以成为美国创业投资集聚的中心，是由其强大的区域科技创新能力和高科技企业的快速发展所形成的。硅谷作为美国创新中心和摇篮，那里集聚了大批的高科技企业。2001 年，根据美国小企业管理局（Small Business Survival Committee）的统计，

57

硅谷的高科技公司总数达到了9324家。硅谷拥有世界上最大、最密集、最具有创造性的高科技产业集群。那里既有老牌半导体产业集群的两千余家微电子公司（如英特尔、AMD、全国半导体公司），也有后来居上的计算机产业集群的近两千家公司（如苹果、太阳微系统、惠普），还有做为硅谷增长火车头的众多网络公司（软件和硬件）（如3COM、思科、网景、甲骨文），以及新生代互联网服务公司（雅虎）。这些公司集聚在一起可以源源不断地产生出许多创新。事实上，信息技术每一次的重大进步，都是由一家在硅谷诞生成长的公司来领导：集成电路（国家半导体、英特尔、AMD）、个人电脑（苹果）、工作站（惠普、升阳）、三维图像（硅谷图文）、数据库软件（甲骨文）、网络计算器（3COM、思科）等。硅谷强大的科技创新能力，使得大量高技术成果、高技术产品不断涌现，并迅速形成产业，对创业投资的需求日益上升。同时，大量具有广阔市场前景的高科技项目使创业资本家趋之若鹜，吸引了一大批创业投资机构落户硅谷，在硅谷进行投资。

第二节　创业资本对美国经济发展的影响和作用

创业资本对美国经济的贡献是多方面的：

首先，它通过对高科技企业的投资，促进了科技创新，加快了技术进步的步伐，从而促进了经济增长。创业资本的出现，对现代人类生活和工作产生了深远的影响，20世纪人类社会最重要的三大科技成果（可编程电子计算机、晶体管及DNA技术）在走向商业化的发展过程中，创业投资都发挥了至关重要的作用。尤其是20世纪70年代以来，一大批的得到创业资本的中小型企业主导了美国经济发展的潮流，它们中间的许多公司在经历了严峻的市场考验后取得了巨大的成功，当今在 IT 行业中的许多知名企业，如微软、苹果、英特尔、雅虎等，都曾接受过创业投资，如今它们都已经成为业内佼佼者，分别领导了自 20 世纪 80 年代以来的软件和互联网浪潮，为社会创造了惊人的财富和价值，推动了生产力的发展。创业资本的作用可称得上"经济增长的发动机"。

其次，创业资本通过对创业企业的扶持，创造了更多的就业机会。关于这一点，全美创业投资协会的一个调查报告显示，1991~1995 年，美国接受创业投资的企业销售收入平均增长 38%，而《财富》500 家大公司年均增长率仅有 3.5%。前者创造的工作机会平均每年增长 33.8%，后者却每年裁员 3.6%。同一时期美国经济增长率仍保持年均 4.4% 的水平。据美国商务部和美国电子协会的统计，在 1993~1998 年间，信息技术产业为美国创造了 1500 万个新就业机会，高新技术产业已经成为美国雇佣职工最大的行业，其职工工资比全国私营企业平均工资高出 73%；高新技术在国内销售和出口方面也已成为美国最大的工业部门；其产值约占美国国内生产总值（GDP）的 8%，美国经济增长的贡献 30% 以上要归功于信息技术。

表 3-9 是美国一家机构测算的创业资本对经济的影响程度。从 1980 年至 2000 年 20 年间，以每 1000 美元计算，创业资本扶持的企业在销售收入、联邦税收、出口以及 R&D 等方面均高于所有的上市公司。其中 2000 年，创业企业缴纳 588 亿美元联邦税，出口的商品和服务总值为 217 亿美元，在 R&D 上的投入高达 1573 亿美元。表 3-10 表明，到 2000 年创业资本支持的上市公司已高达 1318 家，市值 27030 亿美元，销售收入 4600 亿美元、利润 645 亿美元，吸纳就业 142 万人。

表 3 - 9　1980 年至 2000 年间美国每 1000 美元资产的贡献

（单位：美元）

公司类型	销售收入	联邦税收	出口	R&D
创业资本扶持的公司	634	14	138	44
所有公众公司	391	5	72	15

资料来源：DRI-WEFA。

表 3 - 10　2000 年创业资本支持的各行业公众公司

行业	创业资本支持公众企业数量	创业资本支持公众企业市值（百万美元）	创业资本支持公众企业销售收入（百万美元）	创业资本支持公众企业利润（百万美元）	创业资本支持公众企业雇员人数（千人）
航天	1	215.67	33.27	6.75	4.36
生物技术	169	265353.41	13297.39	2620.13	54.21
通讯	137	185206.08	24286.44	8668.73	111.97
计算机硬件	81	820933.38	135980.21	9291.32	280.25
计算机软件	353	746238.89	62358.88	12026.97	102.56
消费品	36	14578.61	18724.64	3593.42	89.70
消费服务	89	32109.70	49920.55	-2886.08	50.32
电子	56	29215.44	9564.50	2543.23	34.17
能源	4	2352.83	629.71	235.92	0.27
环境	5	615.73	403.91	104.15	4.14
金融	14	18877.31	8871.37	1352.03	11.18
工业品	55	19992.51	11267.91	2258.13	49.54
工业服务	78	25694.72	17821.03	2420.82	15.54
媒体设备	76	6784.21	4462.34	1993.06	28.86
媒体服务	27	21724.07	16304.12	2670.18	274.97
其他	13	131312.00	9298.72	796.30	63.98
半导体	64	352026.81	67791.95	15817.08	207.51
运输	6	557.33	1976.08	310.91	6.89
计算机服务	54	129248.9	7662.28	712.87	17.69
总计	1318	2703037.61	460655.21	64535.92	1418.11

资料来源：美国证券数据公司。

　　最后，创业资本促进了产业集群的发展和区域经济的发展。
前述创业投资的一个主要特征是投资的区域集聚化。通过对高科
技产业的投资，创业资本催生了一大批的高科技产业集群，表
3-11所列的硅谷九大产业集群，都是在创业投资的扶持下发展
壮大的。产业集群的发展则直接推动着区域经济的发展。表3-
12则是1970年至2000年30年间，美国创业资本对区域经济的
影响，这30年美国创业资本共投资2733亿，创造760万个就业
岗位。

表3-11　硅谷的产业集群

产业集群	最初的创业企业
快递行业	联邦快递
商业零售业	Home Depot and Staples
计算机在线销售	苹果电脑、戴尔电脑
计算机操作系统	微软
生物技术	基因技术公司
互联网服务	美国在线、思科、太阳微系统、雅虎、3COM
软件	甲骨文
芯片	英特尔
医疗器械	惠普公司

资料来源：张景安等主编《企业精神与创新集群》，上海：复旦大学出版社2002
年版。

表3-12　1970~2000年美国创业资本对区域经济的影响

（单位：百万美元）

州名	累计创业投资	扶持的创业企业2000年销售收入	扶持的创业企业2000年就业人数
加利福尼亚	108810	207616	1415748
马萨诸塞	25986	48848	381433
得克萨斯	17189	158183	676158
纽约	16070	65848	369314

续表

州名	累计创业投资	扶持的创业企业 2000年销售收入	扶持的创业企业 2000年就业人数
科罗拉多	9881	14565	62971
新泽西	9138	38151	260114
华盛顿	7383	75392	263585
弗吉尼亚	7215	35689	207777
宾夕法尼亚	7187	58037	424652
佐治亚	6435	62797	338188
所有州合计	273300	1300000	7600000

资料来源：William L. Megginson，2004. Toward a Golbal Mode of Venture Capital，Journal of Applied Corporate Finance 16，pp8～26。

第三节　股市泡沫对美国创业
资本市场的影响

创业投资最终还是以追逐利润为目的的，因而它对国民经济也会带来种种不利的影响：

首先，创业资本追求晚期投资和短期收益是诱发投机和股市泡沫的重要因素。众所周知，伴随着美国经济的持续增长，美国股市也进入了长达5年的牛市。1995～2000年，作为高科技公司上市的纳斯达克市场，其指数上涨了580%。股市的狂涨造成了大量的经济泡沫。例如，1996年4月才开始交易的雅虎在短短4年内，股价上涨了1400%，2000年3月时雅虎市值高达1240亿美元，超过了通用汽车、亨氏（Heinz）食品和波音公司三家公司的市值之和。形成股市泡沫的因素很多，但其中一个重要因素就是创业资本家加快了创业企业上市的步伐，缩短了创业投资对创业企业的投资周期。过去，一家创业企业从接受第一轮创业投资到公开上市至少需要 5 年时间，然而在经济泡沫时期，接受创业融资的创业企业在 1 年或 1 年半之后公开上市已经屡见不鲜。创业资本通过创业企业 IPO 产生了一种所谓的"互联网时间压缩现象"，过去大公司在股市上需要几十年才能完成的目标，在此时却轻而易举，例如惠普公司花了 47 年的时间才达到 10 亿美元市值，微软用了 15 年，雅虎用了 2 年，而 ZetZero 则只用了 9 个月。

其次，创业投资家的投机行为也引发了大量的过度投资，造成社会资金的不合理配置。由于在泡沫时期，美国创业投资机构普遍赚钱很容易，因此投资的谨慎程度已不如以前，不再注重传统的市盈率，而只讲点击率、市梦率等等，大批的创业资本涌向中晚期阶段的企业，使企业的估值急剧升高。同时，也由于互联网的出现及创业投资过早过快的证券化①，使创业投资行业的结构也发生了很大的变化。一些盲目追求投资回报，怀有极强投资心理的人也纷纷加入创业投资的行列。于是，一大批"仿造"创业投资家出炉。这种"ME TOO 心态"（我也做得成的心态），在 20 世纪 80 年代中期就发生过，例如，1977～1984 年间，专业创业投资机构向硬盘驱动器行业的 43 家不同创业企业投入约 4 亿美元创业投资，绝大部分是在 1983 年和 1984 年投出的，1983 年创业投资支持的 12 家创业企业 IPO 后市值超过 50 亿美元，销售收入 13 亿美元，然而它们没能经得起经济衰退的考验，1984 年年末就有一大批硬盘驱动器企业陷入困难，前述 12 家企业市值降至 14 亿美元，销售收入不足 3 亿美元，到了 20 世纪 80

① 创业投资过早过快的证券化现象被金融学家称为"哗众取宠或出风头（Grandstanding）"现象，详见 Gompers, P. A. , and J. Lerner（1999），第 239～261 页。

年代末就全部消失了。事实上,美国创业投资家的非理性行为造成了美国创业投资出现了三次大的周期波动,1984 年是第一次,当年的投资回报率仅为 1.4%;1990 年是第二次,当年的投资回报率不足 1.8%。这两次低谷都是在高科技领域投资过热和 IPO 市场过度炒作后发生的。

　　同样的事情在 20 世纪末重新上演,2000 年 3 月,美国股市开始崩溃,纳斯达克综合指数从最高的 5132.62 点(3 月 10 日)一路下跌。连续三年,美国股市持续不断地下跌。仅 2002 年,纽约道琼斯 30 种工业股票指数猛跌 16.8%,以科技股为主的纳斯达克综合指数剧降 31.5%,标准普尔指数锐减 23.4%,而代表获得创业投资企业的股票指数跌幅更高达 40%。2003 年 3 月纳斯达克综合指数又创历史新低 1300 点,与最高点相比跌幅高达 75%。纳指的狂跌,标志着近几年的互联网泡沫开始破灭。作为美国新经济的重要推动力量——创业资本(Venture Capital),也随之陷入了低潮,创业投资机构投资的企业纷纷陷入困境,大量创业企业宣布倒闭。像前期明星企业雅虎,2001 年 4 月的市值仅有 60 亿美元,相比 1240 亿美元最高市值,缩水近千亿美元。美国股票市场泡沫的破灭,也直接引发了美国经济的衰退,造成了大量人员失业,经济生活水平下降等一系列不良后果。据硅谷联盟《2002 年硅谷发展报告》数字显示,2001 年硅谷约有 25000 人失业,占就业人数的 18%,收入下降,平均年年薪下降了 20%。房地产业衰退,办公用房的空闲率达到 10 年来最高水平,商业租赁率下降 47%。股市泡沫破灭给美国创业资本市场带来的深刻影响是什么?本节试图对其做一具体分析。

一、美国创业资本市场总体分析

　　历史经验表明,股票市场与创业资本市场两者之间呈现非常

强的相关关系。股票市场的繁荣与萧条，很快就可以反映到美国
的创业资本市场上来。2000～2002年这三年，随着美国股市泡
沫的破灭，美国创业资本市场呈现以下几个变化：

第一，创业资本的短期投资收益率大幅度下降，已变成
负值。

图3－2表明，美国创业资本市场的投资收益率与美国股票市
场收益率呈同一方向变动。1996年年底创业资本5年平均收益率
达到最高，其后一路下滑，到2000年已变成负值。表3－13则是
另一组数字，从中我们可以看出，创业投资基金3个月、半年和1
年的收益率分别已降至－2.9%、－13.5%、－18.2%。形成鲜明
对照的是，创业投资基金1996年的收益率是38%，1997、1998年
分别是31%、20%，而1999年则高达165%。短期收益率的下降，
促使人们从过去追求短期收益的投机行为中惊醒，开始重新反思
过去几年泡沫经济所带来的种种现象。经过反思，大多数投资者
又重新认识到创业资本是一种长期投资行为，过度地追求短期收
益，只会引起虚假的泡沫，这对创业资本市场的发展是极其不利
的。事实上，我们从表3－13也可发现，从长期来看，创业投资
基金的收益率还是比较高的，3年、5年、10年、20年的平均收
益率仍分别高达54.5%、40.0%、28.4%、18.7%。

表3－13　创业资本的投资收益率情况（2001年6月30日）

基金类型	3个月	6个月	1年	3年	5年	10年	20年
早期/种子	－3.3%	－14.3%	－20.6%	81.4%	55.1%	34.5%	22.4%
平衡	－2.6%	－13.6%	－16.1%	46.3%	35.5%	24.7%	16.6%
晚期	－2.7%	－11.3%	－16.3%	28.3%	24.6%	25.4%	17.4%
所有创业基金	－2.9%	－13.5%	－18.2%	54.5%	40.0%	28.4%	18.7%
纳斯达克	17.9%		－36.2%				

资料来源：Venture Economics & NVCA。

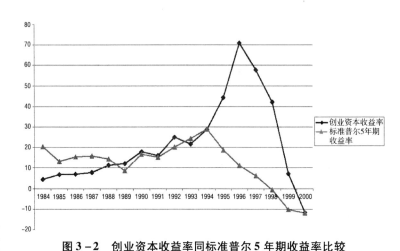

图 3 - 2　创业资本收益率同标准普尔 5 年期收益率比较

资料来源：Venture Economics。转引自 Steven Kaplan（2003）"Venture Capital：What went right? What went wrong? What's next?" mimeo. University of Chicago。

如果我们从长期的角度分析，对这种现象的出现也很容易理解。由于创业资本行业是一个具有专门知识和声誉的人——创业投资家所从事的行业，因此，只有那些在此行业干过多年的老手，才会理解创业资本的本质特征，真正管理好创业资本的长期投资。早在 20 世纪 90 年代，美国创业资本研究的权威人物拜格拉夫（William. D. Bygrave）和蒂蒙斯（Jeffry. A. Timmons）教授在他们的名著《处在十字路口的创业投资》（Venture Capital at the Crossroad）一书中，针对 20 世纪 80 年代创业资本行业的繁荣和衰退现象时，就指出，许多新的创业投资家在创业资本行业萧条时期干得很差，但老基金却大多经营有方。

图 3 - 3 是全球创业投资者协会对 1981 ~ 2001 年 20 年间美国各类资产平均收益率的统计，结果表明，创业资本的长期收益率最高，达 18.6%。由此可见，创业资本的真正魅力在于它对

创新企业的长期投资与扶持。那种仅仅追求短期暴利的投资行为，只能在泡沫时代才能生存，一旦泡沫破灭，最有生命力的创业投资行为还是长期投资。这对我们国家近几年创业资本市场发展由热变冷，也提供了一幅可供借鉴的写照。

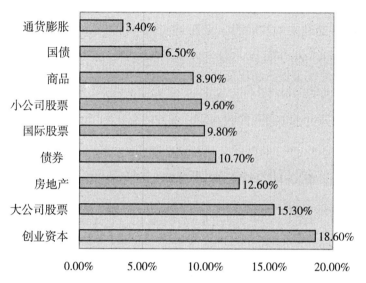

图 3－3　1981～2001 年美国各类资产的平均收益表

资料来源：Global Venture Investors Association。

67

第二，美国创业资本市场筹集数量和金额大幅度下降。

尽管长期从事创业资本市场研究的美国哈佛商学院教授 P. A. Gompers 和 J. Lerner（1999）在《创业资本循环》（Venture Capital Cycle）一书中认为，创业资本市场对短期冲击的长期调整相当缓慢。然而，随着美国股市的不断下跌和美国经济持续低迷，确实给美国创业资本市场的供给带来戏剧性的变化。这其中最明显的表现是美国创业资本市场创业基金的数量和筹资金额大幅度下降。从表 3－14 和图 3－4，我们可以看出，美国创业资

本市场承付的新资本在 2000 年达最高峰 1069 亿美元①，从 2001
年开始，美国创业资本市场筹资规模大幅度下降。但如果我们从
分季度的角度考察，可以看出创业资本市场的筹资额，从 2000
年第 2 季度就开始随股市调整开始下降。如表 3 - 14，2001 年新
投资于创业资本市场的资金为 407 亿美元，比上年下降 61.9%；
2002 年更是大幅度萎缩，全年筹资仅 69 亿美元，比上年下降
83%，还不如 1995 年的水平。实际上，据 Venture Economics 统
计，扣除基金退资情况后，2002 年创业资本市场仅筹资 19 亿美
元，已低于 1991 年筹资 21 亿美元的水平。可以说，美国创业资
本市场经过市场衰退的打击，其规模已经回到了 20 世纪 90 年代
初的水平。

68

表 3 - 14　1995 ~ 2002 年美国创业资本市场筹资情况

（单位：百万美元）

年份	承付的新资金	管理的创业资本总额
1995	8426.7	38465
1996	10467.2	46207.2
1997	15175.6	59614.5
1998	25292.6	84180.1
1999	60138.4	145195.6
2000	106933.2	233666.1
2001	40713.0	283732.0
2002	6884.9	287572.3

资料来源：Venture Economics，2003。

　　20 世纪 90 年代美国创业资本行业出现的一个主要变化是巨

---

　　① 承付资本（Committed capital）是指承诺向一只创业基金提供的资本。
该资本通常不是一次性提供完毕，而是从基金成立年份起，在 3 ~ 5 年内陆续投
入。

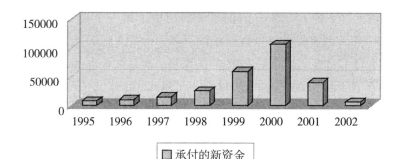

图3-4　美国创业资本市场1995～2002年承付的新资金

资料来源：Venture Economics，2003。

69

型创业基金的出现。20世纪80年代巨型基金的概念是指管理1亿美元以上资金的创业基金，然而进入20世纪90年代，上亿美元的基金已经司空见惯，随之出现的是10亿美元以上的巨型基金。在1996～1998年三年间，美国创业资本市场仅有4只超10亿美元的巨型基金成立，而1999年就诞生了9只这种巨型基金，2000年就猛增至19只基金。这19只基金资金规模总和超过了1994～1996年三年间创业基金募集资金总额。随着泡沫的破灭，就很难能吸引到投资者的注意再成立这种上10亿美元的巨型基金。2002年全年无一家10亿美元以上的创业基金成立，当年最大的一只基金MPM Bioventures III LP，其基金规模才9亿美元。

第三，美国创业资本投资项目数量和金额大幅度下降。

从表3-15和图3-5，我们可以看出，美国创业资本投资在1999年开始迅猛增长，从1998年214亿美元急剧增加到1999年549亿美元，增幅高达156.5%；2000年，又增长到创纪录的1061亿美元，比1999年增加512亿美元，增幅高达93.3%。2001年，美国创业资本投资金额急剧下降，当年创业投资为407

亿美元，下降 66.6%，但仍是美国历史上第三个投资高峰年。2002 年，创业资本投资数额继续下降，为 212 亿美元，比 2001 年下降 47.9%，回落到 1998 年的水平。交易数量也由 2000 年的 8165 件下降到 2002 年的 3042 件，下降 62.7%。

表 3–15　1995～2002 年美国创业资本投资情况

年份	交易数量	投资金额（百万美元）
1995	1888	7648.1
1996	2647	11561.5
1997	3238	15111.3
1998	4183	21391.9
1999	5661	54895.2
2000	8165	106131.0
2001	4643	40700.8
2002	3042	21236.2

资料来源：Venture Economics, 2003。

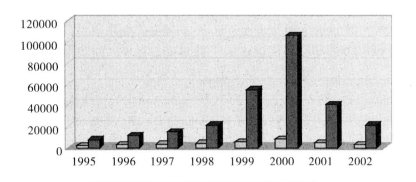

图 3–5　1995～2002 年美国创业资本投资情况

资料来源：Venture Economics, 2003。

创业资本投资项目数量的减少，表明创业投资家开始收缩投资，对新项目的投资比以前要谨慎得多。创业资本投资金额的下降，既表明投资项目的减少，也表明每个投资项目的估值也大幅度下降（见表3－16）。正如 Venture One 的副总裁 John Gabbert 所言，"在 IT 行业欣欣向荣的鼎盛时期，新创企业融资真是太简单了，资金唾手可得。新创公司只要能与信息技术有点联系，就会立刻获得创业投资的青睐，即使是经营不怎么样的公司也能获得资金。而现在一切都变了。投资者不想向没有拥有流动资产的企业进行巨额投资。"

表3－16　创业资本平均投资额　（单位：百万美元）

年份	创业基金规模（亿美元）	交易数量	单笔平均交易额
1994	27	1000	2.7
1995	38	1128	3.4
1996	101	2163	4.6
1997	122	2706	4.5
1998	16	2692	6.0
1999	356	4006	8.9
2000	898	5485	16.4
2001（1～3季度）	254	2110	12.1

资料来源：Center for Venture Research——University of New Hampshire。

第四，创业资本的退出条件越来越糟糕。

美国创业资本是一个资金筹集、投资、退出、再投资的循环过程。在创业资本循环过程中，最重要的一个环节是能否顺利地退出所投资企业。美国创业资本的主要退出方式有两种：一是通过首次公开发行（简称为 IPO）退出；二是通过出售或并购的方式退出。

美国创业资本市场从1995年以后之所以持续升温，一个很重要的因素，是美国股市的繁荣，创业资本投资的企业被大量地IPO，创业资本也得以通过 IPO 顺利退出。1995 年，创业企业IPO 数量为 209 家，1999 年、2000 年则分别高达 272 家、262 家。

而股市泡沫过后，对一些创业投资家而言，不仅是筹集新的基金越来越艰难，更令其雪上加霜的是，由于企业上市条件困难，上市数量也大幅度减少，创业投资家在创业企业的价值实现越来越困难。创业资本面临的 IPO 市场由"热市场"转为"冷市场"，创业资本通过 IPO 退出的条件和环境大大恶化。从表3－17 可看出，2001 年创业企业的 IPO 数量下降为 41 家，2002年更降至 24 家，仅相当于 20 世纪 80 年代初的水平。

72

前几年美国创业投资家是财富的象征，他们投资的企业一旦IPO，创业投资家则顷刻身价倍增，因为创业投资家在创业企业IPO 后，并不立即抛售其持有的股份，一般通常有一个半年的锁定期，所以创业投资家的身价是靠市值衡量的。纳斯达克的暴涨，映射出他们赚钱的神话和光环，使人们将其视为英雄。然而，这几年纳指的暴跌和 IPO 骤减，使创业企业的市值大幅度缩水，创业投资家在人们心目中顿时变成了流氓和恶棍，因为他们把人们的金钱在顷刻之间化为乌有，使许多富人的财富蒸发。

表 3－17　美国创业资本支持的企业 IPO 情况

年份	IPO 数量	年份	IPO 数量
1979	4	1991	119
1980	24	1992	157
1981	50	1993	193
1982	21	1994	159
1983	101	1995	209
1984	44	1996	281

年份	IPO 数量	年份	IPO 数量
1985	35	1997	140
1986	79	1998	79
1987	69	1999	272
1988	36	2000	262
1989	39	2001	41
1990	43	2002	24

资料来源：根据 Venture Economics 数据整理。

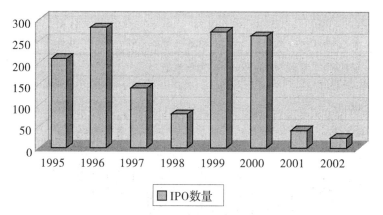

图 3－6 美国创业资本支持的企业 IPO 情况

资料来源：根据 Venture Economics 数据整理。

除了 IPO 市场变坏之外，其他退出渠道同样也风光不在，令创业投资家备感伤心。表 3－18 的数据虽然表明，这几年创业企业的并购数量减少得并不太多，但平均收购价格却大幅度下降。如表 3－18 所示，创业企业的收购平均价格 1995～1998 年间是 0.769 亿美元，在 1999～2000 年，这一价格上升到 1.92 亿美元，然而到 2001 年，收购平均价格却降至 0.55 亿美元，2002 年更降至 0.298 亿美元。这表明创业企业的出售条件变得十分恶劣，创业投资家不想将现金投入创业企业，而在拼命甩卖自己的股权。

表 3 - 18　美国创业资本通过收购渠道退出情况

（单位：百万美元）

年份	收购数量	平均收购价格
1995	154	62. 15
1996	190	135. 78
1997	219	55. 74
1998	244	59. 45
1999	302	142. 5
2000	449	225. 55
2001	387	55. 37
2002	325	29. 75

资料来源：根据 Venture Economics 数据整理。

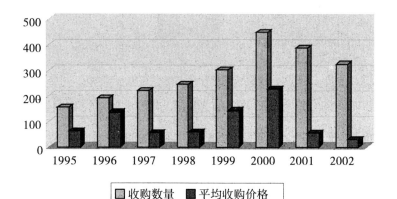

图 3 - 7　美国创业资本通过收购退出情况

资料来源：根据 Venture Economics 数据整理。

二、创业投资家如何应对危机

面对近三年毫无复苏迹象的 IPO 市场和创业资本市场，创业投资家一个最重要的课题是加强危机管理，调整和处置自己所管理基金的投资和资产。

从目前情况看，美国创业投资家首先采取了一种缩减基金规模的办法，来应对危机。许多老牌创业基金纷纷采取将资金退还给投资者的形式，缩减基金规模（见表3－19）。表3－19所列的七家创业投资机构，都是近年来在美国创业资本市场业绩显赫的公司。许多大型的科技企业诸如网景、思科、甲骨文等都是创业投资家投资的杰作。他们之所以向投资者退还资金，是因为他们认为，在近几年的市道下，没有投资热点，也不再会有革命性的技术产生，因而对他们个人能力而言，不需要太多的投资。而其前期所投资的公司，则需要他们投入更多的时间和精力来应付由于经济萧条所带来的各式各样的问题。2002年，美国创业资本行业共有26家基金减资约50亿美元。在20世纪80年代到90年代的二十多年间，创业资本行业还从未出现过这种减资的做法。缩减基金规模也是声誉卓著的创业投资机构，在萧条时期为了保住自己的已有的良好信誉，不得已采取的办法。

表3－19　向投资者退资的一些创业投资机构

（单位：百万美元）

名称	基金最初规模	退还数额
Austin Venture	1500	670
Accel Partner	1400	450
Charles River	1200	750
Atlas Ventures	967	116
Benchmark Capital	750	250
Kleiner Perkins	630	160

资料来源：Venture Economics。

除此之外，从美国创业资本行业的投资情况来看，创业投资

家采取的主要措施和以前处理危机的方式并没有太大的改变。他
们主要采取两种策略：一是改变投资策略和投资阶段；二是减少
缺乏吸引力的投资项目。下面我们对美国创业资本的投资行业分
布和投资阶段做一重点分析。

美国创业资本投资的产业分布来看，泡沫之后，创业投资家
对投资方向开始有所调整。如表 3 – 20 所示，创业投资家近三年
已逐步降低对通讯企业的投资，2002 年通讯行业投资所占比例由
2000 年的 17.2% 下降到 13.4%。之所以这样改变，是由于美国出
现世通公司等通讯企业丑闻以及通讯市场的大幅度萎缩。而在 20
世纪 80 年代的投资热门行业——生物技术产业重新受到创业投资
家的青睐，该行业 2000 年的投资比例是 4%，2001 年则上升
8.0%，2002 年又进一步上升到 13.4%。之所以如此，是由于近两
年科学家对人类基因研究方面的大获成功，使生物技术企业受到
追捧。对于软件服务业，虽然经过互联网泡沫破页的洗礼，许多
企业风光不再，但由于互联网的出现才真正将美国经济带入新经
济，因而该行业继续受到创业投资家的重视，其投资比例依然保持
在 40% 以上，处于各个行业之首，但单笔的投资额已经大大降低。

表 3 – 20   美国创业资本投资的行业分布　　（单位:%）

年份	生物技术	通讯	计算机硬件	消费相关产业	能源	医疗保健	软件及服务	其他产品及服务	合计
1995	8.1	18.3	6.5	13.3	6.6	17.1	19.7	10.3	100
1996	7.2	16.4	4.2	12.0	4.2	13.6	27.3	15.1	100
1997	8.6	19.7	3.8	9.0	3.6	15.9	28.7	10.7	100
1998	6.5	18.0	3.5	7.5	2.5	14.4	36.2	11.5	100
1999	4.0	15.5	4.2	17.5	3.3	5.6	39.4	10.5	100
2000	4.1	17.2	5.0	19.7	2.5	4.0	39.8	7.7	100
2001	8.0	15.5	7.2	11.5	3.1	6.7	41.1	6.9	100
2002	13.4	13.4	9.4	6.4	3.9	10.9	40.5	2.1	100

资料来源：根据 Venture Economics 数据整理。

创业资本由于对早期科技创新的融资支持，因而对中小科技企业和创新企业的发展起到了非常重要的作用。但随着创业资本收益率的增加，越来越多的投资者加入到创业资本行业，新基金不断地推出，基金的规模和数量都大幅度增加。表3－21显示，美国创业投资机构由1996年458家增至2000年1010家，创业投资机构的人数也从3584人增加至7051人。在这种情况下，美国创业资本的投资阶段由传统的早期阶段开始转向中晚期投资，争取以较短的时间退出创业企业，获取超额的投资利润。从表3－22和图3－8可以看出，1995～1999年，美国创业资本向早期阶段投资的比例分别是36%、26.9%、24.9%、28.0%、21.1%，平均比例是27.4%，与传统的创业资本的本质有很大的区别和变化。但美国股市泡沫的破灭，使创业资本行业受到了前所未有的考验，创业投资家在IPO市场大幅萎缩的情况下，重新回归传统，开始偏重于长期投资。在2000～2002年三年间，这一变化非常明显。对早期阶段的投资由1999年的21.1%迅速增加到2000年的63.8%、2001年的70.1%、2002年的61.5%。

表3－21 美国创业投资机构情况

年份	创业投资机构数量	创业投资机构人数
1996	458	3584
1997	528	3912
1998	610	4253
1999	779	5480
2000	1010	7051

资料来源：Jeffrey E. Sohl（2003）"The US Angel and Venture Capital Market: Recent Trends and Development"，The Journal of Private Equity，Spring。

表 3 - 22　美国创业资本投资的阶段分布　（单位:%）

年份	早期阶段	中后期阶段
1995	36.0	64.0
1996	26.9	73.1
1997	24.9	75.1
1998	28.0	72.0
1999	21.1	78.9
2000	63.8	36.2
2001	70.1	29.9
2002	61.5	38.5

资料来源：根据 Venture Economics 数据整理。

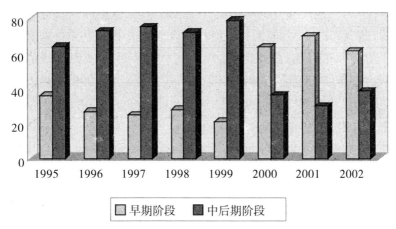

图 3 - 8　美国创业资本投资的阶段分布

资料来源：根据 Venture Economics 数据整理。

三、美国创业资本市场未来发展展望

美国创业资本市场自从 20 世纪 40 年代出现第一家创业资本投资公司 ADR，至今发展了近六十年。但美国创业资本市场真正迅速发展则是 20 世纪 80 年代以后的事情，在最近的二十几年间，美国创业资本市场经过了几次大的起伏。但美国创业资本市场经过调整和适应，都顺利地渡过了难关。近三年来的发展尽管陷入了低谷，但美国创业资本市场的高潮还会在不远的将来重新出现。正如美国斯坦福大学商学院教授 Thomas Hellmann（2003）所指出的，"从短期看，创业资本行业确实陷入了崩溃的边缘，但如果我们透过历史，从长期的角度分析，该行业的回归似乎又是一次重新踏上强劲增长的征程"。

就未来几年看，美国创业资本市场的发展将呈现出以下几个特点：

一是，创业资本家会更加注重对危机的管理和处理。

由于在泡沫时期，美国创业投资机构普遍赚钱很容易，因此投资的谨慎程度不如以前，不再注重传统的市盈率，而只讲点击率、市梦率等等，前期已经有大笔的资金投资在一些泡沫较高的行业，像互联网企业等。随着泡沫的破灭，原来投资的企业纷纷陷困境。因而摆在创业资本家面前的一个头等大事是对自己的投资加强管理，处理这些麻烦缠身的企业。在这种情况下，许多创业企业的第二、第三轮的融资会比第一轮融资的难度大大增加。

二是，许多创业资本将会更加注重早期阶段的投资。

理由有三：

第一，由于前一阶段，大批的创业资本涌向中晚期阶段的企业，使企业的估值急剧升高，随着股市泡沫的破灭，这些受资企业纷纷陷入困境。创业资本正试图从这些受资企业中撤出资金，因而对于新的投资就不会把重点放在这些有麻烦的公司上。

第二，由于 IPO 市场由热变冷，至今还没有复苏的迹象，因而，对晚期阶段的公司而言，即便没有太多的泡沫成分，也会由于 IPO 的困难或者 IPO 的时机不好，而对一些投资者的吸引力大

79

打折扣。

第三，随着整个国民经济运行陷入低谷，中小创新企业的固有优势就充分地显露出来，它们人员少、工资低，固定资产较少，因而对早期的企业投资同一些中晚期的企业投资相比，其投资金额要低得多，这无疑对规模日见萎缩的创业投资基金更具吸引力。

三是，大公司的创业投资活动重新趋于活跃。

近几年的情况表明，大公司对公司创业投资重新产生兴趣。许多大公司在面对互联网的威胁下，愿意向创业资本投入的资金数量相当大，其结果是战略联盟无处不在。但是只有那些能够真正了解公司在创业资本中的利益所在的创业投资家才可能成功。

在美国主流创业投资机构中，软银、英特尔、通用电气等大型企业集团所属的创业投资机构都排在前二十位。例如，英特尔的创业投资机构，目前已投资575家企业，投资项目遍布欧美和亚太地区，其中亚太地区的9个国家和地区已投资了70个项目，总投资额3亿美元，占美国以外投资的30％。2000年，英特尔投资收益37亿美元，占英特尔集团盈利的25％。英特尔的投资策略是：尽可能影响互联网经济的发展，支持英特尔新事业的发展。许多以产业为背景的创业投资机构不仅仅关心创业投资本身，还往往通过依附于其产业的创业投资来掌握和控制与产业发展相关的技术，增加企业本身的技术、产品和市场竞争力。英特尔资本公司利用企业本身在电脑领域的独特优势，投资于相关的技术企业，不仅追踪世界上最先进的技术，同时还可以通过投资来控制相关技术和产品的发展，帮助被投资企业成长壮大，消灭竞争对手，保持企业本身在该行业领域的技术领先和市场竞争力。

其他一些大公司，诸如微软、思科、甲骨文等高科技公司，在近两年也纷纷加大对创业资本的投入。思科更是依靠收购创业企业大力扩张。2002 年思科对欧洲创业企业的投资高达 28 亿英镑，微软在宽带领域的投资也高达 46 亿英镑。因此，大公司的创业投资机构将在未来的创业资本市场扮演越来越重要的角色。

通过以上分析，可以认为，创业资本目前已经发展成为美国金融市场的一支重要力量，尤其是创业投资的机构化和制度化，是美国融资制度的创新，是一种前所未有的制度安排，它的出现对促进技术进步，加快科技创新具有非常积极的意义。美国之所以成为全世界创新的龙头，与其拥有健全的创业资本体系密不可分。创业资本通过对科技创新企业的投资，解决了创新企业融资困难的问题，促进了中小企业在美国的蓬勃发展，增加了就业，创造了新的财富，从而有力地促进了美国的经济增长。

81

2000 年 4 月以后，美国创业资本市场出现的低谷现象，并不能否定创业资本对经济发展过程的作用，反而能使我们能更加清醒地认识美国创业资本的性质和效应。美国创业资本独特的运行机制和制度安排，已经显示出创业资本在促进中小创新企业发展和技术创新等方面的强大优势。经过这一次调整，创业资本在今后的投资中还会创造更多的新成就。

第四章　美国创业资本市场的合约分析

第一节　美国创业资本的合约特征

　　创业资本市场是一个以高度信息不对称、高风险和高度不确定性为典型特征的市场。这个市场中，存在诸如道德风险、逆向选择、搭便车、套牢、饰窗效应等种种问题。美国创业资本市场的一个重要特征就在于它有独特的融资合约，这种融资合约是一个有效的制度安排。它不同于一般的融资合约，独特的证券设计（通常是可转换债）、控制权与所有权的分离、投资的阶段性等方面是其独具特色之处。由于信息不对称等原因，创业资本家需要对他们投资的企业进行监督，创业资本家采取的最主要监督手段是参与企业的董事会，控制企业的权力。然而，除了控制权之外，创业家其他各种各样的状态和行动仍然保持非观测性或非核实性。为了有效地影响创业家和创业资本家各自的行为，减少代理成本，以便选择适当的融资品种和结构，规定双方的权利和义务，则设计恰当的合约安排就成为一种必然，所以，创业资本家同他们投资的企业签约时，使用了各种激励机制来缓解委托—代理问题，而这种激励机制也要通过创业资本合约安排来实现。

　　对创业资本市场运行机制最早进行开创性研究的是萨尔曼（Sahlman）和伯瑞（Barry），他们曾将创业资本合约分为两个方面，一方面是创业资本家和创业基金投资者之间的合约关系，另一方面则是创业资本家和他们投资企业之间的合约关系。然而，在创新思想商业化过程中，创新企业所遇到的问题不单单是资金的匮乏，还存在一个管理者经验不足的问题。创新企业的业主，即创始人往往是企业的实际控制管理者，由于其多半是商务经验不足的自然科学家，匮乏的管理背景往往成为企业成功的障碍，因此创业资本在提供融资的同时，还必须注入相应的管理经验，这是创业资本合约所独有的特征之一。银行只能监督所贷款企业的财务状况，而创业资本家则更多地监督所投企业的发展战略，通常他们在处理企业咨询、重大问题的决策等方面起到积极作用。创业资本家和创业家，共处于一个高度信息不对称、高风险和高不确定性的环境中，创业家一般只拥有有限的资源，创业家个人的人力资本是项目成功的基本要素之一，而在一般情况下，人们对其人力资本所产生的贡献不能直接观测到；创业资本家对创新企业提供了资本支持，承担了项目的部分风险，必然会要求分享部分利润。然而，倘若创业家不能分享全部利润，那么他就会减少努力，这里就存在一个激励问题。创业资本合约的机理分析，一般情况下都是在标准的委托—代理分析框架内进行的，在委托—代理关系中，创业家是代理人，创业资本家是委托人。然而，创业资本融资合约安排的某些特征还是超出了典型的委托代理关系。例如，在创业资本投资的项目上，不仅需要创业家的努力，更需要创业资本家的努力，双方努力程度的高低是决定投资成功的基本要素之一。因此，在创业资本合约理论中，不仅要研究创业家的激励问题，而且还要研究创业资本家的激励问题。

　　目前美国80%的创业投资都是经过专业的中介公司完成的，

而且几乎全部是采用有限合伙的形式，其余20%是 Angel Investor、公司创业投资。为什么有限合伙会成为主导形式呢？因为它在合约安排上解决了创业资本资金募集过程以及以后运作过程中，由于信息不对称所带来的逆向选择和道德风险。

在这个领域中，做出开拓性贡献的是 Sahlman，Sahlman（1990）是一篇经典性文献，随后就是 Feen 等人（1995）的《私人权益资本经济学》，以及 Gompers 和 Lerner（1999）《创业资本循环》。到目前为止，国内外对有限合伙制的研究基本上是围绕上述三篇文献展开的。

有限合伙公司是一种合伙企业，通常由两类合伙人组成，普通合伙人（General partner）和有限合伙人（Limited partner）。高级经理人一般作为普通合伙人。普通合伙人负责管理合伙公司的投资，同时也提供少部分的合伙资金，有限合伙人的构成主要是机构投资者，他们是投资基金的主要提供者。有限合伙公司的合伙资金通常是普通合伙人占1%，有限合伙人占99%。

从代理理论的角度看，如果投资者把资金集中交给创业投资公司，由后者从事创业投资，势必要在投资者与企业家之间增加一层委托—代理环节，这显然会增加交易成本。然而，根据信息经济学理论，在投资者、中介机构与企业家三者之间的双重委托代理关系中，如果中介机构在收集信息方面具有规模优势，那么投资者对金融中介的授权监督就可以改善合约的执行效率，降低代理与监督成本。

弗恩等人认为，有限合伙制公司之所以存在，有两个主要原因：

一是，为了解决信息不对称带来的逆向选择以及搭便车的道德风险，有必要将创业资本的投资工作委托一个单独的中介机构。

我们知道，通常作为外部人（outsider）在投资一个企业时通常会产生两个问题，即信息不对称问题（Asymmetric information）和激励问题（incentive problem），在搜寻企业的时候会发生信息不对称问题，企业的所有者和管理者比外部人更了解企业，他们往往会夸大企业的优势而掩盖潜在的问题。激励问题产生于企业的经营过程，管理人员有很多机会以外部人的受损为代价，使自己获益。

在创业企业中，外部投资者面临的信息不对称问题和激励问题更为严重。为了解决这两个问题，投资者必须深入地进行投资前的调研和投资后的管理工作。这些工作不可能由大量的投资者去完成，因为工作本身相当繁杂，而投资者又有免费搭便车的心理。因此，创业资本投资过程中如何从合约安排上去解决上述问题，降低交易成本是创业资本市场健康发展的关键。从实质上看，将这些工作委托给一个单独的中介机构是比较有效的。这一中介机构就是有限合伙公司。

Amit（1991）曾以一个逆向选择模型来解释20世纪80年代美国中介市场的低迷情况，认为当中介机构无法了解创业家的技能水平时，只有低水平的创业家会寻求创业投资，而高水平的创业家将转向其他融资渠道或独立发展。这个观点受到了Compers（1995）的质疑，因为它显然无法解释一些明星企业如英特尔、微软等都是由中介机构扶持发展起来的事实。到了1998年，Amit等重新讨论了"为什么存在中介机构？"这样一个基本问题，强调了中介机构的事前评估与事后监督管理的重要性。在他们的代理模型中，创业家由于必须出让部分股权而产生道德风险问题。在极端情况下，投资将会不可行。中介机构的作用体现在监管上，如果创业家的努力水平与监督的敏感度较高，创业家就会提高努力水平，因此中介机构的监督与管理可以减少创业家的道德风险，从而扩大投资范围。另一方面，如果创业家的技能水平事前不可观察，通过中介机构的多阶段决策程序可以遴选一些可行方案，中介机构的评估水平越高，可供选择的范围也就越大。Amit 的结论为中介机构的专业化投资提供了一种解释。

由于在选择、组建和管理创业企业中需要相当专业的知识和经验，很多机构投资者不具备这方面的特长，因此，中介的作用非常重要。中介机构的经理人通过参与大量的投资具备了这方面的能力，而且，经理人的技能是非常专业化的，他们往往专注于特定行业的企业或处于特定发展阶段的企业。事实上，很多创业投资家以前就是其投资领域成功的技术人员或企业家。地域上的专业化是由于创业投资家更了解某一地区的市场和行业发展状况，也能够更方便地管理监督。中介机构的参与大大降低了创业资本投资过程中的交易成本。

86

此外，中介机构在扶持创业企业中能发挥重要作用。中介机构的信誉、知识和专业化都有助于创业企业的发展，如一个管理良好的企业能够获得承销服务，而中介机构的高度专业化对创业企业的人员招聘、与供应商打交道等方面都有很大的帮助。

引进中介机构之后，原来投资者直接选择与监督企业的功能就分解为中介机构选择、监督企业和投资者选择、监督中介机构两个部分。

二是，针对投资者在选择、委托中介机构过程中面临的信息不对称和激励问题，有限合伙制度以独特的信誉机制和其他合约安排较好地解决了上述矛盾。

我们知道，投资者事前并不了解普通合伙人的技能水平，因此其面临一个逆向选择问题。投资者必须在有限合伙协议中规定各种控制条款，如创业基金的存续期、注资期及分配条款等。Gompers 与 Lerner（1999）分析了 140 份有限合伙协议，发现控制条款相当不一致。他们通过实证检验了两项假设：一是控制条款与代理成本有关；二是创业投资市场的供求状况影响控制条款。那些声誉卓著、历史悠久的创业投资公司很容易募集资金，有限合伙协议中的控制条款的数量也较少。Gompers（1996）据此发展了一个"出风头或哗众取宠（Grandstanding）"假说，与成熟的创业投资公司相比，年轻的创业投资公司为建立声誉及筹措新的创业基金，往往促使创业企业更早公开上市（IPO）。由他们支持的创业企业在 IPO 时经营期限较短，股票价格更容易被低估。而且，他们在创业企业董事会中的时间较短，拥有股份也较少。

针对普通合伙人的道德风险，有限合伙制合伙的特点主要是：

首先，有限合伙公司有固定的存续期限，通常是 10 年。普通合伙人为了能够获得后续资本，必须在前一个合伙期限内做出好的投资业绩，只有成功的普通合伙人才能在后续融资中取得成功。出于建立信誉以便在后续融资中取得成功的考虑，普通合伙人具有工作努力的动机和激励。

其次，有限合伙人的出资是分期投入的。他在合约中设计了"无过错离婚"（No-fault Divorce）条款，即使普通合伙人没有重大过错，只要有限合伙人丧失信心，就会停止追加投入。这种保留撤销后续资金的权利，尽管可能会造成其初期注入资金的部分或全部损失，但却可以有效地激励和限制普通合伙人的资金运用。

实际上，在创业基金的筹集及运作过程中，逆向选择与道德风险问题是交互存在的。Gompers 与 Lerner（1999）认为，在动态环境下，普通合伙人的首期业绩将成为投资者衡量其技能水平的依据。普通合伙在创业投资的初期，往往基于建立声誉考虑，愿意接受较低的报酬。因为创业投资市场是一个规模较小的私募市场，如果普通合伙人参与投资组合的创业企业失败过多，则他们的声誉将受损，以后很难再募集到资金或加入其他创业投资公司。相反，如果普通合伙人对于自身的技能水平的了解优于投资者，为了获得较高的报酬，高水平的普通合伙人试图通过报酬条款的签订将该信息传递给投资者，他们偏重于报酬的资本利得部分。而低水平的普通合伙则不愿意承担项目失败的风险，因而偏好报酬中的管理费用部分。这样，历史业绩与声誉将是有限合伙人选择普通合伙人的主要依据。

第二节　美国创业资本循环各环节的合约分析

一、筛选阶段

在纷繁复杂的创业资本市场上，高素质和高期望回报率的创业投资项目只能算做是少数，因此，创业资本家在合约签订和做出投资决策之前就要花费一定的时间和精力对欲投项目进行评估和筛选。

在对创业投资的筛选过程所做的理论阐述中，埃米特、戈斯坦和穆勒（Amit、Glosten & Müller）在其模型中，曾提出一个著名的假定，即创业资本家认为创业家提交的项目质量和创业家的能力事前存在着不确定性。在此假定下，他们对创业资本选择过程中的逆向选择问题及后果进行了分析。在他们的模型中，由于创业资本家在好项目和差项目之间不具备辨别能力，所以不能为最佳创业申请资金提供有足够吸引力的条件。这个结果实际上等同于阿克尔洛夫（Akerlof）描述的柠檬市场（market for lemons)。在此市场中，最优的、有保证的项目并不能找到为其提供融资的创业资本家，对其模型扩展后，作者认为，创业资本家可从判断创业家的质量信号（创业家的文凭和高质量的商业计划书），或者对创业家在项目成功与否的自信程度上（在坏的企业绩效的情况下，创业家事前接受的惩罚），缩小在创业资本市场的逆向选择问题。通过提供一个信号，创业家向创业资本家表明，其项目是优越于其他未知项目的备选项目。

伯格鲁德（Berglund）和约翰逊（Johansson）对创业投资筛选过程的另一个特点进行了模型化，即为什么创业资本对企业的后期发展阶段的投资比早期发展阶段的投资多。他们提供的原因是，创业家在初始阶段不想得到创业资本融资，因为他们在与创业资本家讨价还价过程中处于不利的地位。过后，当他们的讨价还价地位趋于有利的时候，例如，创业家的产品获得一个专业保护，创业家能以净现值获得一个更高的股份，创业家会考虑创业资本融资。然而，等待是无效率的或低效率的，因为项目总的净现值会随着时间的推移而降低。伯格鲁德和约翰逊也像埃米特、戈斯坦和穆勒一样，假定创业家没有创业资本也能生存，他们能从其他资源获得初始资金，因而其结论的可信度大打折扣。

而默里（Murray）则根据对自己收集到的经验数据之估计，给出了创业资本家为什么对规模较小且创立时间较短的企业融资不感兴趣，而更偏爱于对已存在的较大的企业融资的原因。创业资本家可以通过给已建立的企业融资的规模经济和范围经济，得到比向初始企业融资更多的利润。类似于伯格鲁德和约翰逊，默里得出的结论认为，年轻的小企业可能从创业资本那里得不到融资。然而，从目前的经验数据来看，这个结论可能对欧洲是适用的，但在美国并不适用，因为美国的创业资本有三分之一是投资在早期阶段的。这个事实也反映了资本合约理论对创业资本循环过程的各种合约关系的分析还有待于进一步深入。

值得一提的是 Kaplan & Strömberg（2001b）①，这是一篇创业资本家如何做投资分析的论文。该论文指出：

第一，在一项创业资本投资中，涉及机会的因素通常都被重点考虑。在他们所选择的 67 家案例组合公司中，只有 1 个例外，其他所有包括投资理论阐述的投资都建立在这些因素基础上，创业资本家被吸引到庞大且日益繁荣的市场中。在至少三分之一的投资中，创业资本家被产品或技术、策略或商业模型、高概率的消费者接受度、有利的竞争条件所吸引。另外，与管理有关的因素也是不容忽视的。在 60% 以上的投资中，创业资本家明确引述管理的才能作为投资的一个原因。在 27% 的投资中，创业资本家引述人们偏爱的日期的作用。再有，投资条件也是重要的。特别地，每一笔较小价值或较少数量的创业资本对于大约 20% 的投资是有吸引力的。

90

第二，创业资本投资通常包括许多正面元素，同时它们也典型地涉及风险和不确定性。这些不确定性包括商业模型/策略风险、竞争力风险、市场大小风险、产品/技术风险和接受度风险。因此，当创业资本家认为这些机会是具有吸引力的投资时，创业资本家认为这些投资是有风险的。在 61% 的创业资本投资分析中，创业资本家把管理的某个方面作为风险考量，在超过 37% 的投资中把交易条件作为重要的考量。Kaplan & Strömberg（2001b）证实的实力和风险因素与创业资本策略和管理文化中所强调的是相似的，与一些有趣的解释也是一致的②。在强烈关

---

① Kaplan & Strömberg（2001b）做了较为全面的分析，我们在这里将他们的研究成果做一个总结。

② 见例子 MacMillan，Siegel & Subba Narasimha（1985）、MacMillan，Zemann，Subbanarasimha（1987）和 Quindlen（2000）。

注管理的特殊案例中，实力和风险因素都与 MacMillan、Siegel & SubbaNarasimha（1985）的调查结果一致。

第三，由于创业资本家倾向于关注特殊行业[①]，所以 Kaplan & Strömberg（2001b）样本中的行业影响和创业资本影响很难区别开来。然而这并不影响分析结论，利用 MacMillan、Siegel & Subba Narasimha（1985）的研究，Kaplan & Strömberg（2001b）发现，创业资本家倾向于追求不同的投资类型，这些投资类型与他们在筛选过程中所强加的标准有关。

二、投资阶段

创业资本的合约安排主要在证券设计（通常是可转换债或可转换优先股）、控制权与所有权的分离、投资的阶段性以及创业资本家对所投资公司经营活动的积极介入等方面独具特色。具体分析如下：

1. 监控

由于高度不确定性、信息不对称和广泛的风险客观存在，创业资本家就要不断地监督控制所投资的企业，其最主要的监控手段是参加企业的董事会。戈普斯（Gompers）通过经验数据估计，创业资本家的监督活动形式及程度取决于所投资企业特性的差异。他通过分析数据发现，创业资本家对创业家监督力度的加大会增加预期代理成本。特别是，当一个企业的有形资产越低、增长期权越高、资产专用性越大时，创业资本家监督的力度亦越大。

Kaplan & Strömberg（2001b）则指出，由于创业资本筛选过

---

① 例如，他们所有的零售交易都来自于专业化零售交易商中的一个 VC，而且他们的医护风险项目也是如此。

程已经证实了创业资本家期望通过监控和支持行为来增值的领域，所以金融合约的设计可以影响创业资本的能力和实际执行这些行为的动力。首先，创始人可能不同意创业资本愿意执行的那些行为。在这种情况下，创业资本家必须采取某种形式上去控制执行那些行为，反对创业企业家的意愿。其次，监控和支持行为可能花费创业资本许多时间和精力①。创业资本将通过降低它的要求权来承担足够的补偿。近来的理论工作已经使之形式化为所谓的"双重道德风险"问题，并且指出，创业资本融资要求权必须有一大部分股份为影响创业资本投资项目②价值"升值"的支持行为提供激励。根据他们论文的回归结果可以得出结论认为，第一，董事会控制与创业资本在管理中的更大干预能力和干预倾向相一致，这与控制理论如 Aghion & Bolton（1992）和 Dewatripont & Tirole（1994）在总体上一致，与 Hellman（1998）在创业资本管理干预中的特别应用一致。第二，董事会控制与双重道德风险理论一致，股权激励提高了创业资本家执行价值增值支持行为的可能性。第三，辛迪加内的自由搭便车可能降低创业资本愿意投身于特别是价值增值支持这类行为中的程度。

2. 管理支持

通常，因为创业家既没有足够的商业经验，也没有相应的关系网络，故创业资本家在项目运营过程中的努力程度，就成为其投资项目成功与否的决定性因素之一。然而，由于创业资本家的努力程度具有不可观察性和非签约性，因而在管理支持活动中，如何引导创业资本家投入足够的努力，是创业资本合约安排必须

---

① 见 Gorman & Sahlman（1989）的例子。
② 见 Casamatta（2000），Dessi（2001），Indert & Müller（2001），Renucci（2000），Repullo & Suarez（1998）和 Schmidt（1999）。

解决的一个重要问题。

瑞保罗（Repullo）和斯威瑞（Suarez）采用证券设计方法从理论角度研究了创业资本合约关系。他们假定三个参与主体：创业家、在早期阶段提供资本但没有参与管理支持的初始投资者、提供融资并在项目后期阶段提供管理支持的创业资本家。由于创业资本家和创业家的努力对项目的成功有着直接影响，所以项目的全部收益将补偿于这两方。如果初始投资者的努力也对项目成功产生贡献的话，那么创业资本家和创业家发挥的激励作用将减弱。在此情况下，瑞保罗和斯威瑞的模型得出结论，初始投资者也对项目收益要求索取权。然而，在后期阶段，向初始投资者支付项目的部分收益，无疑将对项目产生一个额外负担，瑞保罗和斯威瑞认为，如果项目的收益较低，那么初始投资者得不到补偿。原因是在项目收益过低的情况下，收益还不足于补偿先前融资者的贡献和满足他的参与约束。若项目有一定程度的收益，则初始投资者得到补偿，收益越高，补偿越高。

施密特（Schmidt）的模型显示，可转换证券能减弱在创业家和创业资本家之间产生的双重道德风险，并在一定条件下执行一级最优解（first best solution）。这个模型的时序结构如下：在世界的状态由自然决定后，创业家和创业资本家顺序地（sequentially）投入他们的努力。在好的状态下，创业资本家仅在观察到创业家的努力水平后，才考虑投入他的努力；但双方的努力在合约中都不能规定清楚。债务合约和股权合约均不能在项目中间状态中保证双方投入足够的努力，只有选定适当转换比例的可转换证券，才能达到最佳状态。

卢萨斯曼（Lulfesmann）对怎样设计公司治理结构和财务结构提出自己的观点，他认为，在一个不确定、非核实性企业价值以及对所有权的转移存在重新谈判可能性的框架下，通过设计一定治理结构和财务结构，可以扩展各自努力的效率水平。与施密特模型一样，努力被顺序地投入，首先是创业家投入自己的努力，其次是创业资本家。卢萨斯曼认为，由于创业家在企业发展阶段中，对项目成功没有发挥决定性的作用，相反，创业资本家的努力成为项目成功的关键因素。因此，创业资本家将得到企业的所有权和剩余索取权。他对可转换债、混合所有权和标准的债务合约安排进行了比较。在可转换债情况下，创业资本家在有关所有权转移的重新谈判不可能成功的情况下，有最优激励去投入努力，因为这样做不仅可以增加他的支付，而且可以提高他的可转换权行使的可能性。一个设计适当的可转换债，会导致创业家在混合所有权下投入更多的努力，因为他期望创业资本家观察到他的努力程度后，投入一个更大的努力。卡萨马特（Casamatta）在其理论模型中认为，在创业资本合约安排中，最佳证券设计取决于投资数量的大小。模型假定，项目成功的可能性取决于创业资本家和创业家双方的共同努力，在投资者参与和他的投资比例相适应的收益集合中，如果代理人的货币收益比较低，那么对他努力程度的激励则不够强。卡萨马特认为，为了促使创业资本家投入更多的努力，使项目获得成功，最优的办法是设计一个可以提高创业资本家收益的权力激励安排。这种激励安排是与投资数量的大小相匹配的，最佳证券设计应该是如何设计不同种类的证券。如果创业资本家的货币投资较低，那么他得到普通股，创业家得到优先股。在这种证券设计下，在好的状态下，创业资本家有动力更好地发挥自己的努力水平，因为他会由此得到更高比例的酬劳。相反，若创业资本家的货币投资数量较大，而创业家的货币贡献颇低，那么引导创业家努力工作是比较难的。因为创业家清楚地意识到，一旦项目在执行过程中出现坏的状态，持有可转换债或可转换优先股的创业资本家，就会行使转换权，获取企业的控制权。

3. 控制权分配

为了解决企业内出现的种种委托代理问题、道德风险问题、逆向选择问题，就要对相关权利的归属做明确约定。诸如控制权、现金流量权、投票权、董事会参与权、清算权、第一否决权等等各种权利的分配清楚，才能最大程度地激励企业家和创业资本家。创业资本家与创业企业家之间的控制权分配是创业资本合约中的一个核心问题。为了进一步监控创业企业家的行为，创业资本家通常持有与其所持股份不成比例的控制权。下面主要对有关控制权选择的相关问题进行综述。

由于融资结构决定了公司的治理结构，所以创业资本家持有不同种类的证券，就会有不同类型的控制权。张、西格尔和塔克（Chan，Siegel & Thakor）从理论上分析了在创业资本家和创业家之间合约安排的典型特点：（1）所有权和控制权是独立规定的；（2）从其他资源的外部融资（重新借款）被禁止；（3）如果创业家拥有较少的技能水平（在开始阶段，对双方而言，都是不知道的），允许创业家保留控制权，否则创业资本家拥有项目的控制权；（4）若创业家保留控制权，则双方的支付取决于创业家的技能水平的高低。

伯格利夫（Berglöf）曾根据现金流量权（cash-flow right）的概念，提出一种创业资本签约理论。在他看来，融资合约的目的在于使将来企业销售给新买方之前预期价值最大化，现金流可以观察但不能证实，创业家得到的是不可转让的私人收益，将来的买方获得控制权后，最坏的情况也可以少数股东利益为代价，攫取一些资产现金流量权的归属从而决定将来买方的生产效率收益有多少转给持有者，但控制权决定谁将与将来的买方讨价还价，最优的融资合约就是采取可转换证券的形式，企业情况好，给创

业家控制权，创业资本家得到全部现金流量权；企业情况坏，创
业资本家收回控制权。好的情况下给创业家控制权可以使他与将
来的买方讨价还价时完全补偿私人收益，坏的情况下给创业资本
家控制权，创业资本家又可在销售企业后由新买方介入发生的股
权稀释而得到补偿。在最早的融资合约研究中，很多模型是建立
在创业家不受财富约束的特殊假定之上，阿洪和博尔顿（Aghion
& Bolton）很快就发现并放弃了这一不现实的假定。通过明确地
将财富约束引入分析框架，应用由哈特（Hart）等人发展起来的
不完全合约理论，转而研究贫穷的创业家与投资者之间的最优控
制权安排。

根据 Aghion & Bolton（1992）的控制论，分配给创业资本的
控制力的数量应该随着投资者和创业企业家之间代理问题严肃程
度的加剧而递增。他们预测，当代理问题较小时，创业企业家通
常处于被控制状态。当代理问题变得更为严重时，应该为创业资
本分配一些控制力。开始时仅仅应用于世界上较差的国家，但后
来当代理问题有明显提高时，世界上所有国家都是适用的。而
Kaplan & Strömberg（2001a）列举指出，当风险行为提高时，伴
随着控制逐渐从创业资本家向创业企业家转移，相机控制①的确
是创业资本合约的一个普遍特征。此外，他们的回归结果显示，
对于可行性的不确定程度更高的税前创业资本投资项目而言，在
世界上更多的国家，创业资本具有董事会和投票的控制力，这与
Aghion & Bolton（1992）完全一致。高不确定性情况下，在是否
应该更换管理者或者商业经营是否继续的问题上，创业资本和创
始人之间更可能发生冲突。然而，在更多的国家中，为了排除非

---

① 所谓相机控制，是指有时候控制权是掌握在企业家手中，有时候则是
掌握在创业资本家手中。

营利的创业资本投资项目，必须为创业资本家分配控制力。

税前变量仍是潜在利益冲突的一个最好的粗略计量。为了得到更可能获取创业资本真正关注的风险因素的更为完善的计量标准，Kaplan & Strömberg（2001b）利用三个风险变量并把这些变量与创业资本控制程度联系起来，他们认为，当外部风险和复杂性风险较高时，创业资本投资项目的经济可行性是更加不确定的，因此，创业资本也将可能更想违背管理者的意愿去干预和清算（或出售）创业资本投资项目。与之相似，当内部风险较高时，管理团队的才能更为不确定，而且创业资本为了更换管理者将更可能不得不干预。

Dessein（2001）明确地把非对称信息引入一个 Aghion-Bolton 类型的模型中。他指出当创业企业家掌握关于他们自己类型的私人信息时，优秀的创业企业家具有把一些控制权让与创业资本从而使他们与糟糕者分开的激励。在创业资本被分配一定的控制权，并取得关于企业家才能的融资后信息以后，要是信息表明创业企业家是一个糟糕的类型，那么创业资本将执行这些控制而且更换管理者。创业企业家们重视从运营公司中获得的私人利益，所以糟糕类型的企业家将控制自己不去寻求创业资本融资。因此，对于非对称信息严重的创业资本投资项目来说，也暗示着内部风险是高的，可以期望看到更多的创业资本控制。此外，Dessein（2001）的模型也预测指出创业资本控制应该以合约后信息的形式不断下降。经验上，当外部环境更为不确定时，预期合约后信息具有更多噪音是合理的，而且，因此预期创业资本控制将提高外部风险的总量。

Kaplan & Strömberg（2001b）只使用一般的不确定性计量标准发现，对税前创业资本投资项目来说，创业资本控制度更高，但是，当创业资本把另外的资金放在创业资本投资项目中时，创

97

业资本控制度因额外的融资流程而提高。增加限定的风险计量标准明显地提高了回归的解释力，而且特别地，无论外部风险还是内部风险计量标准都与更多的创业资本董事会控制有关。一般来说，这些结论为 Aghion-Bolton 的方法提供了另外的支持，并且特别是为 Dessein（2001）的模型提供了支持。相反，在统计意义上，带有一个负面标记的复杂性风险是不显著的。

4. 资金发起和清算权分配

在创业企业家能够偷窃公司产出的条件下，Townsend（1979）、Hart & Moore（1998）和其他模型等这些最优金融合约均把债权和清算权分配作为关注的重点。在他们所构造的公司现金流不进入合约的环境里，最优的金融合约是一个类债权要求权。即创业企业家承诺为投资者提供一个固定支付，而如果这个固定支付没有兑现，投资者就会控制项目和清算资产。Bolton & Scharfstein（1990）和 Neher（1999）在"偷窃"方法基础上建立模型显示，为了迫使创业企业家支付回报，通过资金发起来阻止未来融资的能力可以作为一个清算威胁。经验工作已经显示，这些特征的确是创业资本融资中的标准。Kaplan & Strömberg（2001a）也指出创业资本合约具有如下的类债权特征：（1）创业资本在普通股股票清算上总是优先的；（2）在五分之四的案例中，创业资本要求权是可追加的，如果公司在未来某个时候仍然没有被出售或改制为公有，那么就会授予创业资本迫使公司归还清算数额的权利。伴随着创业资本投资项目不同的不确定性，这些特征并没有明显的变化。另一方面，在资金发起上，Gomper（1996）指出，在拥有较少有形资产的行业中，有更多的资金发起，而 Kaplan & Strömberg（2001a）发现对多次创业的创业企业家有更少的资金发起。尽管这意味着创业资本家使用资金发起去缓解代理问题，但风险代理权完全是间接的，而且得出的结论与确定性的结果相差很远。

　　Kaplan & Strömberg（2001b）调查了资金发起与创业资本风险因素清算权之间的关系。他们区分了流程内和流程间两个不同的发起类型。研究表明，流程内和流程间资金发起的范围与行业内债务的使用正相关。然而，与创业资本风险测度有关，两种类型资金发起的使用看上去是不同的。使用明确重大事件的流程内融资似乎主要是一个处理内部风险的方法。这与好公司当做表达它们类型的一个方法的流程内资金发起是一致的，与这种方法相似，Diamond（1991）中使用短期债务来测度资金发起。另一方面，流程间资金发起似乎不是与内部风险相联系，而是与公司内部风险的大小有联系。这暗示着流程间资金发起的驱动力不是不对称信息，而是放弃多变环境①中更有价值项目的选择。与此同时，他们也调查了不同的风险根源是否与创业资本合约中类债务特征有关，也就是说，在赎回或清算中，创业资本家要求权的赎回权及其大小。这些特征似乎与内部风险没有关系。唯一影响赎回权存在的风险因素是外部不确定性的大小。而且清算权的大小与复杂性风险是显著负相关的，对于更为复杂的创业资本投资项目来说，由于大多数公司价值与创始人的无形人力资本密切相关，双边价值可能更低。然而，清算权的大小或多或少与这些风险无关。

99

　　实际上，在创业投资的企业中，控制权的问题非常复杂。各式各样的控制权在企业家和创业资本家之间的分配，取决于信息不对称、技能、参与约束、努力和控制权收益（成本）以及讨价还价能力和随机变量的实现等诸多因素。控制权的选择取决于逆向选择的程度。在均衡状态下，逆向选择的程度越高，就会有

----

　　①　见 Berger，Ofek & Swary（1996）和 Cornelli & Yosha（2000）。

越多的控制权分配到创业资本家手中，这样就解释了为什么在实际中创业资本家的控制能力要比其投资规模大得多的现象。企业家通过更好的融资条件，从信息不对称中抽取更高的租金并利用更好的风险共享机制作为控制权丧失的补偿。控制权的最优分配可通过一个为控制权而竞争的市场环境或双边博弈过程来实现。

5. 阶段性融资

创业资本家通常情况下不会一次性给予企业开展业务所需的全部资本。而是根据企业的发展状况分阶段分步骤地注入资本。通过多阶段融资合约，创业资本家可以有效解决企业家可能产生的道德风险。因为阶段融资的主要特征为：资金分期到位、创业资本家具有放弃继续投资的选择权。而分期投资的策略有助于创业资本家监督企业家的行为，并且还能够获得该公司未来发展前景的信息，以作为是否再融资的决策依据。若企业家产生的投机行为导致公司表现不佳时，那么创业资本家便可行使放弃再投资的权利以避免损失过大。因此，当投资计划的风险越高，放弃选择权的价值更大。通过上述监督以及终止投资的威胁，除了可降低风险外，创业资本家对潜在的道德风险也具有较佳的控制权力。从而会引起：由于分期融资会给企业家产生资金的压力，因此企业家便会积极努力，以获得下一阶段所需的资金，因此多阶段融资合约确实可提高投资效率。假设采用单次融资的方式，那么将因为企业家已获得营运所需要的资金，因此其努力的投入便会开始产生无效率的问题；除了通过融资合约外，多阶段融资合约是创业资本家降低代理成本以控制风险最有效率的机制，也是融资合约的重要补充机制；当存在道德风险时，为避免风险过高，创业资本家通常在初期的投资都会尽量下降，等投资计划的未来前景明朗后，再给予足够的融资，以降低投资风险。

企业家在开始阶段不接受全部投资，而是在公司生命周期的重要阶段接受相应的阶段融资。因为使用阶段性融资,企业家能在公司保持一个较高的股份。企业家接受阶段性融资,也是对自身能力有自信的一个信号。阶段性融资给予创业资本家一种期权,对企业家形成一种激励。但是,它也可能引起投资上的短期行为,或者引起过度投资。这就产生了一个在多阶段投资决策中如何构造合理的合约这样一个理论问题。

Admati & Pfleiderer(1994)假设企业通过两种模式获得外部投资:一是企业家主导型,即由企业家在两个阶段分别独立向外部投资者寻求投资。二是创业资本家主导型,即由创业资本家做出第一阶段的全部投资和第二阶段的部分投资决策后,企业家和创业资本家共同寻求第二阶段的其他投资。在第一种情况下,企业家是唯一的内部人,只有他有完全信息。在第二种情况下,企业家和创业资本家都是内部人,而其他外部投资者则是信息不对称中的未知情的一方。他们研究得出了五个方面的结论:(1)在企业家主导型融资中不存在信息均衡的合约,信息不对称和企业家的误导动机不可能因合约的完善而消失;(2)如果企业家与投资者之间的信息不对称存在于均衡状态之中,次优的投资决策可以在第二阶段做出;(3)创业资本家主导型融资中的最优合约是让创业资本家在各个阶段保持固定比例的股份,它可以消除创业资本家误导的动力;(4)在固定比例合约存在的情况下,创业资本家的回报与后续投资阶段的股份定价无关,因此,创业资本家没有动力去扭曲股份价格,这为创业资本家帮助企业进行后续融资提供了理论上的合理性;(5)创业资本家作为内部投资者可以在某种程度上降低代理成本。

Cornelli & Yosha(1999)针对创业资本阶段性融资的特点,提出了一个"饰窗效应(window dressing)"问题。他们认为,在阶段性融资情况下,企业家总是想将项目继续下去。每当创业资本家对下一步融资或清算采取决策之前，企业家为了减少项目被清算的可能性，有操纵短期项目信号的激励。企业家对短期目标的倾向性，会对项目的长期前景产生负影响，原因是如果企业家改进了短期信号，就有可能使创业资本家股份转换上升，企业家分享的利润下降。为了恰当评估操纵带来的收益和损失以及让企业家"讲真话"，关键在于可转换债合约安排如何设计。

Bigus（2002），认为在阶段融资过程中，创业资本家同样可能发生投机的行为，并存在对企业家产生剥削的情况。他的研究从企业家的角度出发，分析创业资本家为解决道德风险而常采用的多阶段融资合约，反而可能会提高创业资本家产生道德风险的机会。对创业资本家而言，多阶段融资合约的利益来自于"等待选择权（option of waiting）"，其价值可为两部分：

一是，当外在环境变差时，例如市场需求不如预期或竞争者突然出现等结果，通过阶段融资合约可以在仅损失部分金额的情况下，停止继续投资无发展前景的项目。

二是，资金分期投入可以消除企业家的投机行为。当公司的营运可为企业家带来私人利益的时候，那么虽然终止营运是较有效率的结果，但企业家为了保护其利益，却仍会持续维持公司运作。因此，这样的选择权对创业资本家来说是有价值的。

然而，多阶段融资合约虽然可以降低企业家的道德风险问题，但却可能引起创业资本家的投机行为。假设创业资本家以及企业家在开始下一阶段的融资前，会针对融资合约的条件重新协商，此时创业资本家可能因为了解到企业家若中止合作关系，并寻找新的投资便会产生更大的损失，所以创业资本家便有机可趁，能要求获得较好的融资条件，提高其利益分配比例。尤其当企业家的技术或创意无法获得保护时，那么企业家的技术或创意便可能会被创业资本家所窃取，加上企业家如果选择其他资金，其转换成本可能相当昂贵，并且还需担心其技术遭泄露，因此即便创业资本家要求提高利益分配的额度时，企业家也将被迫接受这样的条件，而难以结束与其合作或者转换新的投资者。最后，企业家便和创业资本家产生紧密的结合，形成所谓的"锁定（lock-in）"的情况。但这样的情况下，企业家因利益遭到剥削，便会降低努力的投入程度，产生投资不效率的情况。因此，在融资的过程中，更值得注意的是创业资本家的投机行为，其会影响企业家的投入努力。

　　Hansen（1992）的论文提出了阶段性融资过程中，创业投资项目的最佳终止问题。汉森认为，由于信息不对称（企业家知道项目是坏的概率比创业资本家要早），以及创业资本家对管理的贡献，如同企业家的努力可增加收益一样，都不可核实。同时，坏的项目需要创业资本家在管理上投入更大的精力。这就存在一个最佳终止和对企业家努力激励的结合问题。汉森认为，尽管债务安排会导致企业家努力的高水平，然而，在信息不对称情况下，企业家有激励对"坏消息"保密，隐瞒创业资本家通过加强管理贡献的利润情况。汉森表明，债务对非盈利项目的表面价值比对盈利性项目高。

103

　　Trester（1998）认为，在初始阶段，企业家和创业资本家对项目质量都是未知的。然而，在中间阶段，信息就会出现不对称分布。在创业资本家知道之前，企业家以一定的概率知道项目的质量。在审计需要花费较高的成本而被创业资本家放弃的情况下，创业资本家是不知道项目的质量的。因而企业家就会占有中间收益，对债务违约并放弃项目。若项目没有被放弃，那么由创业资本家完成第二阶段投资和实现增加收益。作者认为，债务合约同优先股合约的区别是，前者表现为一个排斥的接管企业期权。在信息不对称存在较高概率的情况下，债务合约既不合适也不可行。如果使用债务合约，那么企业家就会担心创业资本家将取消有利于企业家的接管企业的期权。很显然，这个期权会导致在债务合约下的无效清算。这是优先股合约优于债务合约的重要原因。

6. 联合投资

同其他创业资本家联合投资，可以改进一家创业资本企业的资产组合，使创业资本家在一个有限的资源条件下，参与更多的项目。

伯瑞特、艾米特和安特威尔（Brander，Amit & Antweiler，1998）通过经验性研究确认，联合项目相对于仅由一个单独创业资本家融资的项目而言，会提供一个高收益。他们的论文检验了选择假设（selection hypothesis）和增加价值假设（value-added hypothesis）两种不同的假说。根据选择假设，单独运营的项目绩效较好，因为他们比联合项目质量高。这个假设的"新颖"之处在于，创业资本家能识别项目质量（低质量、中等质量或高质量）。他们认为，一个高质量的项目会得到融资，一个低质量项目则会被拒绝融资。如果项目是一个中等质量，创业资本家想咨询其他创业资本家对项目的前景的看法。在另一方面，根据增加价值假设，联合项目绩效好，因为更多的创业资本家同一个单独的创业资本家相比，会为他们的投资企业提供一个改进的管理支持、一个高信誉和一个较大种类的合约。然而，这个"新颖"假定是不现实的，因为它没有考虑联合投资会带来一个好的绩效。在创业资本的选择过程中，联合投资之所以重要，是因为更多的创业资本家的参加减少了信息不对称，这比单个创业资本家更好地挑选最高质量的项目，而单个创业资本家不能单独辨别好的、中等的和坏的项目。一般情况下，创业资本家投资决策是在有一个准备对项目共同融资合伙人的情况下做出的，因为他认为项目是有吸引力的（见 Gompers 和 Lerner，1999）。

另外两篇理论性论文研究了在一个不对称信息世界中，从事联合投资的创业资本家之间融资合约的最佳设计。一个单独创业资本家可以对早期阶段融资，并在融资过程中得到企业的一些内部信息；在扩展阶段，他则会邀请一个不拥有上述信息的新创业资本家对这个企业共同融资。艾德米蒂和佛利德瑞认为，在融资合约安排，存在一个固定的分离合约。他们认为，在这个合约中最初的（主导型）创业资本家的股份保持一个固定的份额，而不随任何新发行的证券变化，并在未来的阶段性投资中执行同样的分离。根据他们的模型，在一个阶段性融资协议中考虑最佳连续的情况下，这个合约是一个普适的合约。在创业的后期阶段中，联合投资是有必要的。作为主导型创业资本家比联合投资的其他创业资本家拥有更多的信息，因此后期阶段每一个与其他投资者签订的合约，均会导致一个低于最佳水平的投资决策。如果主导型创业资本家在未来收益中的份额高过他的投资额，那么他将过度投资（支持非盈利项目而不是终止它们），反之亦然。因而，作为主导型创业资本家，其支付是与下一阶段融资发行的证券价格不相关的。这样才能保证联合投资有效地进行。

105

卡明（Cumming，2000）认为，优先股合约适用于主导型创业资本家，可转换债券合约适用于尾随型（follower）创业资本家。他的研究表明，这种合约安排导致一个新创业资本家的参与，并在联合投资中，限制新发行证券价格的高估，减少资本需求者（企业家）信息披露的误导。在此安排下，主导型创业资本家向其他投资者置信地传递企业的真实信息（有关它的质量、资本需求和新发行证券的价值），因为他的支付独立于新创业资本家的支付和分配。在此方式下，主导型创业资本家作为新创业资本家和企业家之间的中介。新创业资本家对项目而言是必要的，因为没有新的投资者，企业家为了下一阶段的融资，就会不得不将屈从于由主导型创业资本家套牢带来的重新谈判，这样创业资本家作为一个单独的资本供应者，能从企业家那里榨取所有的租金。卡明与艾德米蒂—佛利德瑞模型的主要区别是，卡明另外考虑了企业家的道德风险问题。他认为，在一个如同艾德米蒂—佛利德瑞建议的固定分离合约下，如果道德风险问题是相关的，那么主导型创业资本家就有激励，在外部创业资本家面前，对新发行证券的价值进行误导。通过误导，他可以影响企业家在企业中的股份，这个变化会对企业家的努力产生影响，进而影响企业的收益和主导型创业资本家在企业中的剩余索取权。然而，卡明提出的合约建议对创业资本家没有提供努力激励。

106

青木昌彦（2001）认为，创业资本家之间的联合投资主要在经验丰富和相互了解的创业资本家之间进行。多个创业资本家加入联合投资，其中一位充当主要融资者和管理者，主要管理者的位置随项目而轮换。作者认为，这种安排与其说是一种分散风险的机制，不如说是创业资本家相互下放监督权的一种机制。相互下放监督权不仅避免了重复监督，而且有助于控制创业资本家的渎职行为（道德风险）。如果某主要创业资本家监督不力或低能，使得他主导的融资项目失败的比例超过了正常值，其信誉会因此败坏，从而失去重新注资以及加入其他创业资本企业的机会。

虽然联合投资对企业家和创业资本家也许是有利的，但有趣的是：当融资是联合投资时，代理问题却可能进一步加重，这是由于更多的参与者带来了各种各样的信息和不同的偏好所引起的。

三、退出阶段

一个创业资本企业的存续期是有限的，在此之后，创业资本家就要退出他们的投资。因此，退出对创业资本市场的运行至关重要。

　　Bascha & Walz（1999）认为，创业家和创业资本家在某些情况下，对考虑退出渠道的选择上存在利益分歧。在他们的理论性模型中，作者比较了两种退出可能性：首次公开发行（IPO）和交易出售（TS）。在退出过程中，对较高价值的企业最优解是采用IPO，而对一个低价值企业则采用TS。对较高价值的企业而言，若采用IPO，那么创业资本家获得的信誉可以大到足够超过散发成本、协同溢价、控制权收益的地步。如果允许创业资本家决定退出路径，那么由于信誉问题，他对高价值的企业，会选择IPO；而对低价值的，则选择TS。如果企业价值保持恒定以及其他情况不变的条件下，创业家对最佳退出路径的决策独立于企业的价值。如果对不同企业价值在创业家的支付结构中，没有转换，他总是选择一个相同的退出路径。为了最大化全部效用，执行阶段期间的控制权在创业家手中，因为他的利润来自于控制权收益。所以，为了导致最优退出路径，对一个高的和低的企业价值的支付结构的改变和最后在控制权的转换必须发生。作者认为，通过使用可转换债最优解可以被执行。最优解的达到取决于模型的参数，即具有一个或者转换成非投票或者投票权股票的参数。信誉效应越大，使用非投票权的股票的可能性越大。

　　金和威尔斯（Jeng & Wells）发现，IPO是创业资本投资最强大的动力。戈普斯说明了在二十年间，美国创业资本流入戏剧性增长的两个原因，其中之一就是对创业资本支持的IPO市场。诺顿（Norton）、麦格森和威斯（Megginson & Weiss）利用经验数据证实了创业资本家资格对企业IPO的重要性。创业资本支持的企业比非创业资本支持的企业能吸引更高质量的承销商和审计师，进而，创业资本家的监督技能的质量，会减少证券折价发行造成的不确定性。在发行企业中，一个创业资本家的出现降低了上市的总成本，并最大化了发售企业的净收益。贝瑞（Barry）等显示，高质量创业资本家提供更高质量的 IPO，通常，创业资本家在企业 IPO 后保留一个重要股份比例。戈普斯揭示，在美国，年轻的创业资本企业比老的创业资本企业让公司公开上市早，并有一个更大的折价。他的解释是，他们想建立一个信誉和继续地为新基金募集资金，这个效应称之为"出风头"或者"哗众取宠"（grandstanding）。勒纳在一篇经验性论文中显示，当股份估值较高的时候，美国创业资本支持的生物企业会公开上市；当股份估值较低的时候，则采取私人融资。卡明和麦克托什（Cumming & MacIntosh）经验数据揭示，退出的有效形式取决于企业的质量、资产的特性和创业投资的持续时间。伯格瑞伍和蒂蒙斯（Bygrave & Timmons）计算了各种各样退出渠道与投资净利润的关系，认为 IPO 至少是最赢利的退出渠道。

第三节　美国创业资本实际合约与理论合约的比较

　　以上对美国创业资本的分析都建立在一个假定条件下，即现实世界中的金融合约与不同金融合约理论中所假定和预测的合约是一致的，但这个假定条件是否得以满足，仍然需要加以探讨。Kaplan & Strömberg（2003）就是通过研究美国创业资本市场中创业资本家和创业企业家之间的实际合约，对现实世界和金融合约理论中创业资本合约的特性进行了比较。

一、描述性结果以及与金融合约的关系

　　Kaplan & Strömberg（2003）分析了 14 家创业资本公司的

119 个投资组合中的 213 项投资。他们详细地描述了投资组合公司/企业家和创业资本家之间的合约。根据描述结果他们认为：

1. 创业资本注资允许创业资本家可以分别分配现金流权、董事会权、投票权、求偿权以及其他控制权。

2. 在创业资本家更频繁采用可转换证券的同时，他们也仍然通过多种类型的普通股和普通优先股的结合来实行这种分配。此外，创业资本家经常采用参与可转换优先的方式，这一方式等价于优先股和普通股的地位，而不是可转换优先股的地位。

3. 如果被投资公司业绩糟糕，通过权利的分配，创业资本家会获得全部的控制。当公司业绩有所改善的时候，企业家可以保留/获得更多的现金流权和控制权。如果公司业绩非常好，创业资本家会放弃绝大部分的控制权和求偿权。

109

4. 为减轻企业家和投资者之间的"箍制问题"，创业资本家经常会采用不完全合约和归属权条款，在注资初期更广泛使用归属权条款，这一时期"箍制问题"更严重。

5. 现金流权、投票权和后续注资，常常依存于财务表现和非财务表现可观察到的措施。这些状态依存权在创业资本首次和初期注资中更为常见。

针对这一系列的描述性结论，Kaplan & Strömberg（2003）利用传统的委托—代理理论、控制论和债务论这三种一般的金融合约理论对其做出了解释。总体来看，这些理论的解释能力还是很强的，特别是传统的委托—代理理论（如 Holmström，1979）和控制论（如 Aghion & Bolton，1992）。因此可以认为，他们所考察的合约条款的范围和这些理论的假设和预测是一致的①。

---

① 详细的分析过程请参阅 Kaplan & Strömberg（2003）。

二、与创业资本合约理论的关系

除了一般性的金融合约理论之外，还有一些专门探讨创业资本合约的理论性论文。这些论文中的绝大多数都试图解释创业资本注资中可转换证券的使用①。

第一组理论由现实中的现象促成，除了单纯的关于投资的条款，创业资本家在对投资组合公司的监管和支持上也做了相当大的努力。② 由这一观测促成的理论有 Repullo & Suarez（1999）、Schmidt（1999）、Casamatta（2000）、Renucci（2000）、Dessi（2001）和 Inderst & Müller（2001），建立模型将创业资本—企业家关系作为一个双重的道德风险问题，其中企业家和创业资本需要激励来弥补努力付出的代价。这些模型认为企业家和创业资本都应当拥有剩余现金流权。

这些理论在解释伴随可转换优先证券发生的现金流求偿权上获得了混合的成功。在 Repullo & Suarez（1999）中，最优合约要求给初始创业资本投资者类似保证的求偿权。这避免了对于那些在首次注资完成之后方可获益项目的无效求偿权。而 Kaplan & Strömberg（2003）指出，由于实践中伴随可转换或参与优先股的求偿权会恶化模型中的无效求偿问题，所以他们的观察并不支持这一认识。

第二种理论方法，由 Cornelli & Yosha（1998）提出，将可转换证券作为阻止企业家操纵过渡时期业绩的方法。③ 在他们的

110

---

① 基于 Sahlman（1990）的结论。

② 见 Kaplan & Strömberg（2001a），Kaplan & Strömberg（2001b）和 Hellman & Puri（2002）。

③ 在某种程度上，他们模型的直接结论类似于 Schwartz（1982）和 Green（1984）对于可转换的风险转换动因。

模型中，企业家有激励去操纵过渡时期的业绩使信号上升，确保创业资本后期注资。适当设计的可转换合约通过企业家不愿意转换发生（比如，约定一个低的转换价格），避免了这一问题。由于高的业绩信号增强了创业资本转换的可能性，削弱了企业家的权益，企业家会避免这种操纵行为。但是 Kaplan & Strömberg（2003）的观察结果与这一解释并不一致。

第三种理论方法，由 Berglöf（1994）和 Hellman（2001）提出，将可转换证券作为避免无效企业出路决策的方法。在 Berglöf（1994）的模型中，可转换证券使得创业资本家和企业家在将新企业出售给第三方的时候，可以获得最高金额的租金。可转换证券使企业家在良好状态下获得控制权，私人收益得到了全部的补偿；在不利状态下，创业资本获得控制权，通过出售，随着新的最大股东的产生而获得补偿。Kaplan & Strömberg（2003）也支持 Berglöf（1994）关于控制权分配的预测，但并不支持现金流权分配的预测。

111

三、现实世界合约的复杂性

从创业资本合约理论的分析我们不难看出，由于创业资本合约同时使用控制权、现金流激励、求偿权；而且，控制权是多层次的，在创业资本家和企业家之间对多种控制进行分配，并由于业绩情况的不同发生转换；再加上随着创业资本家和企业家之间合约关系的建立，每一次新的注资都包含了对之前合约内容的重新谈判和变动。所以现实世界的合约比已有理论预测的要复杂得多。

四、创业资本合约的国别比较及发展趋势

Martell、Kaplan & Strömberg（2003）将美国创业资本合约同

其他 23 个国家的合约作了比较。他们分析了合约如何配置剩余收益索取权、对董事会的控制权、清偿权和其他控制权。首先，利用一元回归他们发现，合约随法律制度的不同而变化。特别地，美式合约在习惯法国家更为流行。但是，制度障碍很少能够制约美式合约条款的实施。另外，更有经验的创业资本家能够避开法律体系的差异来实施美式合约。之后，他们利用多元回归研究认为，创业资本家经验指数比法律体系或其他司法、会计和制度变量更有影响力。最后，他们通过考察样本中领头创业资本家的后续存活率发现，使用美式合约的创业资本家，其失败的可能性明显较低。他们认为，这主要是由美国创业投资发展历经数年且行之有效所致。而 Kaplan & Strömberg（2003）的研究表明，美式合约的诸多要素符合最优合约理论的预期。美国以外的创业资本投资历时较短且法制相异，对最优或有效合约的学习尚需时间及精力付出。即使在创业资本家试图采用美式合约的场合，也要颇费周折。如果合约对于创业资本的成功意义重大，人们就会预期，假以时日，更老道的成功创业资本家将会采用更为有效的合约。更进一步，人们还会预期，在技术"泡沫"盛行的多事之秋，这种演进的速度会更快。

基于融资合约理论的直觉和预测似乎对于不同的制度及法律体系皆行之有效这一点。Martell、Kaplan & Strömberg（2003）指出，在金融市场日益全球化的背景下，未来创业资本合约将趋于美式化这一发展趋势。

从全球视角来看，美国的创业资本市场无疑是发展最为成功的，究其原因可谓颇多，但作为一种有效制度安排而存在的融资合约不失为一个关键因素。无论是在筛选阶段、投资阶段还是退出阶段，美国创业资本都具有有效的合约设计，这确保了美国创业资本市场的规范运作。与其他国家创业资本市场合约相比较，美式合约的诸多要素更加符合最优合约理论的预期，而且更为有效。因此，分析美国创业资本市场合约对于我国创业资本市场的合约设计具有借鉴价值。但同时，我们不应忽视的一个事实是，现实世界中的合约比已有理论预测的要复杂得多，所以对于美国创业资本合约设计仍需进一步加以研究比较并加以借鉴。

第五章　美国创业资本的
退出机制

第一节　退出机制与创业资本的成功

114

　　1997 年爆发的亚洲金融危机，一夜之间改变了世界经济的格局。日本、韩国以及东南亚等新兴工业化国家的经济迅速衰退，几乎到了近于崩溃的边缘。而与此形成鲜明对照的是，美国经济却一枝独秀，长时间保持着强劲的持续增长势头，奇迹般地经历了长达 8 年之久的持续稳定增长。到底是什么力量使得美国经济保持如此强劲的势头？在此轮经济增长中一个最明显的事实是，美国经济显现出的特点与走势，都与过去的经济扩张模式大相径庭，高新技术产业主导着美国经济的发展，美国高技术产业占 GDP 的比重由 1995 年的 27% 上升到 1997 年的 40%。美国经济运行态势的变化引起了世界各国政府和经济学家的普遍关注，许多经济学家称之为新经济，并预见人类社会已由产业经济时代跨入知识经济时代。可以说，随着知识经济时代的悄然降临，世界经济发展方式正在发生深刻的变化，根据测算，科学技术对经济增长的贡献已经超过了 66%，高科技企业已经成为推动经济增长的主要动力。

以硅谷为代表的美国高科技公司为什么能够迅速成长？除了美国的市场经济运行机制造就的企业家精神之外，创业资本也是一个极其重要的因素。在美国，90%的高科技企业是按照创业资本模式发展起来的。在高科技公司的创业初期，创业投资公司的创业资金是主要的资金支持者，在1993～1996年的四年中，创业资本家向处于起步阶段的硅谷的高科技公司提供了高达55亿美元的创业资本，培育了像太阳微型公司（Sun Microsystems）、网景（Netscape）和亚马逊（Amazon）等著名的高科技企业。由此可见，创业资本在美国现代经济发展中起到了非常重要的作用。

创业资本就是一种适应高新技术创新对资金需求的新制度安排。按照经合组织的定义，创业资本是为形成和建立专门从事某种新思想或新技术生产的小型公司而以持有一定的股份额形式承诺的资本。从本质上看，创业资本是投入到具有高成长性的企业中的一种权益资本。创业资本明显不同于股票融资和债券融资等直接融资，也不同于银行贷款等形式的间接融资，它是一种新的融资制度安排。创业资本投资的根本目的和动机，就是为了获得高额投资回报。没有高额投资回报的吸引和诱惑，创业资本市场就无从发展。无论是以何种形式成立的创业资本，其在持有创业企业股权到一定时候后，就要考虑退出创业企业，收回投资。然后，再进行新一轮的投资计划。

由此可见，退出制度安排的有效性直接影响到创业资本的业绩。这就像一场百米接力比赛，退出就是跑到终点的最后一棒。创业资本区别于其他资本的最重要之处在于它有退出制度安排。只有这种制度安排才有可能吸引更多的投资者向创业资本投资。正是由于创业资本的退出安排，才使整个创业资本成为一种有效的制度安排。也就是说，退出安排是创业资本这种新的制度安排得以成功的保障。美国创业资本发展的历史也充分验证了我们的观点。

进入 20 世纪 70 年代，有限合伙公司为主导形式的创业资本组织形态出现①。这种组织制度解决了以前创业资本组织中由于信息不对称和激励问题带来的道德风险和逆向选择。然而，有限合伙公司制度的发展并不是一帆风顺的。这种制度创新还有赖于外部环境和市场环境。就市场环境而言，美国证券市场在 20 世纪 70 年代陷入了长达 10 年之久的熊市，整个证券市场处于过冷的运行状态，市场筹资功能无法实现。创业企业想采取发行股票上市的办法筹集资金非常困难，几乎变得不太可能。

116 由于市场环境的限制，所以创业资本退出制度安排的选择就不采取股份上市这种方式。而在当时没有其他退出制度安排的情况下，创业资本发展也随之陷入停滞。进入 20 世纪 80 年代由于出现收购兼并的退出制度安排，创业资本才得以进一步发展。由此可见，可行的退出制度安排是创业资本制度安排能否成功的关键环节。

就创业资本的主导形式有限合伙公司而言，其普通合伙人要在合伙契约中承诺在一定时间以一定的方式结束对创业企业的投资与管理，收回现金或有流动性的证券，给有限合伙人即投资者带来丰厚的利润。因此，创业资本家必须构思一个清晰的退出路径，以使资金安全地撤出，完成整个创业投资预期计划。创业资本投资的成功与否最后落实在退出的制度安排成功与否上。

创业资本退出创业企业主要有三种方式：一是股份上市；二

---

① Sahlman, William A："The Structure and Governance of Venture Capital Organizations," *Journal of Financial Economics*, Vol. 27 （October 1990）, pp. 473 ~ 521.

是股份转让；三是公司清理①。表5－1是美国创业资本的退出情况。

表5－1　美国创业企业收购和首次公开发行股票

（单位：公司家数）

	1982	1983	1984	1985	1986	1987	1988	1989	1990
私人收购	NA	NA	59	83	90	113	106	101	76
私人和公众收购	40	49	86	101	120	140	135	136	97
首次公开发行股票	27	121	53	47	98	81	36	39	42

资料来源：Venture Capital Journal（May 1990），p14 and（May 1991），p21。

117

第二节　美国创业资本的退出方式

一、首次公开发行股票是创业资本最佳的退出方式

美国创业资本是一个资金筹集、投资、退出、再投资的循环过程。在创业资本循环过程中，最重要的一个环节是能否顺利地退出所投资企业。美国创业资本的主要退出方式有两种：一是通过首次公开发行（简称为IPO）退出；一是通过出售或并购的方式退出。

IPO是创业资本最常用的退出方式之一，大约30%的创业资本的退出采用这个方式。美国IPO市场有令人骄傲的历史纪录，尤其是今天知识经济大爆炸的年代，创业企业的IPO可以让许多

① Gladstone, David：*Venture Capital Handbook*, Englewood Cliffs, N. J.：Prentice Hall, 1988.

创业家和创业资本家一夜暴富，成为亿万富翁。这样白手起家的神话在美国华尔街经常出现。远的有苹果（Apple）计算机公司、微软（Microsoft）公司、英特尔（Intel）公司，近的则有经营国际互联网的雅虎（Yahoo!）公司、美国在线（AOL）等。苹果公司首次发行获得235倍的收益，莲花（Lotus）公司是63倍，康柏（Compaq）公司是38倍。像Amazon.com1995年VC入股0.65美元每股，1997年IPO时股价为18美元，2年间VC获利高达500倍。若再持有2年，到1999年11月，Amazon股价升至113美元（如果把其3次拆股计算在内，则股价已达820美元，是IPO价格的45倍）。这些例证为创业投资业树立了成功的榜样。根据威廉姆·D. 拜哥利夫和J. A. 蒂蒙斯对1979年至1988年美国IPO市场统计研究，结果表明通过IPO方式退出的创业资本投入的总回报为：第一投资期为22.5倍，第二投资期为10倍，第三投资期为3.7倍（详见表5-2）。

表5-2　创业资本投资回报　　（单位：倍数）

阶段	IPO	第1年	第2年	第3年	第4年
第一期	22.5	42.1	40.8	39.2	61.7
第二期	10.0	13.9	20.2	21.6	38.1
第三期	3.7	5.4	5.0	6.3	13.5

资料来源：威廉姆·D. 拜哥利夫和J. A. 蒂蒙斯：《处在十字路口的创业资本》，哈佛商学院出版社1992年版，第170页。

正是由于IPO的巨大收益，美国创业投资机构都愿意采取这种方式退出创业企业。通过IPO方式退出的创业资本逐年增加，1991年为119家，到1999年则高达272家。KP① 也是主要采取

① KPCB公司（Kleiner Perkins Caufield & Byers）是美国创业投资行业的巨子，成立较早，被誉为美国最好的两家创业投资机构之一。

IPO 方式退出，1993 年、1995 年、1997 年、2000 年都有 10 家
以上的投资企业 IPO。美国创业资本市场在 1995 年后之所以持
续升温，一个重要的原因就是美国股市的繁荣使大量的创业资本
投资的企业得以通过 IPO 顺利退出，1979~2002 年美国创业资
本支持的企业 IPO 情况见表 5 - 3。

表 5 - 3　美国创业资本支持的企业 IPO 情况

年份	IPO 数量	KP 的 IPO 数量	年份	IPO 数量	KP 的 IPO 数量
1979	4	0	1991	119	6
1980	24	1	1992	157	6
1981	50	0	1993	193	11
1982	21	2	1994	159	4
1983	101	3	1995	209	11
1984	44	1	1996	281	6
1985	35	0	1997	140	14
1986	79	3	1998	79	6
1987	69	1	1999	272	16
1988	36	0	2000	262	12
1989	39	3	2001	41	1
1990	43	3	2002	24	1

　　资料来源：全美的 IPO 数据根据 Venture Economics 数据整理，KP 的 IPO 数据来
源于 Jerry Sanders（2004）："External Networking and Innovation"，UCD Lecture。

　　麦格森和威尔斯（Megginson & Weiss，1991）认为，IPO 对
创业投资家的好处主要有：一是创业投资家不断地将企业推上
市，可以为他们建立一个良好的信誉，即他们所投资企业质量
好、收益高。因此，对年轻的创业投资家而言，他们有激励更早
地退出。越早退出，他们的投资收益就可以越早地实现。这样，
他们就会向未来潜在的投资者提供一个反映他们能力高低的信
号，以有利于下一个新基金的募集。二是就像投资银行在 IPO 过

程中承销股票需要信誉一样，创业投资家作为一个金融中介，他们推荐的公司由于其信誉资本的影响，给公众增加了拟发行公司资产质量和赢利前景的可信度。IPO 公司的大量成功案例，也带来了巨大的示范效应，给投资者形成一个好的印象，也就是说，通过 IPO，创业投资家可以向投资者提供一种保证，即他们所扶持的企业股票在市场上没有高估。当然，创业投资家的保证需要其信誉资本，而这种信誉资本的获得是有代价的。创业投资家在一家企业的 IPO 过程中，若对公众采取欺骗手段，向投资者推荐了股票高估的企业，那么其失去的信誉资本现值远远大于其之后以加倍的方式获得的收益。三是创业投资家由于经常推荐其扶持的企业进行 IPO 方式的退出，他们会在 IPO 过程中，同承销商、审计师等中介机构建立一个良好的合作关系，同时，他们也会为其扶持企业在进行 IPO 时找到一个高质量的承销商和其他的中介机构。创业投资家的特殊关系以及他个人的信誉资本，也可以促使更多、更大的机构投资者在企业 IPO 后持有其股份。

但是上述优点仅仅是问题的一方面，它对于投资决策的作用是有限的。美国斯坦福法学院布莱克和吉尔森（Bernard S. Black & Ronald J. Gilson，1998）认为，IPO 退出机制更重要的是在资本供给者和使用者之间确定了一种对未来企业控制权结构的隐性合约。这种隐性合约对于处理高风险条件下委托人与代理人之间的利益冲突是有效的，但它在其他退出机制下是不容易被复制出来的。他们假设，在创业投资过程中，有 3 种情况成立：（1）企业家对于自己亲手创办的企业的控制权赋予极高的价值；（2）在最初的投资阶段，将企业的控制权完全赋予未经测试的企业家是不可行的；（3）在创业资本退出之时，成功的企业家从创业投资家手中重新获取企业的控制权是可行的。

在创业资本退出之前，没有一种显性合约同时照顾到上述三点，因为企业家和创业投资家会在利益驱动下去争取企业的控制权。对企业家来说，由于控制权具有极高的私人价值，失去了控制权，就有可能失去搞好企业的积极性；而对于创业投资家来说，由于企业的高风险性和高度信息不对称，失去控制权很可能带来更高的投资风险。创业投资家与企业家之间的这种利益冲突如果处理得不好，会严重影响投资者或企业家的积极性，从而阻碍创业资本市场的发展。如果存在潜在的股票发行退出机制，则会在创业投资家与企业家之间形成一种隐性合约，解决或至少部分解决这种利益冲突。

121

当企业家将企业的部分股份出售给创业投资基金时，创业投资家以可转换证券（可转换优先股或可转换债券）的形式占有企业的部分价值，同时也取得了相应的控制权。作为回报，企业家获得了创业投资家的货币资本和非货币资本。这种交易的显性合约可以从图5－1的上半部分看出。与此同时，如果存在潜在的股票发行退出渠道，则企业家可以在企业控制权上获得一个隐性的激励合约（见下图5－1的下半部分）。

当创业投资家和企业家把企业培育成功并公开发行股票时，企业家出售部分股份获得追加资本，而未出售股份的价值和流动性也得到提高。由于创业投资家出售相当部分股份或将股份作为投资收益分配给投资者，再加上新股发行的稀释作用，创业投资家在企业中的股份份额大大降低，企业家可以从中收回企业的控制权。成为公众公司后的企业不再依赖创业投资家的分阶段投资，证券市场为其提供了继续融资渠道。即使创业投资家保留了部分股份，其高度的流动性也会大大降低创业投资家对企业监控的动力。平均来说，在IPO一年内，创业投资家所持股份会减少

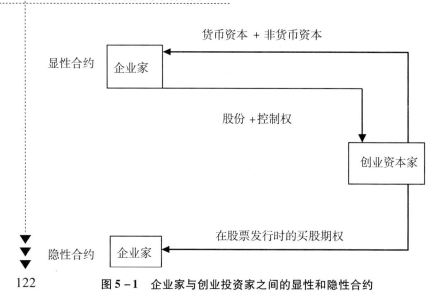

显性合约

货币资本 + 非货币资本

企业家

股份 + 控制权

创业资本家

隐性合约

在股票发行时的买股期权

企业家

图 5 – 1　企业家与创业投资家之间的显性和隐性合约

28% , IPO 三年后，只有 12% 的领头创业投资家保有 5% 的股份。

更重要的是，显性合约一般规定在企业股票公开发行时，创业投资家的优先股自动转为普通股，创业投资家失去了优先股合约中规定的重要权利，例如在董事会中特殊的席位安排，在企业管理活动中的决策权等。总之，潜在的股票发行退出机制，给予企业家重新收回企业控制权的希望，这种预期会激励企业家努力工作，早日培育企业成功，同时也给予创业投资家实现投资收益最大化的机会和可能。这种各得其所的制度安排，形成了资本和技术的良性循环，是美国创业投资行业和创业企业相互促进、相互发展的重要原因。

Black 和 Gilson 解释了美国创业资本市场同德国相比具有较高活力的原因，他们认为在于两国公司治理结构上的制度性差异，即美国是以股票为中心的市场，而德国是以银行为中心的市场。股票市场形成了一个合适的特殊种类退出：IPO。IPO 对创业资本家和创业家来说双方均能受益。创业家能够重新获得企业的控制权，给创业家一个在执行阶段激励去投入努力和增加企业的价值的动力。然而，这种隐性激励合约在其他退出机制下是很难复制出来的。在以收购作为主要退出机制的情况下，企业的控制权从创业资本家转移到其他人手中，企业家永远无法控制自己创办的企业。很显然，这种机制不利于激励企业家，也不利于创业资本市场的发展。

Black 和 Gilson 论证道，许多国家公开地羡慕美国创业资本市场，但就是难以成功地复制，原因在于这些国家未能做到创业资本与资本市场的良性互动。他们认为，强有力的资本市场是创业资本壮大和发展的前提，特别是发达的资本市场给创业资本家提供通过 IPO 退出，这是充满生机与活力的创业资本市场存在的关键。他们对 1978 ~ 1996 年美国有创业投资背景公司 IPO 的数量与创业资本承诺投资的关系进行了实证分析，结果发现，创业投资的 IPO 多的年份，当年的创业投资的承诺投资额就多，反之亦然（见图 5 - 2）。

123

美国经济顾问委员会在 2001 年美国总统年度报告中更是自豪地宣称，创业资本市场的繁荣和 IPO 市场的强大动力，是美国经济独有的特色，这说明了为什么新经济出现在美国，而不是欧洲或亚洲。

二、股份转让是创业资本退出的另一条途径

由于通过股份上市的方法需要的周期比较长，再加之创业资本在首次公开发行股票之后尚需一段时间才能完全退出，因而许多创业资本家不愿意接受首次公开发行股票的退出方式，而采取其他的退出方式。股份转让是创业资本退出的另一条途径。

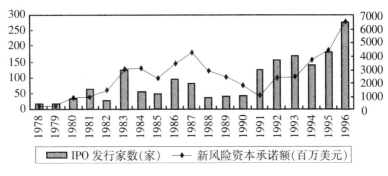

图 5 – 2 1978 ~ 1996 年美国有创业资本背景 IPO 发行家数与
新创业资本承诺投资额关系图

资料来源：Black，B. S. and R. J. Gilson，1998，Venture capital and the structure of capital markets：banks versus stock markets，*Journal of Financial Economics* 47，pp243 ~ 277。

创业资本在退出时，其选择的出售对象可以是创业公司或创业家本人，此种方式称为股份回购；也可以是新的投资者，这种形式的出售分为两种：一般购并和"第二期购并"。一般购并主要是指创业企业间的收购与兼并；第二期购并是指由另一家创业投资公司收购，接手第二期投资。

统计表明，在创业资本退出方式中，一般购并占 23%，第二期购并占 9%，股票回购占 38%，总量上比首次公开发行股票还要多，但在收益率上仅仅为首次公开发行股票的 1/5。①

三、清理公司也是创业资本退出创业企业的方法

相当大部分的创业投资不很成功,创业投资的巨大风险反映在

---

① Fenn，G. W. N. Liang & S. Prowe，The Economics of the Private Equity Market，Staff Studies168. Washington，D. C：Board of Governors of the Federal Reserve System，1995. pp. 12 ~ 13.

高比例的投资失败上。越是处于早期阶段的创业投资,失败的比例越高。据统计,美国由创业资本所支持的企业,20%～30%完全失败,约60%受到挫折,只有5%～10%的创业企业可获得成功①。

因此,对于创业资本家来说,一旦确认创业企业失去了发展的可能或者成长太慢,不能给予预期的高回报,就要果断地撤出,将能收回的资金用于下一个投资循环。根据研究,清算方式退出的投资大概占创业投资公司总投资的32%。这种方法一般仅能收回原投资额的64%。

清算方式的退出是痛苦的,但是在很多情况下是必须断然采取的方案。因为创业投资的风险很大,同时投资收益又必须予以保证,不能及时抽身而出,只能带来更大的损失。即使是仍能正常经营,如果成长缓慢、收益很低,一旦认定没有发展前途,也要果断行动立即退出,不可动作迟缓。沉淀在这一类公司中的投资资本的机会成本巨大,创业投资一般不愿意承受这样巨大的投资成本。

四、美国收购兼并市场的发展为创业资本
退出提供了广阔的空间

美国创业资本以出售方式退出创业企业同样离不开美国资本市场的发展,尤其是收购兼并市场的发展。

美国的并购市场目前为止共有五次大的兼并浪潮。第一次兼并浪潮发生在19世纪、20世纪之交。在1898～1902年期间,被兼并企业数达2653家,其中仅1899年一年因兼并而消失的

① Fenn, G. W. N. Liang & S. Prowe, The Economics of the Private Equity Market, Staff Studies168. Washington, D. C: Board of Governors of the Federal Reserve System, 1995. pp. 12～13.

企业数达 1028 家。在此次兼并浪潮中涌现出一批巨头公司，例如美国杜邦公司等，造成美国工业的垄断和集中。第二次兼并浪潮发生在 20 世纪 20 年代，其中以 1929 年为最高潮。第三次兼并浪潮发生于 20 世纪 50～60 年代，其中以 60 年代后期为高潮。第四次兼并浪潮发生在 20 世纪 70～80 年代。进入 20 世纪 90 年代，美国在经历了四次兼并浪潮之后，又出现了第五次兼并浪潮。如今，美国每年收购兼并金额都多达 3000 亿美元。

美国收购兼并市场的形式同过去的四次兼并浪潮相比，具有交易规模大、涉及面广以及兼并形式多样的特点。美国较为完善的法律制度为美国收购兼并市场的发展提供了保证。

126

可以说，收购兼并市场的发展为创业资本顺利出售自己的股权提供了广阔的空间。并购市场对创业资本产生直接影响则是 20 世纪 70 年代以后。在 20 世纪 70 年代，由于美国经济陷入长期滞胀时期，股市长期低迷，首次公开发行股票市场基本消失。因此，创业资本的退出只能转向并购市场。第四次和第五次兼并浪潮的出现，极大地推动了创业资本的发展。尤其是美国并购市场的并购手段不断翻新，其中 20 世纪 80 年代出现的杠杆收购，不仅推进了兼并高潮，而且在企业机制、财务结构、法律形式、金融活动等多方面产生了影响，对创业资本产生了较大的推动作用。

第三节　纳斯达克股票市场与创业资本的退出

由于创业资本的投资目的并不是长期控制企业，追求长期稳定的投资收益，而是追求资本增值，而资本增值的实现则主要是靠股本的一次性转让。高科技公司要迅速成长为像英特尔和微软之类的巨型公司，其需要的巨额资金是靠以分散投资为原则的创业资本所不能胜任的。公司进入成长期之后，创业资本就逐步淡出，他们往往以募集新股或公司重组的方式进入证券市场。这样创业资本家就可以抽出资金，实现创业资本投资的增值，并将套现的资金再投入新的项目，形成良性循环。创业资本投资的企业往往在发展到一定阶段后，都会选择在资本市场发行股票。因此，一个支持创新的资本市场制度是创业资本制度安排存在的必不可少的条件。

一、纳斯达克股票市场

由于创业资本所投资的创业企业开始时企业规模、经营业绩以及其他条件，相对于正规的股票交易市场所要求的上市条件而言，都有一段距离。因此，建立适合创业企业上市、可供创业资本退出的证券交易市场就成为创业资本顺利发展的不可缺少的重要环节。这种可供创业资本退出的证券交易市场，相对于正规的证券交易市场（主板市场）而言，被人们称为"第二板市场"。国际上成熟的证券市场绝大部分都设有第二板交易市场，美国可供创业资本退出的证券交易市场，就是人们所熟知的纳斯达克（NASDAQ）证券交易市场。美国的第二板市场制度目前在世界各国的第二板市场中最为成功，为高科技企业的成长和创业资本的退出提供了制度保证。

据统计，在 1997 年，在美国纳斯达克（NASDAQ）股票总额居前十名的企业中，都是高科技公司（见表 5 - 4）。

表5-4　纳斯达克证券市场市值前十名公司（1997年9月底）

名次	公司	市值（10亿美元）
1	微软（Microsoft）	157.6
2	英特尔（Intel）	150.6
3	西斯科系统（Cisco System）	48.3
4	奥拉克尔（Oracle）	35.7
5	美国长途快迅（World Com）	32.7
6	戴尔（Dell）	32.1
7	TCL	22.6
8	应用材料（Applied Materials）	17.5
9	3COM	17.2
10	太阳微型系统（Sun Microsystem）	17.2

资料来源：美国"NASDAQ"1997年年报。

128

从表5-5我们可以看出，以行业划分的美国上市公司中，在纳斯达克市场上市的高科技公司的行业结构是软件业占95％，生物工程、电脑制造商、电讯器材都在80％以上。目前，纳斯达克市场的地位已经超过纽约证券交易所。可见第二板市场的重要性，它是创业资本最重要的退出方式，是创业资本市场制度健康发展的关键。

表5-5　纳斯达克市场的高科技公司比率（1997年12月）

行业	美国股市公司总数	纳斯达克上市公司	纳斯达克市场比率（％）
软件业	574	546	95
生物工程	403	334	83
电脑制造商	226	184	81.4
电讯器材	219	183	83.6
电子部件	246	196	79.7
通讯服务	157	102	65

资料来源：美国"NASDAQ"1998年年报。

　　NASDAQ服务的主要对象是中小企业和高科技企业，目前一般上市标准为：

　　1. 净有形资产 600 万美元；

　　2. 上市前一年税前收益 100 万美元；

　　3. 公众持股 110 万股；

　　4. 无经营期限要求；

　　5. 股东 400 个以上；

　　6. 公众持股市值 400 万美元。

　　有些指标还较美国交易所（AMEX）低。此外，NAS-DAQ1992 年还为小型及新兴公司设立了小型资本市场（Small Capital Market），其上市标准更低，没有业绩要求。NASDAQ 以其低成本的运作和良好的服务（如独特的做市商制度、为上市公司指定擅长股市研究的专业人士为联系人，提供较多的信息服务与资料），使其成为全美发展最快的证券市场。1994 年 NAS-DAQ 的交易值就超过了伦敦和东京证券交易所。除了交易值和市值之外（1997 年年底，NASDAQ 市值为 1.8 万亿美元，纽约交易所 NYSE 为 11.2 万亿美元），NASDAQ 在上市公司数量、成交量（股数）、市场表现、流动性比率（即 1% 的股价变化所引起的交易量的变动值）、机构持股比率等方面都超过了 NYSE。

　　尽管 NASDAQ 的上市公司来源于各个经济部门，但自 20 世纪 90 年代以来，高新技术企业成为 NASDAQ 中发展最快、最具潜力的企业，1991 年年底，NASDAQ 市值超 10 亿美元的公司仅 22 家，到 1997 年年底就达到 256 家。1997 年年底微软、英特尔以 1560 亿和 1148 亿美元的市值高居 NASDAQ 前两位，前十位市值最大的公司都是高科技公司。成立于 1975 年的微软公司，1986 年 3 月在 NASDAQ 上市，当年营业额仅几亿美元，1997 年就高达 200 多亿美元，在 1996 年 9 月市值才 778 亿，一年后就达到 1500 多亿美元。1968 年成立的现在硅谷最大的上市公司

——英特尔公司，1997 年销售值就达 250 亿美元（较上年增长 20%）、利润 69 亿美元（增长 35%）。此外，在 NASDAQ 成长起来的全美著名的高科技公司还有 Novell、3COM、Nextel、Network General、Amgem、MCI、TCI 等。

尽管创业资本占整个资本市场的比重很小，但它是整个资本市场的重要组成部分，为资本市场提供了高质量的上市公司。反过来，完善的资本市场不仅为创业资本退出创造了条件，而且鼓励更多的资金流向创业资本，形成一个良性循环。近几年美国股市的牛气冲天就是由电脑及其配件等高科技公司带动起来的。据统计，1993～1997 年的五年间，各类公司在 NASDAQ 发行新股共筹资近 900 亿美元；到 1997 年年底，在 NASDAQ 主板市场上市的 4734 家公司中，科技类公司 926 家，通讯类公司 396 家，药业 320 家。

二、美国 IPO 制度安排

创业资本家必须在投资前就考虑所投资的创业企业未来公开上市的可能性。最初的私募协议中必须包括获取财务信息的权利和股票登记出售的权利。而且，公司设立时就要考虑它在未来公开发行时，是否可以满足各监管机构的不同要求。

一旦创业企业决定公开上市，它必须选择合适的承销商，并与之磋商确定企业的上市的时机、规模和价格等事宜。创业资本家在这个过程中起着重要的作用。

为了符合证券交易委员会（SEC）的要求，创业资本家本人必须是创业企业的主要控制人或是主要负责人，承担相应的责任，并享有一定的权利。

在首次公开发行时，创业投资公司必须慎重考虑创业企业公开发行的最好时机，时机抓得好既是创业企业成功的关键，又是创业投资成功的关键。美国证券交易委员会144法规限制创业资本家在首次公开发行中出售自己的股份，其目的是为了稳定创业企业的股票市场价格，因而创业资本家必须考虑好再次发行的安排，以使整个创业资本的退出得以完全实现。

创业投资公司往往先是由私人资本投资的，私人资本通过私募方式成为私人创业资本。为了成功地退出，创业投资公司在私募的时候，就要考虑与股票公开发行有关的问题。关于IPO的考虑在首次私募中就开始了。

在创业投资制度分析中，我们提到，在首次私募时，创业投资公司往往需要采取一些措施。因为股票注册发行要得到创业企业的同意与合作，所以私募时必须加入关于注册登记权（按有关证券法律和证券发行规则，在证券发行管理机构和交易场所进行注册登记以出售股票的权利）和获取财务信息权利的协议条款。通常，在注册权谈判中所花的时间要比其他事务都多得多。创业资本家最希望在私募协议中获得不受限制的条款权，这样，他们可以按照自己的意愿注册适当的股票份额，同时，他们还希望限制创业企业高级管理层的注册权。

131

创业企业上市是创业投资公司最大的心愿，也是获利的主要来源，当该企业公开上市时，首先要确定股票登记权，因为它关系到创业投资公司能否顺利地实现其投资报酬，其重要性不言而喻。主要的登记权条款包含以下三项：

（1）要求登记权（demand registration right）。原则上，要求登记权允许创业投资公司随时可要求其所投资的公司替其所持有的股票申请上市。提出要求登记权的创业投资公司，可以不被其他股东是否要登记上市的决定所影响。然而在现实的运作中，当一家公司尚未上市，假如创业投资公司要求执行登记权，无异于强迫该公司必须立即公开上市。这种策略，对创业投资公司出售持股而言，未必是最佳选择，因为该创业企业可能尚未发展到上市的最佳时机，甚至该公司根本不符合上市或上柜的要求。因此，创业资本通常在其所投资公司未上市前不会执行这项权利。这项权利的运用通常是在其所投资的公司已经公开上市之后。

（2）附属登记权（piggy-backed registration right）。附属登记权指创业投资公司在投资契约中规定，当创业企业登记出售新股或旧股时，即含初次上市时或上市后的现金增资，创业投资公司有权在同样的时机，把它们的股票与现金增资股票一并售出。然而为了避免因公司股东在初次上市或现金增资中售股，对发行公司造成的负面影响，附属登记权的契约通常也有保留的保证书。

132

这些保证书通常要求创业投资公司必须尊重承销商在承销过程的意见，由承销商视当时市场对该公司股票需求状况决定，是否让创业投资公司执行其附属登记权。所以并非所有的创业投资公司皆能自由自在地在首次公开承销中卖出持股，据统计，大约只有30%的情况下，创业资本在其所投资公司上市时出售股票。即使承销商允诺有股东可以在新股上市时出售持股，但如旧股东希望出售的股数大于承销商允诺承销的数目，则售股股东必须依其持股比重分配售股额度，所以多数出售股票的创业投资公司只出售它们原有持股的20%。这样的限制是为避免因公司原有股东售股过多而对该公司股价造成不利影响。

（3）登记权的优先顺序。一家公司在公开上市前通常都已经接受过创业资本或其他投资者若干回合的投资，早期的投资者为了保有优先出售股票的权利，通常会在投资契约中明确规定其售股优先权，或者限制后续投资该公司股东售股权不得优于自己。因此，创业投资公司也不例外，一份投资契约不但要考虑到与现有股东的关系，并且要考虑与未来投资者间的权利、义务。

综上所述，美国创业资本发展的关键在于其有一套完备的退出机制，包括第二板市场及收购兼并市场。可以说，创业资本发展是资本市场发展到一定阶段后的产物，是对资本市场的补充和完善。

第六章　美国创业资本的宏观经济效应

134

　　美国高科技产业和新经济发展的成功经验表明，创业资本（venture capital）是其重要的推动因素。在美国，诸如微软公司、英特尔公司、戴尔公司都是依赖一种与过去融资关系截然不同的新型融资关系——创业资本支持下发展起来的。因此，有的经济学家断言，美国90％的高科技企业都是按照创业资本模式发展起来的[①]。可以说，创业资本是推动高科技企业发展的功臣。正是由于创业资本与现代企业体制相结合，才极大地促进了科技发明、创新成果的物化过程，极大地加速了新技术的商品化、市场化、产业化进程。它通过对高新技术创新的扶持，推动了高新技术产业的蓬勃发展，进而带动了整个经济的发展。人们将创业资本的作用形象地称为"经济增长的发动机"。

第一节　美国创业资本的宏观经济效应

　　按照美国创业资本协会的定义，创业资本是由创业资本家出

---

　　① 李京文：《迎接知识经济新时代》，上海远东出版社1999年版，第328页。

资，协助具有专业技术而无法获得资金的技术创业家，并承担创业时的高风险的一种权益资本。从本质上看，创业资本就是准备冒险的资金，它是准备为一个有迅速发展潜力的新公司或新发展的产品提供支持的资金，而不是用来购置与一个公司有关的各种资产的资金。

创业资本起源于第二次世界大战后的美国，经过几十年的不断发展与完善，蓬勃发展的创业资本行业已经成为了美国经济的一个显著特征，而美国富有成效的创业投资制度，也成为了世界各国争相模仿的对象。

其实，创业资本作为一种特殊的资本形式，在资本总额当中远不是经济发展所需资本的主要来源，它只是融资体系的一个补充。根据一份统计资料显示，在 1998 年，英国的创业投资额仅占到了英国当年 GDP 的 0.59%，美国的创业投资总量大约占美国当年 GDP 的 0.54%，而同期德国的创业资本投资总量仅占当年德国 GDP 的 0.102%①。从总量规模上来看，美国创业资本投资总量 1998 年是 253 亿美元、1999 年是 601 亿美元，但与 1999 年美国公司高达 1.2 万亿美元的全部投资相比，其规模实在微不足道。很显然，如果将创业投资额度放置于传统的经济增长模型中进行衡量，如此之少的投资额度对经济增长的贡献度可谓微乎其微，更不用说对经济增长起到什么样的推动作用。

从金融体系的结构来看，创业资本作为一种特殊的资本形式，在资本总额当中远不是经济发展所需资本的主要来源，它只是融资体系的一个补充。据统计，在 1995～1999 年，美国的创业投资总量平均占美国 GDP 的 0.278%。从总量规模上来看，美

135

---

① Tykvova, T. (2000), Venture Capital in Germany and its Impact on Innovation. ZEW Working Paper.

国创业资本投资总量 1998 年、1999 年、2000 年分别是 253 亿美元、1548 亿美元、1061 亿美元，但与各年的美国公司全部投资相比，其规模实在微不足道（见表 6 - 1）。

表 6 - 1　美国创业投资与全美企业投资情况

年份	美国企业投资总额 （亿美元）	全美创业投资额 （亿美元）	创业投资额占企业 投资总额比重（%）
1993	5670	38. 105	0. 067
1994	7540	41. 592	0. 055
1995	7890	76. 481	0. 097
1996	7550	115. 615	0. 153
1997	8800	151. 113	0. 172
1998	8720	253. 918	0. 291
1999	11160	548. 952	0. 492
2000	11620	1061. 310	0. 913

资料来源：根据 Venture Economics 等整理。

　　那么，究竟是什么因素导致了数量有限的创业资本在美国经济转型过程中发挥如此大的作用呢？笔者认为，美国 20 世纪 90 年代以后从促进技术创新的整体制度上，已经形成了创业资本与新兴中小企业、股票市场"三合一"的高效体制，因而能够最大限度地迅速吸收和应用美国国内外的先进科学技术成果。其中，高科技新兴中小企业是美国新经济的主体，而创业资本和纳斯达克（NASDAQ）股票市场则代表了一种新的融资方式和企业成长途径。这种有机结合的新经济体制，恰好在国家创新体系调整所带来的科学技术大规模扩散和应用与经济全球化所带来的全球市场扩张之间，建立起了有效的制度联系，从而促进了美国经济的迅速扩张。

　　但根据 Wasmer 和 Weil（2000）对 1986 ~ 1995 年间 20 个 OECD 国家的经济调查统计发现，创业资本占 GDP 的份额每增长 0.075 个百分点，失业率就将会减少 0.25 个百分点，而其长期效应将达到减少失业率 0.9 ~ 2.5 个百分点的效果。而且，C. Keschnigg（2002）的研究也表明，一个成熟的创业资本行业是蕴藏在美国，激励并维持技术创新和经济增长的能力背后的关键因素。

那么，究竟是什么因素导致了数量有限的创业资本在经济增长过程中发挥如此大的作用呢？笔者认为，由于创业资本在绝对数量上太少，因此其对经济增长的影响作用只能是间接的，即通过影响对经济增长有直接作用的一些因素来达到影响经济增长的最终目的。根据创业资本的特点和资金投向分析，技术创新尤其是新兴中小型科技创业企业（以下简称为创业企业）的技术创新行为，就是这么一个可以直接影响经济增长的因素，它是连接创业资本与经济增长之间的一个主要媒介。

137

众所周知，企业是经济活动的基本元素，国民财富的增加有赖于企业价值的增加。而企业生产技术的创新和变革已经被证明是企业价值增加的有效途径。通过对生产技术的改造，企业降低生产成本，在没有大规模增加企业资本投入的情况下增加产出，在社会提供更多的产品的同时实现自身价值的增加，也使得整个社会的价值得到提升。而且在现代经济体系中，中小企业已经成为一个国家经济不可或缺的重要组成部分，中小企业经济活跃程度往往体现了一个国家总体经济活动的活跃程度，它们在很大程度上已经成为技术创新的先锋，引领应用技术创新的潮流。仍以美国为例，美国虽然拥有一大批技术、资金实力非常雄厚的跨国公司，但是中小企业才是美国经济中最活跃的部分。尤其是 20 世纪 70 年代以来，一大批的中小型企业主导了美国经济发展的潮流，它们中间的许多公司在经历了严峻的市场考验后取得了巨大的成功，当今在 IT 行业中的许多知名企业，如微软、苹果、英特尔、雅虎等，都是从当初的一些小型企业发展而来，如今它们都已经成为业内佼佼者，分别领导了自 20 世纪 80 年代以来的软件和互联网浪潮，为社会创造了惊人的财富和价值，推动了生产力的发展。

另外，在创业资本的支持下，新兴企业比一般的传统企业更具有创新精神和生产力，产生更有价值的专利发明，并能够获取更高的资本回报率。它们反映了一种更快的管理专业化行为。通过创业资本支持的企业价值的增长，活跃的创业资本活动可以在宏观经济活动中发挥更大的作用。

第二节 创业资本对宏观经济的作用机制

资本从货币形态转化为实物形态，到最后实现价值增加的过程往往需要一个有效的作用机制。这个机制能促使资本投向那些急需资本投入，并具备一定的潜在投资回报率的项目，并起到企业与资本拥有者之间沟通的媒介，减少双方获取信息的成本和交易成本，提高资本的使用效率。这样一个作用机制通常是靠一个完善的金融体系，特别是资本市场完成的。

创业资本是资本市场的一种特殊形态，它在最终转化为实物形态时，也离不开资本市场的催化作用，即需要一个完善的金融体系下的资本市场来服务于创业资本。但由于创业资本同其他形式的资本在本质特征上有很大的不同。因此，这个市场也同一般意义上的资本市场有着明显的区别，通常我们称之为"创业资本市场"。下面笔者将对创业资本推动经济增长的作用机制——创业资本的作用对象及特点、创业资本市场的作用机制等方面进行讨论，尝试揭示创业资本在现代经济增长发挥作用的内在机制。

一、创业资本的作用对象及其特点

创业资本的作用对象是技术创新，即创业资本的投资对象是创业企业（Start-up）中的技术创新行为，这种作用的发生与创业企业技术创新行为的特点有直接的关系。创业企业的技术创新行为具有以下特点：

1. 创业企业有形资产不多。创业企业作为一个新兴的科技型中小企业，它们在创业初期既没有信誉，也没有大量的可以作为抵押物的有形资产，它们最有价值的资产就是它们独特的创业构思（Ideas）或专有技术。因此，它们不可能从传统的融资渠道获得必要的发展资金。

139

2. 创业企业创新行为具有很大的不确定性。新企业，尤其是创业企业的建立都要经历酝酿、创业、发展壮大和成熟等四个阶段。其中的创业阶段是这个过程中最为关键的一个步骤，如果企业在这个时期无法取得所需要的发展资金，即使它有很好的创业构思，甚至已经初步形成很好的产品，企业也难以持续。创业企业大多是靠某一项专有技术起家，其建立的最初目的在于将该项技术商品化，但是，由于新技术尚未经过市场的检验，其具有很大的不确定性，这种不确定性表现为三个方面：

第一，技术方面的不确定性。这是指进行技术创新的创业企业在技术的发展方向、速度以及所能实现的最终结果方面的不确定性。新的技术在推出初期，可能仍未成熟，无论是进行技术创新的创业企业家还是投资者都无法把握其所拥有的新技术的发展方向，也不能确定所选择的突破方向是否正确和成功与否。这就要求企业需要投入更多的资金进行后续的研究与开发，但这正是创业企业所缺乏的。

第二，市场的不确定性。任何技术的最终结果都必须经受市场的检验，那些市场并不需要的产品不应该是创业企业进行技术创新的目标。但是市场变幻无常，创业企业的市场预测不可能总能跟上市场发展的步伐，因此，创业企业在进行技术创新时要面临巨大的市场风险。但如果市场能够接受企业的产品，则这就成为了创业企业的成功的契机。

第三，制度环境的不确定性。制度环境由政府行为和公众偏好组成，而政府的行为和公众的偏好都存在着极大的不确定性。创业企业的技术创新行为往往能得到政府的支持，但是，政府的政策并非是一成不变的。而且，在某种意义上，创新产品何时、何地以何种价格进入市场在很大程度上并非由市场和技术所决定，环境因素有时候在其中起到了关键的作用。

140

3. 创业企业在管理体制上更为灵活。传统的大型企业中的R&D部门的资金由公司提供，但由于大型企业中各部门关系极其复杂，一个新的技术创新项目从报批到资金到位需要比较长的时间，无法做到与市场步伐一致；而且，这些传统企业在管理体制上比较僵化，在选择资金投向时极为谨慎，这就很容易导致研究人员的积极性得不到充分的发挥，在一定程度上对企业技术创新行为形成抑制。

相比之下，创业企业在管理制度上比较简单和直接，历史负担较少，没有大公司中繁琐的条条框框的约束，技术人员的创新积极性更容易得到发挥。而且，创业企业的经营规模有限，而现代科技的研究与发展通常要耗费大量的资金，研究者需要承担着巨大的不确定性风险，创业企业在进行技术创新时只能全力以赴，更有可能使得研究项目得到成功，由于事关自身利益，这更能激发创业企业家与研究人员的潜能。

4. 创业企业需要非传统的资金支持自身的技术创新。传统的大公司或大企业中都有专职的 R&D 部门，它们的 R&D 行为可以得到公司的大力支持，这种支持包括人力、物力和财力上的支持，而且，大公司的良好信誉也使它们容易获得外部资金的支持。相比之下，创业企业的人、财、物都无法与大企业的条件相比，它们在进行创新技术时往往伴随着高度风险、高度不确定性和高昂的研发费用，这些都不是创业企业所能独自承担的。而且，创业企业的信誉程度无法与大企业相比，它们无法通过传统的渠道获取发展所需的资金，它们更需要那些非传统、具有独特投资理念的资金来源以支持自己的技术创新行为。

二、创业资本的特点

如前所述，创业资本与传统意义上的资本有着很大的差别，它通常由创业资本家出资，协助那些具有专门的技术，但却无法得到进一步发展所需资金的创业企业家。创业资本家将筹集得来的资金投资于创业企业，承担了巨大的风险，并积极参与企业的日常运营管理，在企业成长到一定时期后，以合适的方式将手中持有的企业股份转让，将资金再投资于新的项目。与其他的传统资本形式相比，创业资本具有以下这些鲜明的特点：

1. 创业资本兼具高风险与高收益的特性。创业资本是由那些寻找高额资本的投资者出资组织而成，传统行业和公司的投资收益率已经不足以满足它们的投资需求，它们需要寻找那些爆发式的投资机会。而创业企业通常掌握了某一项专有技术，如果它们所掌握的技术最终能够成功商业化，则往往蕴藏着潜在的超额商业利益，但它们却通常缺乏将所掌握的技术进一步深化发展并进行商业化的必要资金。在这种情况下，创业资本的出现恰好迎合了创业企业对资本的需求，两者的有机结合是供求关系的发生作用的必然结果。但是，初创时期的创业企业既无信誉基础，又无可做抵押的有形资产，因此创业资本的投资是不会得到担保的。而且，创业企业的技术创新行为具有极大的不确定性，这些企业这种不确定性必将给创业资本带来巨大的风险。

尽管创业资本投资存在着极大的风险，但这仍然挡不住创业资本潜在的超额投资收益率所带来的巨大诱惑。在有可能获得超额投资收益率的情况下，投资者只要成功一次就能弥补数次投资失败的损失。根据统计，如创业企业能够在证券市场上发行股票，则创业资本家可以通过抛售所持有的企业股票获取上百倍的投资收益。以美国的苹果公司为例，创业资本家瓦尔丁在 1976 年向其投入 20 万美元，而后，苹果公司于 1980 年 12 月在纳斯达克市场公开发行股票，到了 1980 年，瓦尔丁已经获得了 1.34 亿美元的超额利润，这比当初的 20 万美元增值了 670 倍。这种超高的投资回报率足以吸引更多的投资者将资金投向创业投资领域。

142

2. 创业资本是资本与管理的有机结合。创业资本家将资本投入到企业后，将持有企业的一部分所有权，成为了企业的股东，在创业资本家与创业企业家之间也形成了委托—代理的关系。在这个关系中，作为委托人的创业资本家与作为代理人的创业企业家各自拥有相对的信息优势。其中，创业资本家是以投资者的姿态出现，他们通常都具备一定的专业技术知识背景、丰富的企业运营经验和投资经验，并且拥有渠道畅通的关系网，能为企业引来更多的资金；相反，创业企业家拥有的是某项创业构思或是某项专有技术，而且他们对创业企业内部的情况更是了如指掌，却缺乏相应的生产管理经验和获取资金的渠道和信息。在这两者之间其实存在着严重的信息不对称情况，因此，为了减轻投资的风险和提高投资成功率，监督资金使用情况，创业资本家在给创业企业投资之后不是像一般的投资者那样不参与公司管理，相反，他们积极参与公司的各项业务，为公司的营运管理提供咨询，帮助公司介绍新的客户或原料供应商，甚至在必要的时候解除现有管理者的职权，用新的管理人来替代现有的管理人。这种资本与管理结合的资本形式为创业企业的发展与壮大提供了良好的运营环境，对于提高创业企业的成功率大有帮助。

　　3. 创业资本是资本与技术创新的有机结合。自从第二次世界大战以后，电脑行业、软件行业、信息技术行业和生物技术行业先后站在科技发展的最前沿，它们的出现和应用是第三次技术革命后的又一波新技术浪潮，这些技术的应用给人类的生产、生活带来了巨大的变化，推动了经济的发展和整个社会的进步。另外，这些行业的公司也借助于技术的更新和发展在商业运营上取得了巨大的成功。回头再看这些公司的发展历史，我们会发现，在这些企业成长的过程中，创业资本在其中发挥了重要的角色；同时，这些行业的上市公司也分别成为了各个时期证券市场上的重要角色，为股东创造了巨大的财富。资本和技术构成了创业资本投资的两大重要因素，两者在创业资本投资的过程中相辅相成，相得益彰，创业资本促进了技术的发展，而技术的发展和企业的成长又给了创业资本超额的回报，使之能进行下一轮的投资。

143

　　从以上对技术创新和创业资本的特点分析可以看出，技术创新与创业资本的结合在实质上形成了一种新的作用机制，这种机制将创业资本家、创业资本、创业企业进行有效的组合，克服了资金供给与需求过程中的风险因素，填补了技术创新的资金需求与传统资本形式的投资需求之间的供求缺口，优化了资源的配置，有效地促进了新技术的发展和应用。

三、创业资本作用机制的制度安排

创业资本的作用机制实质上就是一个综合了各种金融工具、各级金融市场以及金融机构的资本循环体系。在现实生活中，创业资本作用机制的制度安排，具体体现为围绕创业资本而设立的一个创业资本市场，投资者、创业资本家、创业企业家以及其他的金融中介机构等都是这个市场的参与者。这个机制能够推动经济增长的原因就在于，它能够有效地分配有限的资本资源，将资本配制到产生最高资本回报率的地方，并提高资本的使用效率。在资源得到合理配置的情况下，创业企业拥有充足的资金供给，技术创新行为得以顺利进行；技术创新成果在经过复制、转移等渠道进行扩散、传播并得到广泛应用，进而推动经济的增长和整个社会生产力的提高。这个机制的作用原理如下：

1. 创业资本市场分散了风险，优化资源配置。在创业资本发展早期，创业资本的投资者通常都是那些富有的个人、家族投资者或是传统金融机构、大公司。这种投资者结构存在着严重的缺陷。首先，这种结构导致资本过于分散，虽然每一种类型的投资者都掌握了相当数量的资本，但是，现代的技术创新行为需要大规模的资金投入，单个投资者的力量实在过于薄弱。其次，由于缺乏专业的创业资本投资机构，投资风险过大。早期的创业资本投资者基本是采用直接投资的方式给创业企业投资；受到专业知识和各方面条件的限制，在投资者与创业企业之间存在着严重的信息不对称，这种信息不对称导致两者之间产生了巨额的信息获取成本（information cost）和交易成本（transaction cost），加大了投资者的风险。

为了解决这些问题，市场上逐渐出现了一种新型的金融中介机构，即专门的创业投资机构。这些机构的出现使得创业资本投资形式由直接投资方式逐步转化为间接的投资方式，投资者将资本投入创业投资机构后，由创业投资机构代理行使投资的职能。采用这种方式的投资可以集中社会上相对分散的创业资本，形成一定规模的资金积累，增加创业资本的抗风险能力。

随着各个元素的具备，创业资本市场开始形成，创业资本市场中存在着专门为新兴创业企业而设立的股票市场，也存在着一个无形的权益交易市场。这两个市场的出现使得创业资本投资的流动性大为增加，这就为创业投资者提供了一个价值发现、权益转让的场所，极大地降低了流动性风险。而且在专业的创业投资机构和创业资本市场出现后，具备了一定资本规模的专业投资机构也可以实现投资对象的分散化，降低投资风险；而单个投资者其实可以通过专业的投资机构实现投资对象的分散化，从而在个体上间接实现分散风险的目的。另一方面，创业资本家也可以在创业资本市场上为自己的创业构思或项目寻找投资者，这样一来，投资方与项目方的距离缩短了，信息的获取变得相对容易，规范发展的创业资本市场也降低了交易的成本。

除了具备分散风险的功能外，创业资本市场帮助创业资本家从众多创业项目中辨别出那些最有可能为市场所接受的技术创新项目，从而能显著地影响资源的配置。这是因为投资者通常都是风险厌恶者，而高回报率的创业项目必然伴随着极大的风险。既然创业资本市场具有分散风险的功能，这就使得创业资本家在做出投资决策时，更多地考虑那些能够产生更高回报率的项目。

充足的资本投入增加了创业企业进行技术创新的几率，而成功的技术创新不仅会给创业企业家带来巨大的财富效应，而且还能进一步促进新技术的发展和应用。对创业资本家而言，投资于创业企业必然伴随着极大的风险，但是通过创业资本市场，创业资本家可以分散投资于多个项目，以此来减少投资的风险和增加对技术创新行为的投资。

因此，一个有效的创业资本市场可以在有效地分散投资风险的同时，进行有效的资源配置，加速技术创新的速度和应用，并以此促进经济的增长。

2. 创业资本市场加强公司治理，实行有效的公司控制。对一个投资项目而言，外部投资者（outsider investors）很难确认其投资回报率；而内部人员（insiders，在这里特指创业企业家）因为掌握了一定的信息优势，他往往有一种误导外部投资者的倾向，这在两者之间产生了确认成本（verification cost）；即使是在由创业资本家作为投资主体进行投资的项目中，虽然创业资本家具有一定的专业知识，但这种情况依然存在。而且，在投资行为

146
发生后，创业企业家更有可能会利用自己的信息优势，置投资者利益于不顾，享受那些不必要的额外津贴（perk），如豪华办公室、私人飞机等等。这种由于信息的不对称而造成的逆向选择给企业的发展造成了严重的影响。而一个有效的创业资本市场不仅可以在事前降低获取信息的成本，降低信息不对称程度；还可以减少在创业资本家做出投资承诺后，由于执行对管理人的监控而产生的执行成本（enforcement cost）。

出于加强对受资公司（Venture－Backed Companies）募集资金运用、公司日常营运监管的目的，创业资本家需要从选择投入的金融工具类型开始，就考虑如何保持对公司的有效控制的问题。

第一，创业资本家要选择合适的金融工具。在投入的金融工具类型上，如果采用债务作为主要的投资形式，则创业企业技术创新行为和经营发展不确定性可能会使创业企业不能确保按期偿还本息；而且创业企业如果采用债务进行融资后，其资本结构将出现高负债比率的情况，这会阻碍创业企业的后续融资能力，所以，采用债务不符合创业资本家的要求，也违背了创业企业的意

愿。另外，如果采用普通股的形式，则投资者在破产清算时所具有的剩余清偿权级别是最低的，投资者的资本权益无法得到保全。而且，由于创业资本家对在创业企业中拥有最多的股权并不感兴趣，而只拥有少数的股权又无法对企业实行控制，因此，普通股也不是一种理想的合约形式。相比之下，优先股兼有普通股与债券的优点，持有者既拥有发行公司的股份，又可以定期得到固定的股息，在企业破产清算的时候还拥有优于普通股股东的剩余清偿权，可以看出，创业资本家采用优先股形式产生的风险要小于使用债务和普通股。因此，如今大多数的创业资本家都选择了优先股，特别是可转换优先股作为主要的投资合约形式。可转换优先股除了具有一般的优先股具有的功能和优点外，它还可以在特定的时候转换为普通股，为持有人带来更高的资本收益。可转换优先股是债权、股权甚至是期权的混合体，在创业投资合约中占有重要的地位。

147

　　第二，设计完善的创业资本投资合约，实施对企业的控制权。就一般意义上的优先股而言，它们是不具有投票权的。但是在创业资本投资合约中，优先股尤其是可转换优先股往往是带有投票权的，这些权利实质上是创业资本家对创业企业控制权的一部分。创业资本家对创业企业的控制权分配是创业资本合约中的一个核心问题。为了进一步加强对创业企业的控制，创业资本家通常持有与他们的股份不相称的企业控制权，这其中包括拥有董事会席位的权利、否决特定主要管理人（即决定替换现有管理者）的权利、现金流量分配权以及股东投票权等。创业资本家在拥有创业企业控制权后，在董事会中可以得到近乎完全的保护。而且，即使创业资本家没有绝对的完全的控制权，他也会要求在合约制订之前明确双方的权利划分，并取得在现有管理人不能达到预定的绩效标准时，得到全部的控制权或是用一个新的管理人替代现有的管理人的权利；而在企业经营改善之后，他们将会放弃大多数的权利，只保留对企业现金流分配的权利。

在采用了优先股合约的情况下，为了补偿创业企业家在控制权上的损失，创业资本家通常会以股票期权的形式对其进行补偿。这种补偿会将创业企业家的激励与创业资本家的利益统一起来，减少了创业企业家以企业为代价追求个人利益的动机。

3. 创业资本市场结构保证了市场功能的实现。当今世界上的金融体系主要有两类，一类是以美国和英国为代表，其金融体系是以股票市场为基础而建立的，股票市场是其进行资源配置的主要渠道。另一类以德国和日本为代表，其金融体系以银行为基础，银行是其主要投资主体，银行在它们的经济活动中发挥的作用要远远强于美国和英国。因此，受本国的金融体系影响，各国的创业资本市场结构也是不一样的，其发挥作用的效果也是不同的。

148

美国创业资本市场发展的基础是一个专为新兴行业或新兴中小企业特别设置的股票市场——纳斯达克（NASDAQ）市场，创业资本循环中的资金筹集、投资和资本回收等环节，都围绕着创业资本最后能否顺利通过股票市场退出这个目的展开的。而在德国模式下，银行是创业投资的主体，各主要银行以直接或间接的方式将资金投向创业企业，银行与企业关系密切，多数情况下投资的银行会成为创业企业的股东。如果从投资方式的角度来看，美国的创业资本市场更倾向于使用直接融资的方式，而德国的创业资本市场则多采用了间接融资的方式。

在资金筹集体制上，德、日等国采用的是"关系型融资体制（Relationship-based system）"[1]，在这种体制下，投资者通过

---

① Kotaro Tsuru（2000），Finance and Growth：Some Theoretical Considerations，and a Review of the Empirical literature，OECD WP NO. 228.

在企业中持有大量的股份或以主要贷款人的角色在企业享有一定的控制权，并以此来确保自己投资得到相应的回报。银行在这种体制中扮演了一个主要的贷款人角色。在众多的投资者（银行）当中，其中的一个将担负起"委托监控（delegated monitor）"的角色，代表其他的投资者行使事前对客户和项目的选择、投资项目监控以及企业运营干预等职责。这种体制类似于一种长期的隐性合约，建立在自我约束的基础上的，因此融资行为的双方必须先建立起一种长期稳定的关系，这样有助于减少获取公开信息的成本，减轻参与各方的信息不对称程度以及减少代理成本，并最终使社会存款转化为有效的社会投资行为。这种体制更适合于欧洲的传统型行业。

149

美国采用了"距离型融资体制（Arm's length system）"①。在这种体制中，证券市场为不同范畴的市场参与者提供了众多的金融工具，而投资过程中的监控功能（Monitoring）则由创业资本家、投资银行、商业银行或一些中介机构完成。在这种筹资体制下，投资者的权利保护只能依赖于白字黑字的投资合约，投资者对于信息披露的要求显得更为迫切和必要。相对与德、日等国的创业资本市场结构而言，这种以股票市场作为基础的市场结构除了具有德、日两国的创业资本市场结构所具有的优点外，它还能更好地进行风险的管理与分散，为投资者提供一个股份转让与交易的场所，提高创业资本的流动性。

这两种不同的创业资本市场结构尽管在运作基础、规则上有所不同，但它们都可以较好地完成分散风险、优化资源配置、完善公司治理结构的职能。但是，由于起步时间和机制本身存在的

---

① Kotaro Tsuru（2000），Finance and Growth：Some Theoretical Considerations，and a Review of the Empirical literature，OECD WP NO. 228.

问题，这两个在作用效果上还是有比明显的差别的。

第三节　创业资本作用机制的实证分析

一、创业资本的资源配置功能

以美国为例，创业资本的资源配置功能可从以下两个方面说明：

一方面，从美国创业资本投资的行业分布看，创业投资重点支持了技术创新行业的发展。创业资本在知识经济条件下是推动经济增长的主要动力这一论点已经得到广泛的认同，知识经济的发展主要是 IT、ICT 行业的发展，而这些行业基本上是靠创业资本的帮助发展起来的。创业资本都投向了技术密集型或高新技术型的创业企业，在电脑资讯领域获得了巨大成功的苹果电脑、Cisco Systems、微软公司、Intel 公司等企业在发展初期都曾经获得过创业资本的资助；创业资本的另外一个比较集中的投向就是那些利润率较高的服务类企业，如联邦快递、Starbucks 或 Staples 等企业，而且经过一段时间的发展后，这些企业都已经成为所在行业中的龙头企业，对整个经济产生深远的影响。创业资本的这种投资取向可以通过第三章的表 3 - 3 得到体现。

表 3 - 3 显示，美国的创业资本投资对象并不只局限于高科技产业，从科技含量很低的消费品行业到科技含量较高的信息、生物科技领域中都可以作为创业资本的投资对象。通信、计算机、计算机相关行业等一直是美国创业投资的重点行业，而且自20 世纪 80 年代初起，生物技术行业和医疗保健行业逐渐受到创业资本的重点关注，创业资本对这些行业的投资额在逐年增加。

此外，创业资本对通信、计算机、计算机相关行业以及生物、医疗保健等几个行业的投资大约占据了投资总额的70%，多数的技术创新都与这些产业相关。正是这些产业在美国自20世纪90年代初开始的十年经济繁荣时期扮演了重要的角色，带动了整个美国经济的健康、快速地增长。

　　另一方面，通过退出机制，创业资本市场为技术创新筹集更多的资金。投资者进行创业型投资的目的是为了获取高额的资本收益，这就注定了创业资本不可能成为企业的长期股本，在时机成熟的时候，投资者必定会从创业企业中退出。创业资本通常的退出渠道有：企业上市（IPO）、企业兼并、出售或清算。而长期的创业投资实践已经证明了IPO是创业资本退出的最佳渠道。根据一份对1979年至1988年美国IPO市场统计研究，通过IPO方式退出的创业资本投入的总回报如下：第一投资期为22.5倍，第二投资期为10倍，第三投资期为3.7倍①。投资者通过证券市场退出投资项目不仅能为自己带来丰厚的资本收益，而且创业企业在IPO的过程中也筹集到了进一步发展企业所需要的资金。具体数据可以参考表6－2。

151

表6－2　美国创业企业IPO发行情况

（单位：百万美元）

年份	公司数	IPO 筹资数
1992	157	7693.6
1993	193	8411.4
1994	159	5124.4
1995	205	9675.6
1996	284	14664.5

　　①　威廉姆·D. 拜哥利夫和 J. A. 蒂蒙斯：《处在十字路口的创业资本》，哈佛商学院出版社1992年版，第170页。

年份	公司数	IPO 筹资数
1997	134	5495.5
1998	79	4735.2
1999	272	25080.7
2000	261	27660.0
2001	41	3489.9
2002	24	2543.7
2003	29	2022.7
2004	93	11014.9
2005	56	4461.0
2006	57	5117.1
2007（1~3 季）	55	7282.5

资料来源：根据 Venture Economics 数据整理。

从表 6－2 中可以看出，企业通过 IPO 筹集的资金往往是初始创业投资额的数倍，这些资金为企业技术创新和企业的长远发展提供了充足的资金，奠定了坚实的基础。

美国的创业企业进行 IPO 的场所通常是在 NASDAQ 市场，这是一个专门为满足新兴行业或新兴企业的融资需求而设立的股票市场，经过四十多年的发展，到 2001 年年底止，NASDAQ 总共有 4109 家上市公司，市值达到了大约 2.9 万亿美元。这是目前世界上发展最为成功的创业资本市场，它的成功经验已经引起了世界各国的关注，在许多国家中还建立了相似的创业板市场，如欧洲大陆的 Euro New Market、英国的 AIM、新加坡的 SESDAQ 市场、韩国的 KOSDAQ 市场，以及中国香港的创业板市场等都是仿效 NASDAQ 的成功经验建立起来的。

创业资本通过对资源的优化配置，扶持了高新技术的发展和应用；此外，围绕着创业资本建立的创业资本股票市场在创业企业监管、加强对创业企业控制上发挥了重要的作用；创业资本股

票市场的发展壮大还带动了投资者对技术型创业企业的投资热
潮，股票市场也创造了巨大的财富效应。在技术、投资、财富增
加这几个因素的共同作用下，创业资本对经济增长的推动作用得
以体现。

二、创业资本对技术创新影响力的评估

为了较为准确地估计创业资本对于技术创新的影响，许多学
者都在这方面做了大量的理论研究和实证研究。其中，Kortum
和 Lerner（2000）发展了一个用于衡量创业资本、R&D 费用和
创新程度之间的相关程度的专利生产函数[1]，在这个函数中存在
着两个投入量——用于 R&D 的费用和创业资本投资数量，公式
如下：

153

$$P_{it} = (R_{it}^{\rho} + bV_{it}^{\rho})^{a/\rho} U_{it}$$

其中，P 表示应用的专利数量，R 代表的是私人资助的 R&D
费用，V 既可以代表收到创业资本的企业数量，也可以代表在该
行业中使用的创业资本数量，U 表示的是误差项，a、b、ρ 为参
数，而 i、t 分别代表行业与年份。Kortum 和 Lerner（2000）在
研究中对从 1965 ~ 1992 年间的 20 个制造行业年度数据进行了分
析，他们发现，创业资本对技术创新、专利发明的影响是正面而
且显著的，一个行业内创业资本活动的增加将会伴随着专利发明
率明显升高的现象。在 1983 ~ 1992 年间，投向 R&D 的创业资本
比例平均少于 3%，但是通过 Kortum 和 Lerner 专利生产函数的
计算表明，创业资本可能导致了这个时期行业内 8% 的技术创新
活动。而且，他们还发现，创业资本的 1 美元对专利发明的效用

---

[1]　虽然专利并不是最好的技术创新活动产出的衡量指标，但由于专利数
据良好的可获得性，它仍然是目前衡量创新活动产出水平时最广泛使用的指标。

要 3 倍于 R&D 费用的 1 美元所产生的效用。考虑到在 1992～2000 年间，创业资本都处于一个快速的增长阶段，如果假设创业资本的效力依旧，则该公式的结果将会表明，到 1998 年，创业资本促成的创新活动占美国技术创新活动的 14%。

一位德国学者 Tykvová（2000）使用了相同的公式对德国的创业投资行业进行了研究分析。公式计算的结果显示，创业资本对德国的专利发明活动有显著的正面影响。她在研究中发现，德国 1990～1997 年的创业投资额度大约占整个德国公司 R&D 经费的 2.62%，创业资本是一个比传统的公司 R&D 投资行为更为适用的技术创新活动资金来源。但是，在德国，创业资本在产生专利发明方面的有效性仍然要低于传统的公司 R&D 投资行为。计算结果表明，如果德国的创业投资额在现在的基础上增加一倍，则德国的专利应用水平将会有 12 个百分点的提高，而如果接受创业投资的公司增加一倍，专利的应用水平将会提高 21 个百分点或更高。

154

从 Kortum 和 Lerner（2000）以及 Tykvová（2000）的分析中可以看出，创业资本对技术创新的确有显著的影响作用。虽然目前创业资本在投资总额中所占的比例仍然偏小，但就其所发挥的作用而言，已经远远超出了同等数量的传统 R&D 投资所产生的效果。

尽管创业资本在社会投资中所占的比重很小，很难像传统的资本一样对经济增长产生直接的影响，但上述分析表明，在创业资本和经济增长之间存在着紧密的联系，创业资本对经济增长的影响是显著而且深远的。

创业资本通过一个有效的作用传导媒介——技术创新来实现了对经济增长的影响。其传导机制如图：

在创业资本与经济增长的关系中，创业资本市场起到了放大

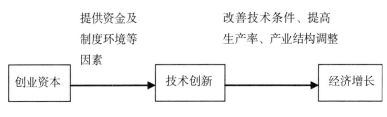

创业资本效应传导机制

器的作用，而技术创新则成为了这种作用传导的一个有效媒介。在这样的一个传导机制下，先是创业资本以提供资金、形成良好创业投资机制、设置创业资本市场等手段为技术创新提供了良好的外部条件，促进了技术创新的发展和应用；然后，通过对技术创新成果的应用、模仿和扩散，提高企业的劳动生产率，改善企业盈利水平和社会福利水平，并带动了一系列的相关投资，增加对社会的产品供给，实现影响经济增长的目的。

　　创业资本的总量虽然相对较少，但由于其投资的行业往往代表了社会技术发展趋势，因而创业资本能对工业的发展进程产生巨大的影响，甚至改善行业或整个经济的运行结构，从而达到影响经济增长的目的。目前这种成功的案例也并不少，如惠普公司、Microsoft、Intel、Cisco 等曾接受过创业资本投资的企业，如今都已成为世界级的巨型企业。正是由于这些企业的出现才真正改变了人类原有的生活方式和工作方式，加快了社会经济前进的步伐。如果这些企业当时没有成功，则我们很难想象现在是一个什么样的情形。

　　总之，创业资本是把资本、技术和知识联系起来的重要纽带，其独特的融资机制与高技术企业结合所带来的巨大示范效应和对经济预期的影响，使其成为经济增长的一支重要推动力量。

155

第七章 美国创业资本的集聚
现象和集聚特征

地理因素在经济发展过程中的作用，一直是经济学家和地理学家长期探讨和争论不休的一个问题。随着现代通信技术和信息技术的发展，以及经济全球化和经济一体化趋势的愈演愈烈，空间的流动大大加快，缩短了距离在经济活动中的障碍，于是有许多学者提出，距离等地理因素不再重要的观点，甚至有人还做出"距离已经死亡"的判断（Cairncross，1997）。距离、区域等地理因素果真不再重要了吗？

世界经济发展的现实表明，在经济全球化的同时，生产的本地化特征并没有消失，产业在空间的集聚程度并没有因为生产过程的分散、分工的细化而下降，反而呈现出新的区域产业集聚和产业区，美国的硅谷就是一个明显的例子。硅谷作为高科技策源地，大量的高新技术产业在此集聚，是美国乃至世界技术创新中心的集中体现。硅谷的区域创新能力和创新模式，一时成为世界各国政府效仿的对象。人们在探讨硅谷现象时，不约而同地发现，创业投资（venture capital）是硅谷成功的关键因素之一。

文献表明（Sahlman，1990；Bygrave & Timmons，1992；Gompers & Lerner，1999），美国创业投资家在从事投资活动、选择投资项目时，往往将距离远近作为投资决策的一个重要因素。

例如，Gorman & Sahlman（1989）通过调查发现，创业投资家在进行投资时一般只会考虑邻近地区的投资机会，他们不愿意把时间和精力花在从他们办公室到企业的路上。Gompers & Lerner（1999）实证分析表明，在创业企业总部 5 英里以内有办事处的创业投资机构成为创业企业投资者的可能性是那些距离创业企业总部 500 英里外的创业投资机构的 2 倍。还有的文献（青木昌彦，2001；李钟文，2002）表明，创业投资主要集中在美国硅谷地区，呈现区域集聚现象。但这些文献均没有对地理因素在美国创业投资过程中的作用，以及由此造成的产业集聚进行详细分析，也没有提供具体的衡量指标，因此，其大多数分析是不全面的。

157

　　我们先从统计数据入手，构造美国创业投资行业产业集中的衡量指标，得出美国特别是硅谷地区创业投资行业存在的区域集聚现象，并分析创业投资的集聚特征；然后，我们从交易成本的角度分析了创业投资区域集聚的成因，指出信息共享、集体学习、风险分散和网络效应均有利于降低创业投资机构的交易成本，并促成创业投资机构与产业集聚和区域创新的共生。本章最后分析了创业投资集聚在推动技术创新、形成新的商业模式、扩大就业机会、培育区域文化等方面的效应，探讨和阐述地理因素在创业投资行业中的重要影响。

第一节　美国创业投资行业的
区域集聚特征

　　产业集聚，也称为产业集中，是指一组在地理上靠近的相互联系的公司和关联的机构，它们同处在一个特定的产业领域，由于具有共性和互补性而联系在一起（王缉慈等，2001，第 2 页）。

由于创业投资行业是一种金融中介行业，因而对其集聚特征的考察不同于一般生产性行业。通常，对产业集聚的判断和确认是从某一行业企业的数量以及该行业销售收入占整个地区销售收入的大小来衡量。笔者认为，由于创业投资行业的特殊性，在对其产业集中现象进行数量分析时，则应从区域投资分布和机构区域分布两个角度考察。考察区域投资的分布情况，可用两个指标衡量：（1）各地区创业投资项目数量占全国创业投资数量的比例；（2）各地区创业投资金额占全国创业投资金额的比例。而对机构区域分布的考察，则可用各地区的创业投资机构总部数量占全国创业投资机构数量的比例来衡量。

通过对相关数据的计算，我们发现，美国创业投资行业呈现较强的区域集聚特征。

首先，就区域投资分布情况来看，美国创业投资的投资项目数量和投资金额主要集中在加利福尼亚州、马萨诸塞州两个地区。

表7－1　1965～2002年美国各州创业投资数量集聚程度

（单位:%）

年份 州名	1965～ 1969	1970～ 1974	1975～ 1979	1980～ 1984	1985～ 1989	1990～ 1996	1997～ 2002
加利福尼亚	21.5	21.1	24.7	34.2	32.4	35.9	36.9
马萨诸塞	14.9	11.0	12.4	13.2	12.4	10.9	10.4
得克萨斯	6.0	8.4	6.7	7.0	7.2	5.2	5.6
纽约	9.3	10.6	5.8	5.8	4.0	2.9	6.5
新泽西	5.0	4.1	3.8	3.2	3.6	3.6	2.4
科罗拉多	1.7	2.6	2.5	3.6	3.2	3.2	2.8
宾夕法尼亚	2.6	2.5	2.6	2.2	2.6	3.3	3.1
伊利诺依	5.3	3.4	2.5	2.5	2.6	3.3	1.6
明尼苏达	4.0	4.0	3.4	3.2	2.3	2.1	1.6
康涅狄格	1.0	2.4	2.95	2.5	2.7	2.2	1.7
所有州合计	100	100	100	100	100	100	100

资料来源：根据第三章表3－4数据计算。

　　本书第三章的表 3－4 和表 3－5 分别列出了 1965～2002 年间，美国各州接受创业投资项目数量和金额的情况，表 7－1 和表 7－2 列出了各州创业投资项目数量和金额的集聚程度指标。从这两组表中可以看出，1965～2002 年 37 年间，加州、麻省两地创业投资数目和投资金额一直是美国 50 个州中创业投资数目最多的两个地区，其中加州投资数目在 1965～1969 年间是 65 个，1997～2002 年间则上升为 8610 个，投资项目数量的集聚程度由最初 21.5％ 上升到 36.9％，创业投资项目的数量在加州一直呈上升趋势；加州的创业投资金额由最初 2.47 亿美元上升到 1082 美元，投资金额的集聚程度则由 31.7％ 上升到 41.7％。麻省的投资数目由 45 个上升到 2439 个，投资项目的集聚程度由最初的 14.9％ 下降到 10.4％；投资金额由 6900 万美元上升到 262 亿美元，投资金额的集聚程度由 8.8％ 上升 10.1％。从图 7－1 可以清楚地看出，尽管麻省的投资项目数量集聚程度一直呈小幅下降趋势，但该地区始终位于加州之后，名列第二。

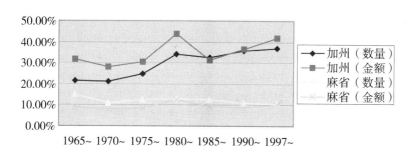

图 7－1　美国创业投资项目数量和金额的集聚程度

表 7 - 2   1965 ~ 2002 年美国各州创业投资金额集聚程度

（单元:%）

年份\州名	1965 ~ 1969	1970 ~ 1974	1975 ~ 1979	1980 ~ 1984	1985 ~ 1989	1990 ~ 1996	1997 ~ 2002
加利福尼亚	31.7	28.2	30.6	44.0	31.5	36.6	41.7
马萨诸塞	8.8	8.0	8.7	12.7	9.2	9.1	10.1
得克萨斯	5.4	7.2	6.6	7.6	7.1	5.4	5.8
纽约	4.6	8.0	7.2	4.5	4.6	3.8	6.2
新泽西	4.7	4.2	3.4	2.4	4.0	4.6	2.8
科罗拉多	1.8	2.6	2.0	3.2	2.6	2.6	3.7
宾夕法尼亚	2.6	2.1	5.2	2.4	5.0	3.0	2.5
伊利诺依	8.6	6.9	5.2	1.9	3.9	3.8	2.0
明尼苏达	0.9	4.6	2.0	1.8	1.3	1.4	1.2
康涅狄格	0.1	1.6	3.7	2.1	4.8	1.9	1.5
所有州合计	100	100	100	100	100	100	100

资料来源：根据第三章表 3 - 5 数据计算。

其次，在美国加州的创业投资项目数量及金额又主要集聚在硅谷地区，而麻省的创业投资则集聚在波士顿 128 公路两旁①。

再次，美国创业投资行业区域集聚现象还表现在投资机构的集聚。

2003 年年底，美国拥有各种类型的创业投资机构（有限合伙制、大企业或金融机构附属的创业投资机构）2236 家，其中国外创业投资机构 1252 家，美国本土创业投资机构 984 家。这些创业投资机构管理着 4000 多亿美元的资金，其中硅谷地区创业投资机构就有 200 多家，管理的创业基金高达 1000 亿美元。从表 7 - 3 可以看出，美国创业投资机构数量主要集中在加利福尼亚、纽约、马萨诸塞三个州，其中加州 327 家、纽约州 161 家、麻省 117 家，集聚程度分别为 33.2%、16.4% 和 11.9%，

---

① 作者在第三章已经有过详细分析，不再赘述。

三个地区创业投资机构数量占全国的 60% 以上。美国创业投资协会评选的 2003 年美国前 180 家主流创业投资机构中，就有 54 家总部设在加州，在麻省则有 32 家。

　　硅谷的门罗公园（Menlo Park）位于斯坦福大学校园北部，那里有一条著名的沙丘大街（Sand Hill Road），这条街 3000 号的四栋大厦几乎容纳了加州所有的创业投资公司。像美国著名的创业投资机构 KPCB（Kleiner Perkins Caufield & Byers）、Sequoia Capital、Mayfield、Benchmark Capital、InterWest Partners、Menlo Ventures、Sierra Ventures 均在此落脚。另外，美国其他地区的大部分大型创业投资机构也在此设有办事处。沙丘大街几乎成了创业投资的代名词，被萨克森宁（1999）称为"西海岸创业投资活动的事实上的大本营"，它是美国最强大的创业投资集散地和国际创业投资的引力中心。

161

表 7 - 3　美国创业投资机构数量和集聚程度

地区	创业投资机构数量	集聚程度
加利福尼亚	327	33.2%
马萨诸塞	117	11.9%
纽约	161	16.4%
康涅狄格	40	4.1%
得克萨斯	56	5.7%
马里兰	20	2.0%
新泽西	36	3.7%
伊利诺依	42	4.3%
宾夕法尼亚	46	4.7%
哥伦比亚	21	2.1%
明尼苏达	20	2.0%
弗吉尼亚	29	2.9%
安大略	40	4.1%
华盛顿	29	2.9%
总计	984	100%

资料来源：根据 Venture Economics 资料整理。

第二节　美国创业投资行业区域
集聚现象的成因

　　产业集聚一直是经济学家和地理学家关注的问题，从早期的新古典经济学到现代新经济地理学，都在探讨产业集聚的成因、效应及经济影响。

　　产业集聚理论起源于新古典经济学。阿尔弗雷德·马歇尔在《经济学原理》（1920 年，第三版）中对"专门工业集中在特定的地方"的产业区现象进行了讨论。马歇尔认为，同行企业在某一地区集聚的成因有三点：劳动力市场共享、专业化供应商和技术知识的外溢。阿尔弗雷德·韦伯在《工业区位论》（1929）一书中较为完整、系统地提出产业区位理论。该理论充分阐述了聚集经济的形成原因与形成规则和生产优势。由于产业集聚理论不属于主流经济学，在随后的 50 年里发展缓慢，除少量经济地理学的文章研究有关产业集聚的问题之外，很少经济理论界学者关注它。

162

　　1990 年，哈佛大学教授迈克尔·波特发表了《论国家竞争优势》一文（《哈佛商业评论》1990 年第 2 期），这篇论文是波特教授同年出版的一部专著《国家竞争优势》的缩写和最核心部分。波特在论文中将企业集群与一个地区、一个国家的竞争力联系起来，创立了产业集聚的新竞争经济理论。波特认为：产业集聚内专业人才市场降低了雇员与企业之间的相对搜寻成本和交易成本；地理上邻近使同行企业间建立起信息机制和协调机制；企业间联系促进相互学习和改进技术与服务；产业集聚内竞争压力构成了各个企业的创新动力，政府和相关机构提供的专业基础设施、教育项目以及信息、技术、声誉等准公共物品能被集群内企业共享，所有这些都会带来集群内产业的经营成本下降与运作方法优化，不仅能形成企业的竞争力，而且能提升一个地区或国家的竞争力。

1991 年，保罗·克鲁格曼发表了《收益递增与经济地理》一文（《政治经济学期刊》1991 年第 3 期）。该文中克鲁格曼提出了"中心—外围"模型来说明区域的要素配置和竞争中的重要作用，该模型的核心（中心）是制造业地区，外围是农业区，该模型的形成及其效率取决于运输成本、规模经济和制造业聚集程度，克鲁格曼把区位问题与规模经济竞争、均衡问题结合起来研究，认为经济活动的聚集与规模经济紧密相关，能够导致收益递增，克鲁格曼研究经济聚集的著作《地理与贸易》同年出版。

163

克鲁格曼《发展、地理学与经济地理》（1995）一书补充了他的产业集聚理论，建立了聚集经济新模型。克鲁格曼等《空间经济：城市、区域和国际贸易》（1999）一书，阐述了产业集聚和聚集经济的形成因素，并用经济学方法分析了产业集聚现象，波特《论竞争》（1998）一书，再次强调了产业集聚是一种相关的产业活动在地理上或特定地点的集中现象。

David Keeble 等（1999）认为机构的稠密性与集群的竞争优势有一定的关系。一般认为产业集聚包括诸多相互关联的企业和对竞争起重要作用的其他相关机构。机构稠密性指集群中存在上述的各类组成部分，而且各组成部分之间具有一定的网络关系。集群应具有适度的机构稠密性，因为稠密性能增进信任、激发企业家精神。产业集聚所具有的机构稠密性与集群的竞争优势有一定的关系。因为集群内的企业之间、企业与其供应商、客户及其他机构之间的网络关系是积累创新能力的重要投入，结网可以促

进互动中创新，因为产生渐进性创新需要将不同来源的多种知识
融入企业的日常运作，硅谷、意大利的一些集群的成功在一定程
度上就归因于各主体间的网络关系。但是这种网络关系并非越紧
密越有益，对于根本性创新而言，有时候紧密的网络结构是决定
企业创新表现和集群竞争力的重要因素，各企业的发展战略不
同，所需要的资源有差异，紧密的网络关系有助于产生信任却不
利于新观点的传播，而有"空洞"的网络不利于培育信任关系
却有利于信息的流动，一些企业更需要从集群以外获得新信息，
就应发展有结构"空洞"的网络。

164

　　2000 年，波特对产业集聚下了最新的定义：产业集聚是指
在某一领域内互相联系的，在地理位置上集中的公司和机构的集
合，包括一批对竞争起重要作用的、相互联系的产业和其他实
体。波特认为这种有独立的、非正式联系的企业及相关机构形成
的企业集群代表着一种能在效率、效益及韧性方面创造竞争优
势的空间组织形式，它所产生的持续竞争优势源于特定区域的
知识、联系及激励，是远距离的竞争对手所不能达到的。实际
上这种竞争优势是一种集群优势，它综合了运输成本、交易成
本等成本优势，以及由外部经济、专业化合作所带来的协同
优势。

　　由此可见，产业集聚一直是经济学家和地理学家关注的问
题，从早期的新古典经济学到现代新经济地理学，都在探讨产业
集聚的成因、效应及经济影响。但对美国创业资本行业的区域集
聚现象，许多文献在探讨硅谷成功的原因时，虽都有提及，但并
没有进行深入探讨，有些文献单纯将创业投资行业的区域集聚，
看成是创业投资机构为了便于对其投资企业进行管理和监督
（Bygrave & Timmons，1992；Gompers & Lerner，1999）。显然，
这些观点不足以全面解释美国创业投资产生集聚的原因。本书拟

从交易成本的角度，以硅谷地区的创业投资机构为重点，分析创业投资行业的区域集聚的成因及其效应。

按照威廉姆森的定义（Williamson，1985），交易成本是指整个交易签约过程和执行过程中所花的费用。由于创业投资是一个筛选、投资、监控、退出的循环过程，所以各个环节都势必有大量的交易成本发生，降低循环过程中的交易成本，就有助于项目的最终成功，提高创业投资的赢利能力。从交易成本角度分析，笔者认为，美国创业投资行业之所以出现区域集聚现象，主要有以下几个原因：

第一，区域集聚可以有效地分享信息，降低创业投资家对投资项目的搜寻时间和搜寻成本。

由于选择高质量的创业项目是创业投资成功的前提和基础，所以说创业投资机构的前期首要工作是筛选项目，如果备选项目的质量较高，就可以降低项目筛选成本，从而导致创业投资的前期交易成本下降，而寻找高质量项目的有效途径和渠道就是临近或处在技术创新的地区。同样，具有创新思想、发明的创业者也需要寻找潜在的投资者和融资者（创业资本家），如果他处于技术创新集聚和创业资本集聚的地区，也会降低他融资搜寻的成本。

依此观点，我们不难理解，美国众多的创业投资机构之所以集聚于硅谷地区，使之成为美国创业投资的发展核心，是与硅谷地区的区域创新环境分不开的。高新科技产业的发展直接依赖于知识的生产、组织、传播和应用。波士顿大学的 preer、Robert William（1990）认为，区域环境内一个不断成长并不断产生新知识的中心对创新而言是非常重要的。由于基础科学和技术的影响，创新之间往往存在普遍的技术联结，不同类型的创新组织之间存在着交互作用，创新活动具有很强的关联性，创新的扩散将

165

导致创新集群的产生。硅谷作为美国技术创新的中心和摇篮，那里集聚了大批的高科技企业，强大的科技创新能力，使得大量高技术成果、高技术产品不断涌现。2001 年，根据美国小企业管理局（Small Business Survival Committee）的统计，硅谷的高科技公司总数达到了 9324 家。硅谷拥有世界上最大、最密集、最具有创造性的高科技产业集群。那里既有老牌的半导体产业集群的两千余家微电子公司（如英特尔、AMD、全国半导体公司），也有后来居上的计算机产业集群的近两千家公司（如苹果、太阳微系统、惠普），还有代表硅谷增长的火车头的众多网络公司（软件和硬件）（如 3COM、思科、网景、甲骨文），以及新生代互联网服务公司（雅虎、谷歌）。这些公司集聚在一起可以源源不断地产生许多创新。事实上，信息技术每一次重大的进步，都是由一家在硅谷诞生成长的公司来领导：集成电路（国家半导体、英特尔、AMD）、个人电脑（苹果）、工作站（惠普、太阳微系统）、三维图像（硅谷图文）、数据库软件（甲骨文）、网络计算器（3COM、思科）等。

　　硅谷地区还分布着斯坦福等 8 所著名大学、9 所社区大学和 33 所技工学校以及贝尔实验室等著名的科研机构。在硅谷历史上，斯坦福大学在硅谷的产生过程中起到了非常重要的作用。斯坦福大学师生创业已形成一种风气。例如，20 世纪 30 年代斯坦福工程学院院长特曼教授（Frederick Terman），把已在东部工作的前学生 Hewlett 和 Packard 招回斯坦福，并出资（从自己腰包里给他们投资）500 多美元帮助他们开创了惠普公司。企业有了一定产品后才去找创业资本家来做创业投资。后来惠普公司对硅谷的影响有目共睹。特曼教授开此先河，开创了大学支持教授、学生创业的风气，一直影响到现在。

　　如今，硅谷有一大批公司都是一些曾在斯坦福就学的学生创办的。据统计，与斯坦福大学有关的企业，其产值约占硅谷产值的 50%～60%。雅虎（Yahoo!）无疑是一个著名的案例。当时，杨致远（Jerry Yang）和一个同学编写了一个搜寻器的程序，放在学校的网络上。虽然很受欢迎，但学校管计算机的人抱怨网络因此变得太拥挤。结果他们就自己出来办了个公司，取名雅虎，纯属玩一玩，没有想到一不留神赚了大钱。斯坦福工学院的一座楼里先后诞生了三家著名公司：升阳（SUN）、硅谷图文（SGI）和思科（Cisco）。升阳的英文 SUN 是斯坦福大学网络（Stanford University Network）的缩写。创业人是斯坦福的师生，当时发明了工作站（Workstation）后，便自己出来办了公司。开创硅谷图文公司的是斯坦福的一个教授，这已不是他的第一个公司了。网景浏览器的前身 Mosaic 原是伊利诺依大学的教授开发的。伊利诺依大学是在美国工程科学方面处于领先地位的大学，拥有超级计算机。斯坦福的 Robert Clark 发现后，把他们整个科研小组挖到硅谷，创立了网景公司，并开发了网景浏览器，从此改变了人们上网的经历。网景公司上市时极为轰动。类似的，UNIX 操作系统是加州大学伯克利分校发明的操作系统，现在被广泛应用在升阳公司的工作站上。

　　由此可见，硅谷地区的大学和科研机构不仅提供了源源不断的科研成果和技术创新成就，还培养了一大批的管理和技术人才，形成巨大的人才网、技术网。创业投资家集聚在硅谷地区，可以及时了解、洞悉最新的科技创新思想和信息，他们不会害怕寻找不到好的投资项目，担心失去一个好的机会。相反，他们能以最快的速度捕捉到最有发展前途的项目，洞悉到高科技产业最新的发展态势，为其投资成功，获取较大的收益奠定了基础。

　　第二，创业投资机构集聚在一起，通过各种非正式的交流，

167

有利于创业投资家提高对项目的甄别能力和判断能力，降低投资过程中的不确定性，从而减少对投资项目的管理成本。

在美国，每年提交给一家创业投资机构的项目计划书约有上千份，而仅有5%的项目能最终得到融资。像美国著名的创业投资机构KPCB，尽管自1972年成立以来，已经先后发起成立了12只创业投资基金，基金的项目越来越大，但其每年投资的项目还保持在20个左右。之所以如此，原因在于如何选择一些能保证未来有高额利润的投资项目，是创业投资机构面临的一项非常困难的任务。即使一家创业企业有经营历史，也都非常短，这迫使创业资本家不得不评估企业的其他问题，例如，创业家的个性和特点以及创业家思想的原创性或者相关市场的结构。在进行一项投资之前，创业投资机构必须进行一项尽职调查（Due Diligence）。

由于创新企业存在的高度不确定性，因而创业投资家通常是投资于某一特定行业，具有专业化的特点，而该行业多半是创业投资家非常熟知的行业（创业投资家进入创业投资行业之前，通常是某一特定行业有长期实践管理经验的企业家），人们有理由相信他们在管理方面有较高的胜任能力。专业化和在管理上的高胜任能力使得评估不确定项目相对容易一些。

即使如此，但由于创业投资大多数投资对象都是存在严重信息不对称的高科技创业型企业，为避免因为缺乏信息而造成选择出错、投资过程监督不利等因素，创业投资机构也需要频繁地交流信息，印证相互对某一投资项目的看法以及对行业最新状况的了解。这种频繁沟通实际上是一种非正式交流的学习过程，虽然由于通讯技术的发展，许多信息的沟通无需通过见面就能够做到，但是在对投资项目的企业家能力的评价等重大议题方面，距离依然构成了很大的障碍。创业资本家出于提高项目甄别能力和互相学习的需要，使他们倾向于将公司选在邻近其他伙伴公司的附近，形成集聚或扎堆的现象。这样一来，大家可以随时见面，沟通信息，交流看法。事实上，很多重大的创业投资项目都是创业投资家在车库见面或者共进早餐时敲定的。地理位置的邻近往往为创业投资家之间的非正式交流提供了方便。

此外，由于创业项目的高风险性，创业投资机构为了降低风险，通常会根据一个创业项目的生命周期不同而采用分阶段投资（Staged financing）的方式，所以当一个投资阶段结束后，判断能否进行下一阶段投资则成为创业投资家决策的关键问题。创业投资机构集聚在同一地方则有助于上述问题的解决，因为对正在实施过程中的项目前景进行判断，往往需要具有处理高度意会的（tacit）和不易数码化的（codified）隐性知识和信息的能力。

169

所谓隐性知识（Tacit Knowledge）是在实践中感觉、领悟，通过直觉思维洞察而来的知识，是难以从书本、说明书或正规教育中获得的。隐性知识在实际生活中是大量存在的，常常带有特殊性和具体性，而非普遍适用的东西。从经济角度看，生产中的技艺和能力，市场前景的判断与人才的选择，在何处向何人取得需要的知识，如何融资、如何开拓市场、如何取得投资者、供应商和消费者的信任，企业内部的秘密和诀窍等，都属于这类知识。

从社会实践来看，由于非正式交流具有环境比较宽松、自由和积极，交流的内容覆盖面广，交流各方表达的方式丰富，交流的频率要比正式交流的频率高得多等特点，因而这种低成本的交流方式往往可以传递巨大的信息量，起到丰富信息和知识的作用，是学习和获悉隐性知识的重要途径①。进一步讲，非正式交流在促进知识创新方面更加有效，因为：第一，在非正式交流中，充分利用社会网络的沟通功能与碰撞效应，可以激发出大量的创新，非正式交流中大量的信息以及各种思想、主意的碰撞，是产生创意的条件和重要手段。第二，非正式交流增加了每个人所拥有的知识量，从而加速知识的创新。第三，非正式交流促进隐性知识向显性知识、编码化知识的转换，改变了知识的存在形态，同时，知识形态的改变又加速了知识的扩散速度。

170

不难看出，集聚和地理上的邻近，造成双方距离的缩短和拉近，为创业投资家获得隐性知识提供了载体，使得创业投资家这些专业人士在一起形成了一种"实践"，亦即技艺高强的工匠的那种只可意会不可言传的技术诀窍。创业投资家们通过各种形式的非正式交流和集体学习来分享洞察力和判断力，他们发展并传播了那些最丰富和最专门的知识。难怪美国著名经济学家青木昌彦要赞叹道，"硅谷模式的独特性不只在于创业投资家提供创业投资的能力，而是更多地在于他们能够以演变的而不是事前设计的方式，选择那些最终成为创新性产品系统的模式产品的项目，同时能够在早期阶段拒绝向那些失败的项目再融资。来自经验的知识和判断，加上高度专业化的技能是创业投资融资和治理结构必备的条件。创业投资家的信息加工能力表现在将原始属于隐性的知识（不确定的创新机会）最终转化为明文的知识形式（如收购合同或股票上市文件）。"②

由此可见，创业投资的最大风险不仅在于技术风险，更重要

---

① 见王辑慈等著：《创新的空间》，北京大学出版社2001年版，第332页。

② 见青木昌彦著：《比较制度分析》（周黎安译），上海远东出版社2001年版，第310页。

的是来自于对产品未来市场的判断风险。在纸上看似一个很好的创意（Ideas），有可能在技术上很难设计和生产。即使产品出炉，也要面临市场竞争和市场对产品的需求问题。诸如此类，从创意到产品研发，到市场销售到公司赢利，这里面隐含着太多的不可预测性，许多成功的信息都是随着项目进展不断深入，才逐渐积累并日趋清晰。因此，对这种意会性的隐性知识，只有对其中的每一个环节和细节都了如指掌并具有实战经验的人，才有可能取得最后的胜利，这也是出色的创业投资家的过人之处。相互集聚在硅谷的创业投资家，其雄厚的技术背景、丰富的市场经验，久经沙场的实战经验和与之相匹配的个人素质，加之多方位、多渠道的非正式交流，使他们能承受并胜任这一挑战。

171

第三，区域集聚既可以提高创业资本家提供增值服务的机会和效率，也可以降低投资过程中的监控成本和代理成本，从而达到分散投资风险之目的。

创业资本投资于高科技创业企业后，所面临的投资风险既包括不确定性因素带来的技术风险、市场风险、销售风险，也包括企业家因信息不对称和合约不完全性产生的机会主义行为和代理风险。为了控制、降低和分散各种外在技术风险、市场风险和销售风险，创业资本家不仅向创业企业提供必须的资金，还积极参与企业的各种活动，帮助企业进行管理、经营，对企业提供重要的咨询、信息和帮助。创业投资家的这种作用在高科技企业的早期融资中表现得特别明显而重要。有人将创业投资家的作用称之为"硅谷企业家的教练"（李钟文，2002，第316~339页）。

很显然，为了提高增值性服务的机会、效率和质量，距离这一地理因素成为创业投资家进行决策时的重要参考标准之一。实际上，硅谷的创业投资机构很少在硅谷以外投资，而且许多创业投资家还明确表示，他们不会投资于那些离他们的办公室距离超过两小时车程的公司。同时，与企业之间临近也可以能让创业投资家能够及时对发生问题的企业进行处理，避免因为处理时机太晚而蒙受巨大损失。在高科技企业聚集的地区办公，考虑邻近地区的投资机会，对地理上邻近的企业进行投资，无疑是创业投资家的最优选择。

尽管创业投资家在对创业企业提供增值性的服务时，会给企业发展带来许多好处，然而创业投资家对企业的介入和干预，也必然与企业家发生矛盾，引发各种冲突，创业投资的最终成功还需要创业投资家处理好与企业家之间的委托代理关系。因此创业投资过程中的监控成本和代理成本都很大，如果创业投资家距其所投资的企业较近，那么由频繁视察和深度参与所引起的监督成本就会降低。更重要的是，硅谷有大批的职业经理人，在创业投资家认为企业家不能承担 CEO 重任时，他们就会在周围很快找到合适的人选，替代原来的创业者，以避免企业陷入困境。

172

此外，针对大型的创业项目，创业投资家为了减少投资的不确定性，采取的主要方法是通过在创业投资机构网络中间进行联合投资。联合投资允许一大批创业投资家去筛选潜在的投资项目，从而减少了投资劣质项目的可能性。创业投资机构的集聚使创业投资家之间的联合投资在时间控制和效率上都可以得到提高，从而降低了项目的投资成本。

第四，区域集聚可以促使创业投资家有效利用网络优势，提高项目成功的概率，降低创业资本的退出成本。

尽管地理邻近性是促成创业投资集聚的重要原因，但是距离和地理因素并不是硅谷适合创业投资发展的唯一因素。事实上，硅谷是由一个相互联系、相互支撑的制度群体和关系网络所组成的"栖息地"，这才是创业投资聚集硅谷的重要制度因素。在这个关系网络中，主要有投资银行家、律师、会计师、咨询机构、企业家、工程师以及天使投资者等。硅谷关系网络形成的高效市场制度，使得硅谷地区的制度环境和市场环境远远优于美国其他地区，因而从总体上降低创业投资的运营成本。

　　投资银行家是硅谷关系网络中一个重要的专业阶层。在硅谷地区出现许多新的投资银行，它们在为高科技公司融资方面非常擅长。这些投资银行与创业投资家紧密合作，其中许多投资银行还设立自己的创业投资基金，深入考察创业企业，并参与那些融资的创业企业，为之提供后期融资服务。投资银行家优质高效的服务，加快了创业投资的退出过程，降低了创业投资的退出交易成本。

173

　　同样，创业投资家还会与一些律师事务所建立密切的关系，这些律师事务所专门满足创业企业的需求。有经验的律师事务所的介入可以为创业投资家和创业者达成协议节省大量的时间，免除许多不必要的麻烦，从而大大提高了融资效率，节省了交易成本。

　　创业投资家还经常利用一些会计事务所和管理咨询公司，这些公司有为创业企业服务的专业人才。在招聘高级管理人才方面，创业投资还会求助于专业的猎头公司。所有这些专业机构为创业投资家和创业家的工作提供了便利，使他们可以以外包的方式获得标准化的服务。

　　工程师、企业家和投资人的关系网络对创业投资的发展同样起了关键作用。这些网络网罗了其他地区的大量企业家、创业投资家、管理人才和服务提供商。到20世纪80年代初，硅谷创业投资家主要来自产业界出身的人，而不是来自有金融背景的人。因此，创业投资家在硅谷比在美国和世界其他地区扮演着更积极的角色。

　　天使投资者和创业投资家之间的"共生"关系，也是创业投资集中于硅谷的重要因素。尽管天使投资者将自己的财富投资于创业家的企业，但他们与创业家并没有直接的亲戚关系，投资前也不是朋友关系。与创业投资家一样，天使投资家拥有企业的股权，并希望获得丰厚的回报。天使投资家之间有很多的共同点，但在 20 世纪 90 年代，一群特殊的天使投资家在硅谷占有重要的地位，这就是那些成功的高级管理人员，他们从自己创建的公司上市中获得了巨额财富。由于种种原因，许多创业家和高级管理人员在企业成功地进行 IPO 几年后，就离开了他们的公司。由于他们对创业的过程了然于胸，再加上他们的行业经验，这些高级管理人在向下一代创业者进行投资方面拥有独特的优势，而且可以提供数百万美元的资金，但他们不可能也没有能力一直向创业企业提供资金，直至企业上市。正因为如此，创业投资家希望与天使投资家保持密切的联系，以便参与一系列交易。天使投资家虽然并不能完全代替创业投资家，但是他们经常可以成为创业投资家进行投资以及选择优秀项目的"指针"。

　　总之，硅谷形成的网络效应，使得创业投资家作为专业金融家，与律师和投资银行家等其他专业人士之间形成一种"共生"关系。从某种程度上看，这种关系是市场规律作用的结果。因为从市场规律的角度看，专业化总是受制于市场规模，而大量的创业活动有利于专业化程度的提高。同时，地区性制度的相互作用和网络内部的不同机构间互相交流，可以形成一种反馈机制。该机制可以创造一种凝聚力，从而使整体的力量和价值远远高于个体的单纯加总的力量和价值，形成 1 + 1 > 2 的效应（克鲁格曼，2000）。然而，这种区域集聚的网络效应，只有在这些相互独立的组织在相近的地理位置共同存在时才会发生。

正是由于硅谷集聚了大量的创业投资机构，促使硅谷的创新企业有一种先动优势。有调查表明，硅谷的创业企业完成第一轮创业融资需要 11.6 个月，比全美新创企业平均水平快 6 个月。先动优势使得硅谷的高科技创新企业有更多的机会生存、发展、壮大，从而赢得了创新转化为商品的宝贵时间。我们从创业投资家对距离和地理邻近性的重视上，可以充分体会到高度的相互依存性对创造集聚经济和区域创新能力的作用。

第三节　美国创业投资行业区域集聚的效应

一、产业集聚的效应

从一般意义上讲，产业集聚有以下多种效应：

第一，产业集聚能够较好地发挥区域经济核心优势作用，推动区域经济整体发展。

产业集聚通过凸显区域最强、最突出的能力，与周边区域比较，有明显有利的竞争优势，突出了行业整体形象，形成了市场聚集效应，从而推动了企业的规模发展，畅通了供求市场，增强了内外投资的吸引力。同时，企业和品牌效应形成了共有的竞争能力，促进了良性循环。

同一产业的企业在同一地区的集群可以产生两种影响。其一，增强企业的竞争力；其二，集群一旦出现，它便有自我加强的机制，即集群的规模越大，集群的优势就越强，优势越强就越能吸引外部规模经济，即产业规模经济。在产业规模经济存在的情况下，企业经济效益随整个产业规模的扩大而提高。

第二，产业集聚最有利于中小企业的快速成长。

集群能使所有在集群地的企业都受益。但对于中小企业而言，集群最大的优势是使它们获得外部规模经济，通过外部规模经济克服自己内部规模经济的弱点。首先，中小企业资金少、规模小，对外部服务的依赖高。在集群地，由于外部服务容易得到，交易成本低，中小企业可集中力量实行专业化，从而减少对资金或其他资源的需求。其次，中小企业大多没有大企业那种完善的情报系统，因此信息的来源比较少，集群可弥补中小企业内部规模小的弱点，从而为战胜大型企业创造了条件。

176

第三，产业集聚有利于资源的合理配置。

区域经济在产业化的带动下，信息传递、技术交流、人才培育、资金积累等优势加速了城乡富裕劳力向新领域的转移，使各种资源最大化地向优良企业、有竞争力的产品倾斜集结，形成强有力的生产力要素，从而推动这一产业发展。

第四，产业集聚有助于促进竞争、增加信任、推进合作。

企业彼此的接近和了解使它们的互相影响加强。当地经营环境的一致性也使企业间的可比性加强。由于竞争障碍的减少和攀比心理的作用，公司间的竞争会加剧，后进企业更容易模仿先进企业，先进企业为保持竞争优势会更努力创新。尤其当一个强有力的新竞争者出现时，模仿效应会使其新思想往前、往后、横向传递，从而使整个行业受益。集群的企业合作者之间彼此的接近，使企业互相有机会进行较长时间的反复沟通，从而更容易建立信任关系，限制机会主义倾向。

第五，产业集聚有助于吸引更多的厂商与买主的加入，从而形成更大规模的集群。

集群的扩大来自几种厂商的进入。一是外来者的进入。对一家厂商来说是好的地址,对另一家也很可能同样是,因此外来者到一地投资倾向于把地点选在原有厂商的聚集地。另一个来源是当地人员或企业新成立的公司。第三个来源是从老公司分裂出来的新公司。新公司愿意把地址选在靠近老公司的地方,一是因为对当地的地理环境、供应渠道、顾客都比较了解,二是比较容易得到所需的人才,三是当地有关系网或容易建立关系网。同样,集群的扩大带来更多买主的进入。首先,集群能使信息更加集中,更能引起买主的注意,从而得到更充分的利用,减少浪费。其次,由于到厂家集中的地方购买可以大大提高采购效率,降低风险,运输或咨询服务也更容易得到。

二、创业投资集聚的效应

美国创业投资行业在地理上的集中,对区域经济发展产生了重要推动作用,可以说是形成区域创新的主要动力之一,是硅谷经济高速发展的发动机。具体来说,创业投资的区域聚集对区域经济的影响有以下几方面:

（一）创业投资对技术创新有明显的推动作用,加快了科技创新的商业化过程

创业资本通过对高科技企业的投资,促进了科技创新,加快了技术进步的步伐,从而促进了经济增长。创业资本的出现,对现代人类的生活和工作产生了深远的影响,20 世纪人类社会最重要的三大科技成果（可编程电子计算机、晶体管及 DNA 技术）在走向商业化的发展过程中,创业投资都发挥了至关重要的作用。尤其是 20 世纪 70 年代以来,硅谷一大批的受到创业资本扶持的中小型企业主导了美国经济发展的潮流,它们中间的

许多公司在经历了严峻的市场考验后取得了巨大的成功，当今在 IT 行业中的许多知名企业，都曾接受过创业投资，如今它们都已经成为业内佼佼者，分别领导了自 20 世纪 80 年代以来的软件和互联网浪潮，为社会创造了惊人的财富和价值，推动了生产力的发展。创业资本的作用可称得上"经济增长的发动机"。

创业投资的过程本身，就是一个不断培育企业、促使其不断成熟的过程。对于硅谷地区来讲，创业投资对高技术产业的推动，并不仅仅表现在塑造一两个成功的高科技企业，更重要的是在强烈的竞争氛围下形成一种"一马当先，万马奔腾"的气势，促成高技术产业的诞生和成长。威尔森认为（Wilson, 1985，第 13 页），"生于纽约，养于波士顿，几乎窒息于华盛顿，创业投资没有真正成年，直到它们来到加州与性急的年轻人技术人员为伍，它们利用硅片创造了与上个世纪前产业革命具有同样意义的信息革命"。美国斯坦福大学国际研究所所长 W. 米勒曾经说过："在科学技术研究早期阶段，由于创业投资的参与和推动，使得科学技术研究转化为生产力的周期由原来的 20 年，缩短了 10 年以上。"

178

目前，世界前 100 家电子和软件公司当中，有 20% 在硅谷扎根。美国前 100 家成长最快的公司中有 30% 出自硅谷。从 20 世纪 90 年代中期的统计数据看，硅谷每年的技术专利高达 3500 多项，比波士顿地区高出 50%。2001 年，技术专利已达到 6800 多项，大量的技术成果不断地转化成产品，造成了硅谷高科技产业的繁荣昌盛。表 7－4 显示了硅谷 20 年间 40 家最大的高科技企业变化情况，从中我们可以看出，像惠普、英特尔、思科、升阳、甲骨文、3COM 等一大批硅谷的高科技企业，实际上就是美国高科技企业的龙头，硅谷的高科技企业是美国高技术产业的一个缩影。

表7－4 2002年硅谷的40家最大高科技企业

1. Hewlett-Packard	21. Bell Microproducts
2. Intel	22. Siebel
3. Cisco	23. Xilinx
4. SUN	24. Maxim Integrated
5. Solectron	25. Palm
6. Oracle	26. Lam Research
7. Agilent	27. Quantum
8. Applied Materials	28. Altera
9. Apple	29. Electronic Arts
10. Seagate Technology	30. Cypress Semiconductor
11. AMD	31. Cadence Design
12. Sanmina-SCI	32. Adobe Systems
13. JDS Uniphase	33. Intuit
14. 3COM	34. Veritas Software
15. LSI Logic	35. Novellus System
16. Maxtor	36. Yahoo
17. National Semiconductor	37. Network Appliance
18. KLA Tencor	38. Integrated Device
19. Atmel	39. Linear Technology
20. SGI	40. Symantec

179

资料来源：Zhang, Junfu（2003），High-tech start-ups and industry dynamics in Silicon Valley, Public Policy Institute of California, p5。

（二）通过对高科技产业的投资，创业资本催生了一大批的高科技企业，推动了高科技产业集群的产生和发展

由于创业资本的支持，硅谷源源不断地产生新产业和产业集聚的奇异能力。在创业资本的支持下，渴望创业的员工不断脱离老公司，加入和成立新公司，不仅崭新类型的公司得以产生，老公司也得以送旧迎新。在20世纪90年代，从苹果公司衍生的小

企业达 71 家，从思科公司衍生的小企业达 35 家，惠普公司、英特尔、甲骨文、升阳等分拆和衍生的公司分别高达 99 家、68 家、57 家、79 家。通过原有的科技企业不断分拆和衍生，从而形成各种高科技产生集群。第三章表 3 - 11 所列的硅谷九大产业集群，都是在创业投资的扶持下发展壮大的。产业集群的发展则直接推动着区域经济的发展。

（三）创业投资促成了新的商业模式

创业资本对创业企业的投资，不像传统资本那样，要谋求长期持有，它们在创业企业成功后，往往会采取 IPO 或者收购的方式，退出创业企业。所以硅谷的创业投资家创造出硅谷创业企业的两种新的商业模式：

第一种是创业投资家将创业企业迅速 IPO，表 7 - 5 是硅谷创业企业的 IPO 情况，从表中可以看出，硅谷企业 IPO 占当年的 IPO 百分比最低为 15.79%、最高为 37.13%。通过 IPO，创业投资家收回了资金，并且获利颇丰。苹果、思科、雅虎等都是采取这种模式。创业投资家通过硅谷创业企业的 IPO 与证券市场形成互动，为股票市场开创了新的发展模式。例如，网景公司就是第一个没有业绩而上市的企业，从此开创了用股票市场去评价和承担高科技商业风险的新规则；而 2004 年上市的谷歌则采用股票拍卖的方式发行和定价，创业企业的 IPO 创新，有力刺激了股票市场的发展，而股票市场的发展和繁荣，又促使更多的资金投资于创业资本，从而形成创业资本——创业企业——证券市场相互支持和互动的新局面，大大刺激了技术创新和技术扩散的发展，形成了新的技术创新商业发展模式。

第二种新的技术创新商业模式，则是大公司和创业投资家发展成为共生共存模式。诸如思科、英特尔等大公司通过收购一批创业资本培育出来的最佳的创业企业，得以提升其无形资产、智力资源，而把前期阶段研究开发留给明显更适于管理这类风险的创业投资家，这些公司分享分销渠道和消费者。与此同时，创业企业及其企业家则不去发展品牌、销售渠道和支持性活动，以规避它们所带来的成本、时间和风险，这些也是它们不善于管理的。这种成熟的分担风险方式正成为越来越常见的商业模式。

表 7-5　硅谷创业企业 IPO 情况

年份	IPO 数量	硅谷 IPO 数量	比例（%）
1993	216	45	20. 83
1994	171	27	15. 79
1995	209	66	31. 58
1996	281	67	23. 84
1997	140	32	22. 88
1998	79	24	30. 38
1999	272	101	37. 13
2000	262	82	31. 30
2001	41	14	34. 15
2002	24	5	20. 83

资料来源：根据 Venture Economics 数据整理。

（四）创业资本扩大了区域的就业机会，促进了区域经济的发展

由于创业投资家的鼓励和提供资金，中小企业在硅谷和美国其他创新区域不断诞生。新的企业出现，相应就创造了新的就业机会和就业岗位。第三章表 3-12 给出了 1970 年至 2000 年 30 年间，美国创业资本对区域经济的影响，这 30 年美国创业资本共投资 2733 亿美元，创造了 760 万个就业岗位。

在硅谷，创新产业吸引了创业投资公司，而创业投资家的出现则从全国和世界各地吸引了众多的企业家，就业因而也相应增长，1998 年硅谷增加了约 19400 份新工作。创业投资家对创业

企业的资助是硅谷经济获得成功的一个核心因素。表 7 - 6 是 1980 年至 2001 年硅谷创业企业就业情况。

表 7 - 6　硅谷 1990 ~ 2001 年就业情况

行业	1990 年就业人数	1990 年存在企业 2001 年就业人数	2001 年就业人数	1990 ~ 2001 年就业增长	1990 年存在的企业就业增长	新企业就业增长
生物科学	46815	36243	51854	5039	- 10572	15611
计算机/通讯	114617	104956	150974	36357	- 9661	46018
国防/空间	68527	22251	27567	- 40960	- 46276	5316
环境	2851	3246	8342	5491	395	5096
半导体	79630	83701	103443	23813	4071	19742
软件	48529	42955	114639	66110	- 6574	72684
创新服务	100217	65389	112150	11933	- 34828	46761
职业服务	73402	56288	103856	30454	- 17114	47568
总计	534588	414029	672825	138237	- 120559	258796

资料来源：张景安等主编：《企业精神与创新集群》，复旦大学出版社 2002 年版。

（五）更重要的是创业投资家的参与，培养了创新文化，给创业者提供了一个创业的机会和平台

由于在追逐最新科技和市场创造的机会的过程中，大多数高科技企业难免会遭遇到失败，所以，一个使不成功的企业家蒙受羞辱的环境，同时风险回报又不够高，无疑将会是创业的巨大障碍。而在硅谷，创业投资家对创业企业的参与，为创业家提供了一个试错机制，使中小企业能够有将自己的技术、思想、发明转化为实际产品的机会，这种试错机制鼓励冒险，允许和容忍失败。创业投资家会将创业家的失败视为一次创业学习的经历，这种宽容态度，使不少企业家失败后又成功地东山再起。例如，伊拉汉（Kamran Elahian）是硅谷的一位著名创业家，他同时也是

六家公司的联合创始人。但他的创业经历并非一帆风顺。继
CAE Systems 和 Cirras Logic 两家高科技企业成功之后，伊拉汉在
Momenta 铩羽而归。但这次失败并没有妨碍这位创业家为其后来
创建另外三家公司获得创业资本的支持。他创建的 Centillium
Communications 是一家开发通讯芯片的半导体公司，到 1999 年，
已经进行了三轮融资，共获得了 6000 多万美元的创业投资。

在美国，"我们容忍失败"是硅谷最受人欢迎的经典名言之
一。对硅谷的人来说，风险似乎是稀松平常的事，冒险可以说是
家常便饭。可以说，硅谷代表着 20 世纪末的美国梦，就像过去
淘金热潮的美国西部一样，是一种结合戏剧与神话的心情，是一
种时代的文化。而创造这种文化的功臣之一就是创业投资。

183

可见，创业投资家倡导的鼓励冒险、容忍失败这种独特的硅
谷创新文化，对硅谷的创新精神和创新环境形成起到了十分重要
的作用，给大量的创业者提供了创业的机会和平台，也鼓励和带
动了一批又一批观望者加入创新的队伍，使硅谷地区的创新像波
浪一样不断涌现。

以上分析表明，美国特别是硅谷创业投资与产业集群、区域
创新共生，首先是高技术企业在人才密集、社会氛围开放的地区
（以硅谷为代表）落地生根，形成了生机蓬勃的高技术产业集
群，并为创业投资提供了市场机会，也降低了创业投资的风险和
交易成本，促进了创业投资行业在同一区域的集聚，创业投资家
的加入也有利于充实区域创新网络、改善区域创新环境的质量，
因而又有利于区域产业集群的进一步发展，促进创业投资、产业
集群和区域创新的共生。

高科技产业集聚的特点对创业投资的吸引与创业投资对高科
技产业集聚的支持之间是相辅相成的，创业投资有利于集群内高
科技企业的发展和技术进步，集群自身的特点也构成了对创业投

资强有力的吸引。

1. 产业集聚所特有的社会关系网络，有利于降低创业投资企业的风险性提高技术创新的成功率。产业集聚所特有的社会关系网络，使得集群中各个企业的创新成果在集群中迅速扩散，技术创新企业可以借鉴别的公司的创新成果，甚至可以在别的公司创新成果的基础上再进行研发，这降低了企业的创新风险，提高了创新效率，缩短了创新周期。创业投资企业只需要承担少量风险，便可以获得技术创新成功后所带来的成果。

2. 产业集聚中所广泛存在的企业家精神也是吸引创业投资的有利条件。企业家精神的本质特征主要是自治、创新、冒险、预见性和竞争性进攻。其中创新意识是企业家精神的灵魂和精髓。而创业投资企业评价一个创业投资项目，不仅会考虑项目的技术含量，而且也非常注重企业家的综合能力。因为整个企业家精神是影响一个创业投资项目能否成功的最重要的因素。在集群中有许多企业都是靠具有企业家精神的企业家白手起家创立的，集群中广泛存在着企业家精神，这也是吸引创业投资的有利因素。

3. 集群中弹性专精的特点，使各个企业的技术创新专注于某一环节或某一点，获得技术创新的成功率很大。在产业集聚内部各个企业之间形成了密切的劳动分工和高度的专业化协作体系，大多数企业只作为工序型企业存在，专门生产某一产品的某一个环节，有利于企业在单个生产环节上的技术创新，并且降低了企业技术创新所需要的资金和技术创新的风险。这种低风险、高成功率的创新模式，获得了创业投资企业的青睐。

4. 集群中机构的稠密性和同质性，可以减少创业投资企业对集群内企业投资时的评估成本。一个产业集聚包含了大量的中小企业，这些中小企业在区位上保持高度的集中，而且集群中企业处于同一生产领域，在生产内容上具有同质性，也就是说，产业集聚将一个价值链的大部分环节整合到了一个相对狭小的区域。集群中从事同一行业的企业数很多，创业投资公司只需要了解分析几家企业的信息就可以通盘了解整个行业的情况，使得创业投资公司在对集群中的企业进行投资时减少了一次次对单个企业进行评估的成本。只要创业投资公司在一家企业投资成功，这便会产生连锁效应，使得整个集群的这个行业都会比较容易地获得创业投资。

目前世界许多国家为了促进本国的高科技产业发展，都试图复制美国硅谷的模式，但真正成功的并不多①。其实模仿硅谷，最为关键地是了解硅谷地区创新机制形成的原因和动力，努力去营造类似硅谷的创新环境和创新精神，因为有了硅谷的创新环境，才有硅谷高技术企业的集聚，也才有创业投资的集中，而后高技术企业与创业投资的相互需求又巩固和加深了硅谷高技术产业的发展，使之成为推动加州及美国经济增长的强大引擎。要形成硅谷式的创新环境需要从多个方面入手。其中最为关键的一条是培育并形成区域创新系统。区域创新系统是指在一个经济区域内与技术创新的产生、扩散和应用直接相关，并具有内在相互关系的创新主体、组织和机构的复合系统。具体来讲就是，某区域内由参加新技术发展和扩散的企业、大学和研究机构以及政府中介组织和金融市场组成的，为创造、储备和转让知识、技能和新产品的相互作用的网络系统以及协调各要素之间关系的制度和政策网络。构成区域创新系统主要有主体要素、功能要素和环境要素。主体要素包括区域内的企业、大学、科研机构、中介服务机

185

---

① 参见钱颖一、肖梦主编：《走出误区——经济学家论说硅谷模式》，中国经济出版社 2000 年版，第 129～138 页。

构和地方政府；功能要素包括制度创新、技术创新、管理创新和服务创新；环境要素包括体制、机制、政府或法制调控、基础设施建设和保障条件等。区域创新系统可以看成是发展区域经济的一种制度性手段。它可以激活资源和信息，增加灵活性，减少不确定性，使企业更好地控制环境，区域创新系统是区域创新的主体，它决定一个区域创新的绩效，从而决定经济持续增长的水平。区域创新系统获得成功的前提是基于本地的创新网络，即建立在企业间以及企业与科研机构间长期的合作基础之上的。无论是国家创新系统还是区域创新系统，其目标都是通过知识有效的积累、传承与增长来促进技术创新，从而导致生产率的大幅度提高；其方式是通过创新系统的主体构成有效的网络、互动创新。区域创新系统的有效运行会加速形成产业集聚和空间集聚、产生集聚经济性。

186

第八章 专业化、机构化与
美国的创业投资

　　自 20 世纪 50 年代以来，创业投资（Venture Capital）在美
国得到蓬勃发展，创业投资的出现对美国新经济的形成和发展起
了重大作用，它解决了高新技术企业成长过程中急需资金却又难
以从传统的融资渠道融集资金的矛盾，是扶植高科技产业，推动
高新技术产业化的功臣。美国创业投资行业的巨子——KPCB 公
司（Kleiner Perkins Caufield & Byers），是一家成立较早的创业投
资机构，在它成立后的 30 年间为其投资者创造了巨额的财富，
并首次建立了美国创业投资行业的交易规则，它在美国的创业投
资行业拥有其他公司所无法比拟的地位和权威，被誉为美国最好
的两家创业投资机构之一。[①] 本章拟从 KPCB 的发展历程入手，
分析 KPCB 以及美国主流创业投资机构的特点，并试图对美国创
业投资的运行机制、发展规律做一探讨，以期对我国创业投资的
发展带来一些有益的启示。

---

　　① 另一家创业投资机构是 Sequoia Capital（参见 Josh Lerner & Felda Hardy-
mon，2001，Venture Capital and Private Equity，p127，John Wiley & Sons）。

第一节　KPCB 的基本情况

　　坐落于硅谷的 KPCB 公司成立于 1972 年，是一家私人合伙企业，当时起名为 KP（Kleiner & Perkins），以其两位创始人克莱纳（Gene Kleiner）和帕金斯（Tom Perkins）的名字而命名。这家新成立的创业投资公司，当时通过 4 个月的时间募集到 800 万美元的基金，其中富有的贵族后代亨利·希尔曼（Henry Lea Hillman）承诺提供 400 万美元，洛克菲勒大学和两家保险公司各投资了 100 万美元左右，剩余的钱则来自富有的个人和贷款。KP 的投资目标是具有巨大市场潜力的行业，它广泛地投资于个人电脑、基因、网络等高新技术产业的重要支柱领域。如 1973 年投资协力电脑公司（Tandem Computer）150 万美元，3 年后这家公司股票公开上市，使得投资者获益超过 8 倍以上，而 1976 年 KP 投资 20 万美元于生产胰岛素以用来治疗糖尿病的基因科技公司，该公司 2002 年市场价值 1.6 亿美元，资本扩张了 800 倍。

188

表 8 - 1　KPCB 1976~2003 年投资的公司数目

年份	1976	1977	1978	1979	1980	1981	1982	1983	1984	1985	1986	1987	1988	1989
数目	1	0	0	0	2	2	5	3	2	2	5	6	8	3
年份	1990	1991	1992	1993	1994	1995	1996	1997	1998	1999	2000	2001	2002	2003
数目	4	7	4	12	3	11	13	13	18	23	14	5	2	5

资料来源：Jerry Sanders（2004），External Networking and Innovation，UCD Lecture。

　　KP 投资的许多企业后来都成为行业中的佼佼者，如康柏公司、太阳微系统公司、莲花公司以及网景科技公司、美国在线、奋扬、亚马逊书店、谷歌（Google）等。在其投资的 200 多家公司中，已经有 10 家进入了 500 大企业的行列中。KP 1976 年以来投资的企业数量以及在 20 世纪 90 年代对互联网产业的一些投资回报情况分别见表 8 – 1 和表 8 – 2。

表 8 – 2 KPCB 投资的部分互联网企业及投资回报

公司名称	投资额（万美元）	投资年份	市值（亿美元）	回报率
Google	1200	2000	20	166 倍
@ home	640	1995	5. 95	87 倍
网景公司	500	1995	3. 98	80 倍
亚马逊公司	800	1996	3. 25	44 倍
奋扬 excite	300	1994	2. 18	72 倍
REMBUS	280	1990	1. 44	51 倍

资料来源：根据［美］大卫·卡普伦《硅谷 108 将》（陈建成、陈信达译，上海人民出版社 2003 年版）及相关资料整理而成。

在 KP 成立十年后，当初募集的 800 万美元的基金价值达 4 亿美元，平均每年有 47% 的红利。在 1978 年，由于新加入了两个成员加菲尔（Frank Caufield）和拜尔斯（Brook Byers），KP 改名为 KPCB（但人们还是习惯于沿用 KP 这个名字），并在此后成立了一系列新基金。在此后的二十几年中，KP 不断有新的合伙人加入，目前 KP 拥有 12 位合伙人。KP 自成立以来募集的基金金额情况见表 8 – 3。

表 8 – 3 KPCB 1972 ~ 2004 年发起成立的创业投资基金情况

基金名称	成立年份	募集金额（万美元）
KP	1972	800
KPCB Ⅰ	1978	1500
KPCB Ⅱ	1980	6500
KPCB Ⅲ	1983	15000

续表

基金名称	成立年份	募集金额（万美元）
KPCB IV	1986	15000
KPCB V	1989	15000
KPCB VI	1992	17300
KPCB VII	1994	25500
KPCB VIII	1996	32800
KPCB IX	1999	45000
KPCB X	2000	100000
KPCB XA	2002	63000
KPCB XI	2004	40000

资料来源：根据 NVCA 及相关资料整理。

190

　　不断成立的新的创业投资基金，为 KP 注入了新鲜的血液。到 2003 年年底，KP 投资的公司股票市值高达 2000 多亿美元，收入 100 多亿美元，员工达到 16.2 万人。尽管 KP 取得了如此骄人的业绩，但它也不是常胜将军，在 KP 的投资项目中也有很多失败的记录，因为高收益必定对应着高风险。据 1998 年刊登在《财富》（Fortune）杂志上的一份图表显示，从 1990 年至 1997 年，KP 共完成了 79 家信息技术公司和生命科学公司的投资和上市，其中 55 家已经关门大吉，有 5 家因为获利比市场平均价值低而上了黑名单，投资 GO 和 Dynabook Technologies 则是 KP 最有名的两次失败记录。不过，KP 成功的投资项目获得的收益足以弥补失败项目所带来的损失，这也验证了创业投资行业高风险、高回报的特点，即你可能在一夜之间损失掉所有的财产，但是一个项目一旦成功，就可以获得上千倍的回报。

第二节 KPCB 的特点

一、KP 合伙人的背景

现代经济学的理论表明,人力资本对企业的生存和发展有着至关重要的意义,尤其是对创业投资这样的特殊行业,其合伙人的背景及水平几乎决定了企业的成败。对 KP 而言,它的合伙人无一例外地拥有技术和管理方面的双重背景,他们有冒险精神,勇于面对挑战,不安于现状,并且拥有企业家的工作热忱。如克莱纳、帕金斯、拜尔斯、道尔、维诺德·科斯拉(Vinod Khosla)等都有工程技术学习的背景,克莱纳是电子、电脑业界的"西点军校"——仙童(Fairchild)公司的八位创始人之一。仙童公司成立于 1957 年,由八位天才的科学家创立,是第一家专门研制硅晶体管的公司,不久又发展为一家微处理公司,在世界占领先地位。后来由于管理方面的原因,仙童公司的创立者和员工们相继离去并在附近创立新的高科技公司,今天,硅谷至少有一百家以上的公司其创办人可以追溯到仙童公司的员工,因此,仙童公司可以称得上是硅谷科技企业的"鼻祖"。克莱纳离开仙童公司后,从事过多种工作,他逐渐认识到他的真正兴趣在于建立一群新公司,而这正是创业投资所从事的内容。帕金斯是毕业于麻省理工学院的工程师,并且在哈佛大学取得 MBA 学位,他曾受教于美国创业投资的先驱——乔治·多瑞特(Georges Doriot),他还在惠普、光学科技公司和旧金山的一家顾问公司工作过,并像克莱纳一样,希望能够成立更多的新公司,因此进入创业投资界。

191

约翰·道尔（John Doerr）在休斯敦的莱斯就读工业学校，并同样取得哈佛的 MBA 学位，在进入 KP 之前，他是英特尔的一流行销人员。拜尔斯拥有工程学位和斯坦福大学的 MBA 学位，他对创业投资深感兴趣，并写了斯坦福大学第一篇关于创业投资的报告。加菲尔毕业于哈佛大学，毕业后曾在曼哈顿从事企管顾问的工作，后来投身于创业投资并成功地管理着一份创业投资基金。科斯拉生于印度新德里，天资聪颖，先后在世界知名学府——印度技术学院、美国卡内基·梅隆工学院和斯坦福大学商学院取得学位，一毕业就和志同道合的博士生安迪·贝赫托西姆把一个看似不可能的大胆想法变成现实，在 1982 年创立了太阳微系统公司。1984 年，科斯拉退出该公司管理层，随后加入 KP。

KP 的创业投资家们都十分重视团队精神，他们有实际运作经验，有出任公司高级主管的经历，这些管理经验使他们在创业投资的决策过程中能做出正确的判断。

二、KP 的管理方式

相比于 20 世纪 70 年代其他创业投资公司只是把金钱交给所投资的公司而静观其发展而言，KP 已经认识到它们必须管理所投资的公司。KP 会帮助组织和改造所投资公司的领导班子，并安排合伙人在其中任职。一方面合伙人借助技术与管理双重背景的优势能够帮助公司制定发展战略，参与公司重大决策，充分利用合伙人丰富的经验和广泛的关系网络为企业提供增值服务。另一方面，合伙人参与管理有助于实现 KP 目标与所投资公司目标的一致，减少其中由于信息不对称可能造成的创业企业家的道德风险，赢得更多利润。

三、KP 的投资方式

1. 资金来源

KP 每隔几年就会成立新的基金，筹集上亿资本。相比 KP 在 1972 年成立时花四个月的时间才辛苦地募集到 800 万美元的基金而言，现在 KP 募集资金显得相当容易。KP 能够吸引到源源不断的资本，众多机构和富有的个人都希望成为 KP 的投资者，但他们并不是都有机会，因为 KP 对投资者的选择相当苛刻。KP 能够吸引大量资金，源于其卓越的赢利能力和合伙人所享有的极高声誉。自 1989 年起，KP 每年的利润通常超过 30%，在创业投资基金排名上名列前茅，合伙人丰富的经验和知识为其带来的卓越的声誉，也使得融资变得非常容易。KP 的众多投资者除了有一部分来自内部合伙人外，在外部主要包括一些大公司、养老基金、大学以及富有的家庭和个人。如哈佛大学、麻省理工学院、通用汽车公司、福特公司和许多著名大公司的退休基金。KP 将众多投资者按其投资金额划分了一些等级，最高为 2000 万美元的等级，下面有 1500 万、1000 万、500 万、400 万、200 万、100 万等，而最低的投资等级为 20 万美元，相对于过去的投资规模而言，现在的投资越来越趋向大型化。

2. 投资和筛选标准

KP 一直探索着筛选项目和进行运作的黄金法则。在项目投资、退出时机的选择方面，KP 的几个克莱纳定律是："在冒险之前先知道冒险的内容"、"如果谈判不易达成，而关系也不是很好，那么就不值得投资"、"当有钱可以拿的时候，绝对不要迟疑"、"经济恐慌时就是最好的回应时机"、"如果没有两个买主竞争时，千万不要卖掉任何东西"。从中可以看出，在筛选投资项目时，KP 倾向于那些对项目计划、申请者的资质和所面临的科技与市场风险有充分的了解，较易达成一致或与申请人有着友好关系的投资项目；在退出时机的选择方面，KP 认为，当项目取得了预期的利润时，就应果断地退出而不要太贪婪；而当遇到了比较失败的项目时，也应该尽快果断地退出，以防止损失进一步扩大。在公司经营方面，创业投资家们也尝试建立自己的商业法则来引导公司，如一个项目往往是一个合伙人主要负责，但最后必须所有合伙人一致同意才能通过；合伙人可以用自己的钱投资新公司，但必须视为私人投资而不能和公司有所牵连，且若公司拒绝了一项投资，合伙人绝不能用自己的钱再投资该项目，以防止他们变成自己公司的竞争对手；KP 在所有投资伙伴赚回其投资金额前，绝不会收取报酬，也绝不会将所得到的利益再作重复投资；KP 还向任何对其提供新技术信息的个人提供奖金，从而掌握科研和市场发展的新动向。

四、KP 的 Keiretsu 结构

Keiretsu 是 KP 独创的组织结构，即 KP 财阀集团，随着科技的发展、互联网的流行而推行开来。Keiretsu 起源于日本，是指一种有规律、策略上的企业联合，通常是原料供应者和制造者间经由合约联合起来。KP 的 Keiretsu 结构建立起了企业联盟网络，它联合了企业界的众多领导者，并形成了一个广泛的网络，而 KP 处于这一体系的中心。这种结构有利于 KP 所属的公司在技术、人才、信息、资金等众多方面的交流，分享管理经验和各项资源，从而让公司快速前进。KP 的 Keiretsu 结构包含了超过 175 家公司和数千名总经理，KP 相信，独占的高科技公司已经不再存在，Keiretsu 是让公司运作更好的一种方式。例如 KP 投资的各个网络科技公司是相互关联的，各个公司的董事分别兼任其他

有关公司的董事，从而使他们将个人所总结的关于市场趋势的分析同大家共享，共同扩展客户，共同占领市场。因此，在网络科技时代 KP 投资了那些可以在技术上相互配合、相互促进、共同抢占市场的网络科技公司，包括网景、美国在线、奋扬、亚马逊书店等。

　　道尔对此有精辟的解释，他认为，在新经济时代，"创业投资的关键是团队。能网罗到人才方能抓住机会。唯有这种资源是竞争对手模拟不了的。旧式资本主义经济中，企业的竞争优势建立在劳动力和自然资源的基础上，这样的时代已一去不复返。如今，我们生活在以自己创造的知识为动力的经济之中，这一新的现实在各个层面改变了我们的经营观。举例来说，我们在看世界地图时，看到的不再是实际的距离，甚至也不是一个个的国家，而是在各处之间不断流动的国际互联网邮包或电子信件。在新经济中，创业资本就是向那些发送这些信息、交换这些观念的企业家投资。原因很简单，我们生活在知识经济中，就必须投资于创造知识和分享知识的人。"

195

第三节　从 KP 的发展历程看美国创业投资机构的成功经验和发展趋势

一、人力资本是创业投资成功的关键

　　人力资本是创业投资成功的基础和关键。美国创业投资行业多年的成功经验是：宁愿投给第一流的人和第二流的项目，也不要投给第一流的项目和第二流的人。由于对高科技创业企业投资有很大的风险，既面临高度的市场和技术的不确定性，又面临高度的信息不对称，尤其是对项目前景的判断等知识属于隐含知识（Tacit Knowledge）。创业投资家作为知识经纪人，要把隐含知识转化成编码知识，一个重要的因素是其专业知识和专业水平的高低，而这些专业素养是多年实战经验的积累。我们从前面的分析可以看出，KP 的巨大成功来自它的几个重要的合伙人。

最早，在美国从事创业投资活动的机构主要有三种组织形式：一是以有限合伙（Limited Partnership）形式存在的创业投资基金；二是大企业附属的创业投资机构；三是小企业投资公司（Small Business Investment Companies，SBIC）。我们从表 8 - 4 的统计数据可以看出，1980 年，三种组织形式筹集的资金分别占创业资本总量的 40.0%、31.1%、28.9%，基本上三分天下。然而从 1982 年开始，有限合伙基金的份额就开始逐年上升，到 1988 年就达到 80%，从此，其份额一直稳定在 80% 左右的水平①，成为美国创业资本市场中占主导地位的组织形式。目前我们谈论的创业资本就是指以有限合伙制形式存在的创业投资基金，这种组织形式也被称为正式的创业资本（Formal Venture Capital）。从事创业投资活动的其他组织形式则称为非正式的创业资本（Informal Venture Capital）。

美国创业投资组织形式的机构化和专业化，是美国创业资本发展历史上的一次重要的制度创新，促使美国的创业资本发

---

① 1989～1994 年，有限合伙制创业投资基金占创业资本总量的比例分别是 79%、80%、80%、81%、78%、78%（见 Gompers，P. A and J. Lerner.，1999，The Venture Capital Cycle. p9. Boston，MA：MIT Press）。

196

展成为一种系统化的融资、投资制度，并已形成了一套完整的进入、评价、投资、监控、退出等的市场体系，从根本上解决了技术创新和创业企业由于高度不确定性、信息不对称等原因带来的代理问题和激励问题，从而在投资者和技术创新之间建立了一个互相沟通的中介，承担和弥补了创业企业融资困难的缺口。

表 8 - 4　美国创业资本市场的结构（单位：百万美元）

年份	1980	1981	1982	1983	1984	1985	1986	1987	1988
创业资本总计	4500	5800	7600	12100	16300	19600	24100	29000	31100
有限合伙基金	40.0%	44.0%	58.0%	68.7%	72.0%	73.0%	75.0%	78.0%	80.0%
大公司下属创业投资机构	31.1%	28.0%	25.0%	21.0%	18.0%	17.0%	16.0%	14.0%	13.0%
小企业投资公司	28.9%	28.0%	17.0%	11.0%	10.0%	10.0%	9.0%	8.0%	7.0%

资料来源：Sahlman，W.，1990. "The Structure and Governance of Venture Capital Organizations," Journal of Financial Economics 27，pp 473~521。

有限合伙制基金的优势和其产生原因很多，有一个最重要的特点是它体现了创业投资家的人力资本价值。现代经济学理论表明，分工可以通过促进专业化从而提高了社会效益。有限合伙企业是从事对创业企业投资的专业机构，其合伙人——创业投资家在这类活动上积累了大量经验，从而能够有效降低收集加工相关信息的成本，提高监督控制活动的效率，为投资者带来了收益的增加。有限合伙制基金的制度设计恰恰体现了创业投资家自身的人力资本价值。通常，有限合伙制基金由普通合伙人和有限合伙人依合约组成，其存续期通常为 10 年。有限合伙人提供创业投资基金约 99% 的资本，但不负责具体经营，一般分享 80% 左右的投资收益，且只承担有限责任。普通合伙人通常是创业投资的专业经营管理人员，负责统管投资机构的业务，并参与创业投资所投企业的经营决策，提供创业投资基金约 1% 的资本，分享 20% 左右的投资收益①，并收取基金承付资本② 2% ~ 2.5% 左右的管理费，但承担无限责任。

从下图 8 - 1 中可以看出，有限合伙制是典型的人力资本分享剩余。普通合伙人担当着创业投资家的角色，负责基金的募集和日常管理，选择投资项目，设计投资方式和投资工具（普通股、优先股、可转换债券等），把资金投入创业企业，参与监督管理所投资的创业企业，向企业提供资本、技术、商务、财务及经营上的支持，设计创业投资从创业企业的退出方式。所有这些活动都需要普通合伙人具有高度专业性的经营管理能力即管理型人力资本，其实际人力资本的大小体现在投资活动的结果即投资基金的收益上。普通合伙人出资 1% 却分享 20% 左右的投资收益，这意味着普通合伙人对基金注入除了 1% 的资金外，还有 19% 的人力资本（创业投资家的专业特长、经验和管理能力），从而要求相应的资本权利，获取 20% 的基金利润。这一制度安排不是通过人力资本产权股份化的方式，而是通过合伙契约的方式明确规定下来，并且在整个存续期内不能改变，可以称其为创业投资家人力资本的间接定价机制，也就是指人力资本所有者凭借其实际人力资本获得相应份额的不确定的企业剩余（利润）。

保罗·戈普斯和乔希·勒纳（Paul Gompers & Josh Lerner, 1999）的研究表明，不同基金的普通合伙人之间对利润的分享比例（份额）存在较大差异。在研究的 419 个样本中，分享比例分布在 0.7% ~ 45% 之间，但介于 20% ~ 21% 之间的基金占了整

198

---

① 在创业投资行业，这部分收益通常称为附带权益（carried interest）。

② 承付资本（Committed capital）是指承诺向一只创业投资基金提供的资本。该资本通常不是一次性提供完毕，而是从基金成立年份起，在 3 ~ 5 年内陆续投入。

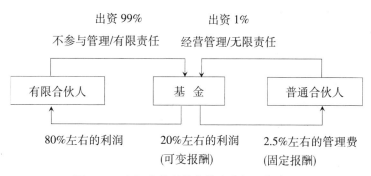

出资 99%　　　　　出资 1%

不参与管理/有限责任　　经营管理/无限责任

| 有限合伙人 | 基　金 | 普通合伙人 |

80%左右的利润　　　20%左右的利润　　　2.5%左右的管理费
　　　　　　　　　　（可变报酬）　　　　（固定报酬）

图 8 - 1　有限合伙制基金的出资与利润分配

个样本的 81%。其中，规模较大、寿命较长的创业投资机构的普通合伙人的分享比例较高，如规模最大、寿命最长的那些机构的普通合伙人的分享比例要高出其他一般普通合伙人约 1 个百分点，并且其报酬对业绩更具敏感性。经验研究说明，如果有限合伙人对普通合伙人真正的投资经营管理能力不太了解，就会在合伙契约中签订类似的报酬条款。如果创业投资机构的规模较大、寿命较长，就说明这家创业投资机构具有较高的信誉，而信誉背后则间接地显示了其普通合伙人通常具有更广泛的投资经验和更好的投资能力，因为寿命较长意味着普通合伙人的投资能力强，可以持续募集设立新的基金；规模较大意味着投资者（有限合伙人）愿意提供较多的创业投资给那些有良好记录的普通合伙人。这种信号显示机制使得他们可以获得较高比例的利润份额。

　　为了进一步说明美国创业投资行业对创业投资家（普通合伙人）的人力资本的间接定价机制，我们以 KP 的情况具体分析。从表 8 - 3 可知，自 1972 年以来，KP 发起成立的创业投资基金共有 12 只，在发起成立 KPCB Ⅷ 基金之前，KP 作为普通合伙人通常对每只基金出资 1%，其管理费为基金承付资本的 2%，附带权益为 20%。但由于 KP 的年均投资收益超过 30%，在美国创业投资行业一直名列前茅，吸引了无数投资者（有限合伙人投资）对其投资，这就使 KP 在成立新基金时处于有利地位①，因而在 KPCBⅧ基金成立时，KP 要求将其附带权益从原来的 20% 提高到 30%，从而使其人力资本收益由 19% 提高到 29%，这并没有遭到有限合伙人的反对。此后，KP 再发起的新基金均采用收取 30% 收益的标准。KP 发起的创业投资基金收益分配制度的变化充分体现了人力资本价值在创业投资行业中的重要地位。

人力资本重要性充分反映了美国创业投资这种特殊中介行业的本质特征。一些著名的创业投资基金之所以大获成功，都是由于拥有几个经验丰富的普通合伙人，像 KP 的声誉和知名度就主要在于它的合伙人，除了老的合伙人克莱纳、帕金斯等之外，新的合伙人也是声誉卓著。比如，约翰·道尔被誉为美国最有影响力、最具创意、最不拘传统的创业投资家之一，而维诺德·科斯拉则在 2001 年和 2002 年《福布斯》公布的 100 名最好的创业投资家中连续两年名列第一。其他创业投资机构亦是如此，像1995 年成立 Benchmark，在不到 5 年的时间就成为一家主流的创业投资公司，其原因在于这家公司拥有一批经验丰富合伙人，他们以前分别是两家著名的创业投资公司 Merrill Pickard 和 TVI 的合伙人。他们带着个人的声誉和社会关系来到 Benchmark，使得这家新成立的公司很快就名声大振。由此可见，信誉是一种有价值的资产，有限合伙制要想继续保持成功，就必须有效地维护

---

① 由于人力资本具有不可让与性（inalienable）以及稀缺性，Gompers & Lerner（1999，p476）认为，在创业投资基金来源（有限合伙人）快速增加的情况下，创业投资家（普通合伙人）短期往往不能大量增加，这就会产生创业投资服务供不应求的现象，从而造成普通合伙人报酬的提高以及在基金募集过程中具有谈判优势地位。

合伙人和团队的稳定性，并积极培养新的合伙人加盟，以防止合伙人一旦离开或退休给公司信誉带来的不利影响。在这方面 KP 无疑是成功的，1978 年 KP 又引入了两位优秀的合伙人加菲尔和拜尔斯加盟，并将公司改名为 KPCB，加菲尔和拜尔斯都有创业投资方面的知识背景和经验，为 KP 的发展注入了新的力量。而著名创业投资家约翰·道尔自 1975 年向 KP 提出加入的申请后，历经 7 年的时间才最终如愿以偿。

二、基金规模大型化是美国主流创业
   投资公司的发展趋势

信誉越高的合伙人越容易吸引到资金，因此他们的后续基金成立的时间就较快，有的只用几周时间就可以完成。这样首先会导致筹资周期的明显缩短。如前所述 KP 在 1972 年成立时花了四个月的时间才辛苦地募集到 800 万美元的基金，而现在 KP 新发起的基金其募集资金往往不到一个月就能完成。

其次，合伙人较好的信誉还会导致基金规模的大型化。到 20 世纪 90 年代美国创业投资行业出现了巨型基金。这些巨型基金的发起人均是一些著名的创业投资机构。美国 1978 年创业投资基金规模为 1700 万美元，1986 年为 5000 万美元，1999 年则为 1.7 亿美元。在 20 世纪 80 年代，巨型基金的概念是指管理 1 亿美元以上的创业投资基金，而进入 20 世纪 90 年代，上亿美元的基金已经变得司空见惯，随即出现的是 10 亿美元以上的巨型基金。在 1996～1998 年两年间，美国创业投资行业平均每年有 4 只超过 10 亿美元的巨型基金成立，到了 1999 年就诞生了 5 只，2000 年则猛增到了 19 只，这 19 只基金的规模总和超过了 1994～1996 三年间创业投资行业筹资的总和。1998～2000 年规模超过 10 亿的基金见表 8－5。

表 8 - 5　美国 10 亿美元规模的创业投资基金

年份	基金名称	基金规模（十亿美元）
1998	Summit Partners V	1.0
1999	Benchmark Capital III	1.0
	Meritech Capital Partners	1.1
	Oak Investment Partners IX	1.0
	Softbank Capital Partners	1.25
	J. H. Whitney IV	1.0
2000	Accel VIII	1.6
	APA Patricof Excelsior VI	1.1
	Baker Communications Fund II	1.1
	Battery Ventures VI	1.0
	Kleiner Perkins Caufield & ByersX	1.0
	Lightspeed Ventures Partners I	1.0
	Mayfield XI	1.0
	Meritech Capital Partners II	1.2
	Menlo Ventures IX	1.5
	New Enterprises Associates X	2.2
	Redpoint Ventures	1.25
	Softbank Technology Venture VI	1.5
	Sprout Capital IX	1.6
	St. Paul Venture Partners VI	1.3
	TA/Advent IX	2.0
	Technology Crossover Venture IV	1.7
	RHLee, Putnam Internet Partners	1.1
	U. S. Venture Partners VIII	1.0
	Vantage Point Venture Partners	1.62
	Western Presidio Capital IV	1.35

续表

年份	基金名称	基金规模（十亿美元）
2001	Atlas Ventures VI	1.0
	Austin Ventures VI	1.5
	Charles River Partnership XI	1.2
	Greylock XI Ltd.	1.0
	Oak Investment Partners X	1.6
	Summit Partners VI	2.1
	Whitney V	1.0
	Worldview Partner IV	1.0

资料来源：Paul Gompers & Josh Lerner, 2001, The Money of Invention: How Venture Capital Creates New Wealth, p235, Harvard Business School Press。

创业投资基金规模的大型化既有优势，也有不利之处。其优 203
势是：加大了对项目的投资量，每个项目的平均投资额有增加的
趋势，创业资本平均投资规模由 1994 年的 270 万美元，上升到
2001 年的 1210 万美元（见表 8 - 6）。KP 的投资规模也是随着基
金规模的扩大而增加。像 1996 年 KP 当年最大一笔投资是对网
景的投资（500 万美元），而到 1999 年向 Googl 投资时，则增加
到了 1200 万美元。

表 8 - 6　创业资本平均投资额　（单位：百万美元）

年份	创业基金规模（亿美元）	交易数量	单笔平均交易额
1994	27	1000	2.7
1995	38	1128	3.4
1996	101	2163	4.6
1997	122	2706	4.5
1998	16	2692	6.0
1999	356	4006	8.9
2000	898	5485	16.4
2001（1~3 季度）	254	2110	12.1

资料来源：Center for Venture Research—University of New Hampshire。

创业投资基金规模的大型化将会导致创业投资基金对技术创新投资力度的增加，从而加快了技术进步的步伐，进而促进了经济增长。创业资本的出现，对现代人类生活和工作产生了深远的影响。20 世纪人类社会最重要的三大科技成果（可编程电子计算机、晶体管及 DNA 技术）在走向商业化的发展过程中，创业投资都发挥了至关重要的作用。表 8－7 是 1980～2002 年美国创业资本对 IT 产业的投资份额，我们可以看出，创业资本对 IT 行业的投资比例一直较高，尤其是 1996 年以后高达 50% 以上，而表 8－8 则表明创业资本支持的最大市值上市公司都是高科技企业。像思科、微软、英特尔等公司过去都是一些名不见经传的中小型企业，如今则是业内佼佼者，它们分别领导了自 20 世纪 80 年代以来的软件和互联网浪潮，为社会创造了惊人的财富和价值，推动了生产力的发展。这说明创业资本是推动美国高新技术发展的主要动力之一，是美国由传统经济向新经济转型的功臣，有学者甚至将创业资本视为美国"经济增长的发动机"[1]。

表 8－7　创业资本对 IT 产业的投资份额　（单位:%）

年份	IT 行业	其他行业
1980	40.3	59.7
1981	43.6	56.4
1982	61.9	38.1
1983	55.8	44.2
1984	42.4	57.6
1985	54.2	45.8
1986	47	53
1987	38.2	61.8

①　见李京文:《迎接知识经济新时代》，上海远东出版社 1999 年版，第 328 页。

续表

年份	IT 行业	其他行业
1988	38. 3	61. 7
1989	35	65
1990	41. 5	58. 5
1991	41. 3	58. 7
1992	42. 7	57. 3
1993	49. 4	50. 6
1994	41. 3	58. 7
1995	44. 5	55. 5
1996	47. 9	52. 1
1997	52. 2	47. 8
1998	57. 7	42. 3
1999	59. 1	40. 9
2000	62	38
2001	63. 8	36. 2
2002	63. 3	36. 7

资料来源：根据 Venture Economics 数据整理。

表 8 - 8　2000 年年底创业资本支持的市值最大的前 20 位公司

（单位：百万美元）

公司名称	市值	销售额	利润	雇员	行业
思科系统	467096. 47	18928. 00	2668. 00	34000	计算机硬件
微软	422640. 00	22956. 00	9421. 00	39100	计算机软件
英特尔	202046. 70	33726. 00	10535. 00	86100	半导体
太阳微系统	145227. 99	15721. 00	1854. 00	38900	计算机硬件
美国在线	122051. 43	6886. 00	1232. 00	15000	电影产品
Amgen	66329. 28	3629. 40	1138. 50	7300	生物技术
戴尔电脑	65563. 45	31888. 23	2310. 15	40320	计算机硬件
硅谷图文	42826. 37	1645. 95	- 74. 24	4460	生物技术
Juniper 网络	40098. 43	673. 50	147. 92	1250	计算机硬件
Ariba	35503. 75	279. 04	- 792. 78	1680	计算机软件
Veritas	34377. 88	1207. 33	- 619. 79	4730	计算机软件

续表

公司名称	市值	销售额	利润	雇员	行业
Sycamore 网络	30203.79	198.14	20.40	5230	通讯
Ciena	30121.57	858.75	81.39	2780	通讯
Solectron	27413.76	14137.50	497.20	65270	半导体
康柏电脑	25419.45	42383.00	569.00	70100	计算机硬件
Brocade 通讯	25302.29	329.05	67.93	610	计算机硬件
Tellabs	23062.34	3387.44	730.80	7000	通讯
线性技术	20151.15	705.92	287.91	2820	半导体
Maxim 整合产品	19212.53	864.92	280.62	4180	半导体
雅虎	16884.35	1110.18	70.78	3260	计算机软件
总计	1861532.99	201515.33	30425.77	434080	

资料来源：美国证券数据公司。

206　　　当然，基金规模的大型化也有不利之处，其一会造成创业投资家介入管理、提供增值服务的力度会减小。鲍勃·齐德（Bob Zider，2000）认为，在 20 世纪 80 年代，创业投资基金的平均规模大约为 2500 万美元，拥有 2 ~ 3 个合伙人，每人管理 3 ~ 5 个投资项目，这样一来，就留给创业投资家们很多时间直接与所投资的公司一起工作，从而可以将他们的经验和产业专长传授给新创立的公司。现在创业投资基金的平均规模比 20 世纪 80 年代扩大了 10 倍，每个创业投资家管理的基金规模是 20 世纪 80 年代的 2 至 5 倍，在这种情况下，基金合伙人对产业和技术的了解通常不如创业者，所以鲍勃·齐德甚至断言，今天的创业投资基金仅仅是提供了融资服务，而没有其他的作用。

　　其二会造成基金投资的晚期化。由于受到利润和收益率的压力，创业投资基金不得不将资本更多地投向晚期项目，力争尽早从投资中退出，用较短的时间获取超额的投资利润。从表 8 - 9 中可以看出，1995 ~ 1999 年创业资本投资中后期阶段占较大比率。

表 8 - 9 美国创业资本投资的阶段分布 （单位:%）

年份	早期阶段	中后期阶段
1995	36.0	64.0
1996	26.9	73.1
1997	24.9	75.1
1998	28.0	72.0
1999	21.1	78.9
2000	63.8	36.2
2001	70.1	29.9
2002	61.5	38.5

资料来源：根据 Venture Economics 数据整理。

　　创业资本追求晚期投资和短期收益是诱发投机和股市泡沫的重要因素。众所周知，伴随着美国经济的持续增长，美国股市也进入了长达 5 年的牛市。1995～2000 年，作为高科技公司上市的纳斯达克市场，其指数上涨了 580%，股市的狂涨造成了大量的经济泡沫。例如，1996 年 4 月才开始上市交易的雅虎，在短短 4 年内，股价上涨了 1400%，2000 年 3 月时雅虎市值高达 1240 亿美元，超过了通用汽车、亨氏（Heinz）食品和波音公司三家市值的总和。形成股市泡沫的因素很多，但其中一个重要因素就是创业投资家加快了创业企业上市的步伐，缩短了创业资本对创业企业的投资周期。过去，一家创业企业从接受第一轮创业投资到公开上市至少需要 5 年时间，然而在经济泡沫时期，接受创业融资的创业企业在 1 年或 1 年半之后公开上市已经屡见不鲜。创业资本通过创业企业 IPO 产生了一种所谓的"互联网时间压缩现象"，过去大公司在股市上需要几十年才能完成的目标，此时则变得成为轻而易举。例如惠普公司花了 47 年的时间才达到 10 亿美元市值，微软用了 15 年，雅虎用了 2 年，而 ZetZero 则只用了 9 个月。

表 8 - 10　2002 年美国向投资者退资的一些创业投资机构

（单位：百万美元）

名称	基金最初规模	退还数额
Austin Venture	1500	670
Accel Partner	1400	450
Charles River	1200	750
Atlas Ventures	967	116
Benchmark Capital	750	250
Kleiner Perkins	630	160

资料来源：Venture Economics。

2000 年由于美国股市泡沫的破灭，使创业投资行业受到了前所未有的考验。创业投资家们在 IPO 市场大幅萎缩的情况下重新回归传统，开始了对早期项目的投资，所以从表 8 - 9 可以看出 2000 ~ 2002 年对早期项目投资的比重迅速回升。

20 世纪 90 年代，KP 的发展也不能免俗，其基金规模在逐步地扩大，并倾向投资于晚期项目（KP 在泡沫期间募集基金的规模见表 8 - 3）。在股市泡沫过后 KP 积极调整投资策略，缩减规模，2002 年 KP 发起的创业投资基金 KPCB XA 为 6.3 亿美元，但年底就缩减至 4.7 亿美元。由于缩减基金规模一方面减轻因投资者要求较高收益率带来的压力，另一方面还可以为创业投资家腾出更多的时间和精力，来应付前期所投资的公司因经济萧条所带来的各式各样的问题，因而许多老牌创业投资机构纷纷采取将资金退还给投资者的形式，缩减基金规模（见表 8 - 10）。表 8 - 10 所列的 6 家创业投资机构，都是近年来在美国创业资本市场业绩显赫的公司。2002 年，美国创业资本行业共有 26 家基金减资约 50 亿美元，而在 20 世纪 80 年代到 90 年代的二十多年间，创业资本行业还从未出现过这种减资的做法。缩减基金规模也是声誉卓著的创业投资机构在萧条时期为了保住自己已有的良好信誉，不得已采取的办法。

　　通过以上对 KP 及美国创业投资行业的分析，我们认为，美国创业投资之所以取得成功，其重要原因是采取了有效的组织制度，通过专业化和机构化形成一种人力资本的间接定价机制，从而解决了创业投资家人力资本的激励问题，为创业投资家投资的成功提供了动力。同时，美国强大的资本市场也为创业资本提供了最佳的退出渠道，为创业资本家带来了巨大收益，为创业资本进一步融资奠定了基础。随着创业投资家和创业投资机构信誉的增加，流入创业投资行业的资金迅速增多，又导致创业投资基金规模的不断扩大，促使创业资本家不断地寻找新的投资项目进行投资，从而加快了创新、技术商业化的过程，推动了技术进步，进而推动了经济的增长。

209

第九章　美国政府的公共政策与创业资本的发展

210
　　纵观整个经济思想史，对于政府在经济发展过程中的作用，一直是经济学中最富有争议的一个论题。伴随着对这一论题的探讨，逐渐形成了两种对立的传统观点：国家推动发展论和亲善市场论。国家推动发展论认为经济的成功应归因于强政府领导了经济发展，它克服了市场机制失灵；亲善市场论则认为成功经济体的出现恰恰在于政府对市场机制的不干预。美国自 20 世纪 90 年代进入新经济时代以后，世界各国政府就开始关注美国新经济成功的原因。美国新经济成功的因素可谓颇多，但经济发展过程中创业资本的发展却是一个不容忽视的重要因素，而美国政府的公共政策在创业资本发展中发挥了至关重要的作用，这主要体现在美国政府对创业资本发展的政策干预上。

第一节　美国政府干预创业资本的方式

　　在美国创业投资的发展过程中，我们不难发现美国政府在其中留下的明显印记。具体来说，美国政府主要通过资本的直接供给、经济激励、法规调整和支持知识型小企业发展政策等几种方式为创业资本的发展提供资助。其中，资本的直接供给主要通过政府直接对风险企业投资、补贴和贷款等形式来实现，经济激励则主要是指美国政府的税收激励和担保服务两种形式。

一、资本的直接供给

政府直接向创业投资机构或创新企业提供创业资本是美国政府最早实施的公共政策，主要包括政府补贴、提供贷款和权益投资等三种形式。

1. 政府补贴

政府补贴的主要例子是 1977 年美国设立的《小企业创新研究计划》。该计划规定国家科学基金会与国家研究发展经费的 10%，主要用于支援小企业的技术开发。据统计，从 1987 ~ 1993 年，联邦政府部门共为该计划提供了大约 25 亿美元的资助。1982 年，里根政府通过《小企业发展法》，规定 R&D 年支出额超过 1 亿美元的机构必须将支出的 1.25% 用于奖励小企业的技术创新。1992 年，修改这一法案时又将这一比例提高到 2.5%。1997 年，这笔支出达到了 1 亿美元。通过这两个计划，政府一方面为创业企业提供种子资金，另一方面促进了民间资本的加入。但是政府补贴业已可能起了外部效应，在其他欧洲国家也比较盛行。如英国 20 世纪 70 年代推出总金额 500 万英镑的《创新资助计划》，对符合条件的低于 2.5 万英镑的小企业项目，提供 1/3 ~ 1/2 的项目经费补助①。

2. 提供贷款

---

① 俞自由等：《风险投资理论与实践》，上海财经大学出版社 2001 年版，第 207 ~ 208 页。

1958 年，美国国会通过《小企业投资法》，允许在此基础上设立小企业投资公司，以鼓励向创新企业投资。该法案规定，对于小企业投资公司发起人投入 1 美元，政府提供 4 美元的低息贷款。小企业投资公司还可享受税收优惠。政府贷款极大地推动了创业投资业的发展。勒纳（1996）指出，从 1958～1969 年，小企业投资公司共投资 30 亿美元以上，超过同期总的私人部门对创业投资注入资本的 3 倍以上。但以政府贷款方式取得资本，尽管利息很低，但高风险项目的融资不适合高杠杆资本结构，这意味着小企业投资公司对投资于成熟产业，不能起到创业投资孵化高新技术企业的作用。其次，政府的贷款担保也使小企业投资公司的经营存在严重的激励问题。政府担保使公司的经理人在投资项目的选择上失去了应有的谨慎，投资后又缺乏对所投资企业的有效监督。这使小企业投资公司的经营暗藏着极大的危机。

3. 权益投资

美国的小企业投资公司制度，在其实施过程中经历了以提供贷款为主向以权益投资为主的转变。1992 年，美国通过了《小企业权益加强法案》后，政府对小企业投资公司的资本支持方式开始从由以贷款方式为主向以权益方式为主的转变。政府主要采取优先股的方式投资到 SBICs（小企业投资公司），这样政府可以享受到 SBICs 的累积分红并分享其长期利润。SBICs 由贷款方式变为权益方式提供资金后，养老基金等通常免税的机构，对 SBICs 的投资不再具有纳税义务。所以，《小企业权益加强法案》开始生效，小企业投资公司重新开始起到重要作用。截止到 1996 年，已有 71 家新的小企业投资公司成立，共募集了 9.4 亿美元的私人权益资本，超过了前 15 年投入小企业投资公司的私人资本总和。

二、经济激励

1. 税收激励

资本利得税是影响美国创业资本发展的一个重要因素。1978年和 1981 年两次减税后，创业投资承付资本的数量都有显著上升（图 9-1）。虽然 1986 年资本利得税重新提高后，美国创业投资在 1987 年承付资本的绝对额度并没有减少，但这期间美国创业投资的增长速度不但低于 20 世纪 80 年代前期的指标，而且与同期世界上其他国家的创业资本投资增长速度相比也是较低的。因此，我们认为 1986 年资本利得税的提高，虽然没有直接减少创业投资的规模，但创业资本的增长速度仍然受到了影响。所以，资本利得税与美国创业资本的发展具有一定的负相关关系。举例来说，在 1979 年 ERISA（《雇员退休收入保障法》）条款修正后，1981 年美国政府又颁布 401（K）养老计划，允许工人将工资收入放入该计划从而享受减免税优惠；到 2000 年 7 月，美国国会又通过一项法案，允许将个人退休账户年度免税储蓄额从 2000 美元提高至 5000 美元①。对于美国政府的减税政策是否刺激了风险投资的发展仍然有着不同的看法，但从实际效果来看，美国这一阶段风险资本的增加主要是来自于如退休基金、捐赠基金等免税的机构投资者。所以应该说，美国政府的持续减税激励，促进了美国创业资本数额的不断扩大。

2. 担保服务

美国的 7（a）计划是有关贷款担保的典型案例。美国的 7（a）计划是 1953 年实施的对新创企业和高成长企业的长期贷款

213

---

① 王晓津：《美国创业资本的形成机制及波动特征研究》，西南财经大学出版社 2005 年版，第 94~95 页。

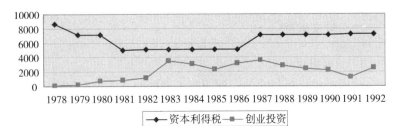

图9−1　美国创业投资和长期资本利得税边际最高税率走势图

资料来源：根据 Gompers，P. A. and J. Lerner（1998c），What Drives Venture capital Fundraising? Brooking Papers on Economic Activity—Microeconomics 整理。

的担保。这些企业除了小企业投资局的担保以外，往往没有其他任何信用担保。从1980～1991年，通过7（a）计划，SBA（小企业管理局）共对310亿美元贷款提供了担保，1997年的担保额达到80亿美元左右。美国政府通过实施7（a）计划，较好地促进了创业资本的发展。

三、法规调整

一般来说，法规管制措施的放松将会促进创业资本的发展，1979年美国劳工部对《雇员退休收入保障法》（ERISA）的修正就促成了创业资本数额的极大提高。1978年以前，该条款规定养老基金经理人必须以"谨慎人"的原则进行投资活动，因此，对初创期的企业进行投资被认为是不谨慎的投资行为。1979年，美国劳工部对ERISA的规定进行修正，指出谨慎人原则并不是进行单项投资所必须遵从的原则，它仅是指资产组合的多样化。这一修正使得养老基金可以投资于风险领域，促进了风险资本数额的提高。

四、支持知识型小企业发展政策

第一，美国政府于1953年专门成立了小企业管理局

（SBA），负责承担对小企业，尤其是知识型小企业的贷款信用担保。第二，1958 年由国会启动建立了小企业投资公司（SBICs），资金主要来自政府低息贷款和私人投资（税收优惠）。该公司虽由民间拥有并管理，但其业务及重大活动必须得到 SBA 的许可并受到它的监控。第三，政府于 20 世纪 80 年代初设立了小企业科技基金，由政府出约 50% 的经费支持合格的小企业开发新产品。每年美国有上千家的知识型小企业受惠于该计划。第四，政府政策性投入少量启动资金以带动民间和工商界的资金进入创业投资。美国于 1982 年出台的《小企业发展法》中规定，研究与发展（R&D）经费超过 1 亿美元的政府部门要将财政预算的 1.3% 用于支持小企业创新活动。美国政府还规定国家科学基金（NSF）的 10% 要用于支持小企业的 R&D。美国政府通过实施以上政策促进了风险投资业的发展，从而为美国高新技术产业的发展提供了重要支撑。

第二节　美国政府的公共政策对创业资本的作用

一、通过政府参与，扩大了对创业投资行业的直接资金投入

在发展创业投资初期，往往需要为其提供启动资金。1958 年开始的小企业投资公司计划，是联邦政府第一次对创业投资行业的直接推动。1977 年美国设立"小企业创业研究基金"（SBIR），规定设计研究与开发业务的政府部门应将预算的 1.25% 用于企业创新研究计划，1982 年又颁布了小企业发展法，

对发展创业投资进行政府补贴。另外，美国小企业管理局还设立了7（a）计划。该计划主要用于小企业管理局的贷款担保，由金融机构向有发展前景的小企业和新兴企业提供贷款。20 世纪80 年代，7（a）计划为约 310 亿美元的贷款提供了担保。

二、推动高新技术发展，营造有利的科技环境

216

早在 20 世纪 80 年代，美国政府已经意识到科技创新对经济发展的重要性，并开始进行产业结构调整。进入 20 世纪 90 年代以来，以信息技术为代表的技术创新使美国经济进入了一个全新的时代，1993 年美国政府制定了一项总投资为 4000 亿美元的军民两用的"信息高速公路计划"的政策报告，该报告列出了发展高科技的首要战略目标；1997 年 7 月 1 日，克林顿总统宣布了《全球网络贸易框架》，将以高技术为载体的国际贸易新形式的触角伸向世界各地。这一系列举动说明美国政府对高科技发展的高度重视。目前，美国的信息产业在国民经济中占有很大的比重，互联网技术、航空航天、通讯、基因工程等方面也处于世界领先地位。1994 年至 1996 年间，高新技术对美国 GDP 的贡献率已达 27%，高新技术是风险投资技术项目的主要来源，风险资本最初就是为发展高新技术产业而产生的。美国高新技术的发展与风险资本市场的繁荣有着双向的拉动和促进关系，这种关系很好地推动了美国经济的迅猛发展。

三、美国的税收激励政策，对创业投资和高科技
企业的发展起到了间接的促进作用

政府税率对风险投资有着直接的影响，而资本利得税在很大程度上对风险资本家的利润大小具有决定作用，因此美国政府的税收优惠政策对美国风险投资业的发展具有重要的鼓励和推动作

用。1978 年美国政府把长期资本利得税从 49% 调低至 28%，基本恢复到了 1969 年的水平。这项税收措施立即起到明显作用，美国风险资本的净增值由 1977 年的 0.39 亿美元骤增至 1978 年的 5.7 亿美元，升幅近 14 倍。1981 年美国政府做出第二次调整规定，风险投资额的 60% 免除征税，剩下的 40% 减半征收利得税。事实上整体税率降为 20%，这种税收优惠政策使得美国的风险投资在 20 世纪 80 年代初，大约以每年 46% 的幅度激增（见图 9 - 1）。可以说，美国政府的税收优惠政策是推动风险投资走向鼎盛的最为关键的影响因子。

四、营造法律环境，促进创业投资产业的有序发展

在 20 世纪 70 年代以前，富有的个人和家庭是美国风险投资的主要资本提供者，这使得风险投资的来源较为有限，也就限制了风险投资的进一步发展，导致美国 20 世纪 70 年代风险投资出现了一定程度的衰退。1976 年以前的一段时间内，美国政府出于谨慎考虑，禁止养老基金投资于风险项目，1976 年，美国政府开始放宽养老基金投资范围的限制，允许养老基金将一定比例资本投资于新兴企业项目。在 1979 年美国政府修正 ERISA（《雇员退休收入保障法》）的"审慎人"条款，使养老基金逐渐进入风险投资领域，并逐步发展成为重要的投资者。同时政府还制定相关政策，允许保险基金、捐赠基金和公共基金等机构投资者将其部分资本投资于新兴企业，导致美国创业资本的供给者结构发生了明显的变化，很大程度地拓宽了风险投资的资金来源，这也折射出了政府对风险资本市场的间接引导作用。

五、加强行业监管，组建全国创业投资行业组织

美国对创业投资产生的监管构建了政府和行业协会相结合的

体系，形成了政府管行业协会、协会管行业的有效机制，避免了政府对企业的直接干预，也减轻了政府对企业事务过度操劳的负担。

美国于 1973 年成立了全国创业投资协会（NVCA）。作为全国创业投资机构的行业组织，共有 440 多家会员，平均每个会员的资本金为 1 亿美元。其职能主要是承上启下，为政府和创业投资机构服务：首先，直接对美国国会负责，向国会提交创业投资产业发展的报告，为国会出台和修改法律政策提出合理化和建设性的建议；同时，代表大多数创业投资机构的利益，宣传创业投资对美国经济乃至全球经济发展的重要作用。制定行业规则，促进会员之间的经验交流和国际交流。每年举办两次创业投资人才的培训，出版创业投资杂志，定期召开学术理论和实务操作经验的交流会。

218

六、美国的二板市场构成风险投资发展的重要支撑

美国的二板市场（NASDAQ 市场）成立于 1971 年，它被视为一板市场（纽约交易所）的重要补充。与纽约交易所相比，NAS-DAQ 的上市条件更为宽松，电子报价系统更为快捷，交易成本也更低。NASDAQ 为那些尚不具备在一板市场上市的成长中的高科技风险公司提供了融资便利，已经发展成为世界公认的高科技企业的融资摇篮。1990 年至 1997 年间，NASDAQ 市场为美国高科技产业提供了将近 750 亿美元的资本支持，相当于美国风险业总资本的两倍多。同时 NASDAQ 市场为风险资本提供了通畅的退出途径，风险企业通过上市可获得几十倍乃至上百倍的价值增值，从而实现投资收益。美国创业资本的发展见证了美国高科技企业的发展历程，一大批优秀电子通讯、计算机、生物制药等高科技企业借助于 NASDAQ 市场成长并壮大起来，有些甚至发展成为著名

的跨国公司。比如微软（Microsoft）、英特尔（Intel）、雅虎（Ya-hoo!）等的最初发展均得益于 NASDAQ 市场的有力支持。

<h1 style="text-align:center">第三节　美国政府的公共政策
对我国的启示</h1>

一、加大政府对创业投资产业的直接支持力度

透视美国政府的公共政策在创业投资中的作用，我们不难看出，政府对创业投资的干预方式是多样的，在创业资本的发展初期，美国政府资本金的注入发挥了至关重要的作用。当前阶段，我国的创业投资产业尚处于起步阶段，我国政府在创业投资发展中的作用还没有充分发挥出来，政府需要进一步加大对创业投资产业发展的资助力度。

219

二、更多地运用税收激励手段，增加创业投资人的收益

我国目前对创业投资产业的税收还主要集中在对被投资高新技术企业的减免上。对创业投资机构和创业投资出资人的税收优惠仍然较少。正如前文已经提到的，美国对创业投资规模影响最大的当属资本利得税率的高低。一般条件下，资本利得税率与创业投资总规模存在负相关关系（有个别反例）。因此，我国政府应在现有基础上出台更多给创业投资人税收优惠的政策，增加其资本回报率，从而达到运用经济激励手段调节创业投资规模的目标。

三、建立全国性创业投资协会，开展行业自律

对比美国的情况，我国还缺乏全国性的创业投资协会这样一

个连接政府和创业投资机构之间的中坚力量。虽然目前，我国各地方已经建立起来了多个地区性的创业投资协会，但全国性的创业投资协会还是空白。由于全国性的创业投资协会有利于减轻政府对创业投资的行政干预，可以根据全国创业投资产业的发展状况，为政府政策提供参考，并为已建立的各地区性协会构建协调机制，所以，我国应加快建立这一协会的步伐，为促进我国创业资本的进一步发展扫清障碍。

四、建立我国风险投资法律支持系统

220

比较美国的经验，我国的风险投资需要在诸多环节上加强法制建设。当前迫切需要解决好以下几个方面的问题：第一，建立和规范风险投资运营机制的法律制度。风险投资是为风险企业提供创业资本，通过管理上的参与将科技成果转化为现实生产力的特殊投资，它与任何形式的传统投资都有差别。因此，严格规范风险投资的运营机制，是保证风险投资业健康发展的必要措施，我国应尽快制定《风险投资法》、《风险投资公司法》等一系列法律法规，严格规定风险投资机构的性质、经营目标和投资方式等，将风险投资与传统的一般性质的投资区别开。第二，完善产权保护制度。长期以来，明晰产权是困扰我国高技术产业发展的基本问题，我国的产权模糊问题和对产权保护的不利，影响了个人积极性和创造性的充分发挥，我国政府部门应加快产权的明晰化，尽快制定专门的产权保护法规，同时应允许和鼓励风险企业建立诸如技术入股多样化制度等新型产权制度，强化风险企业的激励机制。在明晰产权界定的前提下，建立多层次的产权流动机制，避免因产权虚有导致无法合理转让知识产权，同时还应该加快产权交易市场的建设，使风险权益能够在产权市场上顺利流通。第三，修改管理层持股的法律规定。我国高科技企业中无形

资产最多可以占股25％，但25％的无形资产是有限制的，即只能是知识产权形式或专利技术形式，而管理股等并不合法。由于缺乏有效的激励机制，风险企业经营管理层和企业职员的积极性难以充分地调动和发挥。我国应对风险企业股份形式的规定予以适当修改，加大管理层和职工持有的经营股比例，建立一种高效的激励机制，促进风险资本事业更好地发展。

五、公共科技计划与创业投资相结合，加快成果转化

创业投资与高新技术发展具有天然的结合性。如何发挥创业投资的效用，是实现科技成果转化的重要课题。我国传统的科技投入体系是由国家出资，科技机构承担科技项目。在这种体系下，一个主要的弊端是科技与经济的脱钩，科技成果的市场化程度低。而创业投资的重要特征就是以高风险、高收益的要求，汇集社会资金，为新创企业和项目特别是高科技项目服务。所以，我国在制定高科技计划中，可以仿照美国的经验，特别为实现公共科技成果转化服务的创业投资机构提供资金支持或政策优惠，既保证了创业投资的项目源，又实现了公共科技计划的经济效益①。

221

六、加快发展二板市场，建立高效的创业投资交易平台

在美国，二板市场被誉为风险投资的"造血装置"、高技术产业发展的"发动机"，宽松的上市条件和快捷的电子报价系统使得以NASDAQ为代表的二板市场得以迅速发展。它在为风险投资家提供推出渠道，提升风险企业价值和为风险企业进一步发

---

① 房汉廷、王伟光：《创业投资产业发展的国际比较及其启示》，经济管理出版社2004年版。

展筹集资金的同时，也使自身成为仅次于纽约交易所的全球第二大资本市场。风险投资的目的不在于对被投资企业股份的占有和控制，而是要把企业做大后，将资产变现并进行新的投资。因此，一个有利于资本流化的资本市场环境是风险投资健康发展的前提。而我国目前只有一板市场，创业投资退出途径还不畅通，制约了我国创业投资的总体规模和盈利能力。所以，我国政府应尽快借鉴美国的经验建立二板市场，提供不同要求和门槛的交易平台。根据企业成熟度将不同的企业分流，使它们分别进入一板市场和二板市场进行交易。

第十章　美国创业资本的国际化和创业资本的全球化

223

　　20 世纪 90 年代以来，随着世界经济一体化、贸易集团化、金融国际化和区域性经济合作的进一步发展，国际资本市场发生了一系列巨大的变化。国际资本流动越来越表现出追求利润和投资安全的双重属性，而资本的跨国流动表现得更为明显。外国投资者的决策过程实际上是对投资地的安全和增值可能性进行评估和权衡的过程。从资金流向看，约有 70% 的外国直接投资流向发达国家，30% 流向发展中国家，且集中在少数社会政治稳定、政策完善宽松、经济发展较快和开放程度较高的发展中国家。根据联合国贸发会议的资料，1990、1995 和 1997 年流入发达国家的外国直接投资比例高达 79.3%、70.6% 和 68%，而流入发展中国家的外国直接投资比例分别为 20.6%、28.1% 和 30.2%，且主要集中在拉美、加勒比地区和南亚、东亚及东南亚地区，非洲的份额极小。伴随着这轮国际资本流动浪潮，创业资本的国际化趋势也日益明显，主要表现在国外流入本国的创业资本额度上。而从历史上看，美国创业资本的国家化迹象最为显著。

　　另外，随着金融资本全球化进程的加快，创业资本作为一种金融资本也表现出全球化的发展趋势。本章对美国创业资本的国际化趋势予以剖析，并对外部创业资本流入美国的现象给出解释，最后通过其他国家创业资本流入的发展现状以及创业资本流动方向的多元化和交叉型发展趋势两个视角来探讨创业资本的全球化趋势，并分析了国外创业资本的流入对我国产生的影响。

第一节　美国创业资本的国际化

美国创业资本的国际化有两层含义，一是美国创业投资公司走出国门，在世界范围内进行投资活动；二美国创业资本吸引大量的国际资金流入。

224

一、美国创业投资公司在世界范围内的投资

（一）美国创业资本的国际化输出情况

美国创业投资的国际化源于 20 世纪 80 年代，以直接投资的方式进行，亦与跨国并购相结合，到 20 世纪 90 年代末已经初具规模。目前，创业投资的国际化已经成为现代世界经济一体化的一个重要的组成部分，是高科技产业跨国发展的直接推动力。

在经过 20 世纪 90 年代以及 21 世纪以来的发展，美国创业投资的国际化程度已经非常成熟。美国创业投资协会（NVCA）2005 年的一份调查报告中提到，在未来的五年内，美国本土风险业在全球范围内开展投资活动的创业投资公司比例将由现在的 11％增加到 20％。其中：42％的公司表示会与当地的投资者合作；39％的公司计划将与当地有国际创业投资经验的创业投资公司建立战略性合作关系；30％的公司计划在全球范围内的目标区域开设办事处。在调查中还提到，即使有的创业投资公司没有对国外做出直接的投资，许多构成其风险基金的那些公司也是有着国际化战略的。

　　根据这份调查报告，未来五年内全球最大的投资区域将是中国（20%）、印度（18%）、加拿大和墨西哥（13%）、欧洲大陆（13%）、以色列（12%）以及英国（11%），美国的创业投资公司也正是把目标锁定在这些地区。

　　1. 美国创业资本对以色列的投资

　　以色列有70%左右的创业资本来自国外，主要是美国，占到55%，而来自亚洲的创业资本也在上升，占20%，来自欧洲的占15%。如表10－1：

表 10－1　以色列创业投资来源于境内外的比重　（单位:%）

年份	1997	1998	1999	2000	2001	加权平均
境内	29.8	44.6	39.2	32.6	44.1	36.3
境外	70.2	55.4	60.8	67.4	55.9	63.7

资料来源：PWC Money Tree。

225

　　从表10－1中可以看出，除1998年和2001年来自以色列本地的创业投资数量占44%以上外，其他年度来自境外的创业投资数量都超过了60%，1997年甚至达到创纪录的70.2%，其中大部分来自美国。从1997年至2001年的加权平均数看，来自境外的创业投资的比重达到63.7%，由此可以看出以色列创业投资主要来自境外。而有的数据甚至支持这样的观点，即以色列创业投资的数量来自于境外的比重更大，如有杂志估计以色列约为70%~80%的创业投资来自境外，其中90%又都来自于美国。

　　这些资本主要投资于技术部门，因为以色列虽然是一个小国，人口只有600万，但以色列的科技技术十分先进，也是仅次于美国和加拿大在美国拥有最多上市公司的国家。很重要的原因就是，以色列没有国内市场，为了争夺国际市场，必须加强科技投入，那些企业在成立的第一天起就把目标定位于要国际化，要与美国和其他国家的大公司竞争。

2. 美国创业资本对欧洲的投资

欧洲是传统的经济发达地区，有着雄厚的科技开发力量和活跃的资本市场，欧洲创业资本的国际化市场也是比较发达的，2003 年，欧洲筹集到的资本有 72% 来自欧洲境内，28% 来自欧洲以外的国家和地区（其中 22.1% 来自美国）。一份 2004 年创业资本全球直接投资流量的数据表明，美国 87% 的创业资本投资于本国的新兴成长型中小企业，9% 投向欧洲地区。

3. 美国创业资本对亚洲国家的投资

20 世纪 90 年代以来，亚洲的经济增长开始加速，美国的创业投资公司也开始逐渐关注这一地区，据资料统计，亚洲有 63% 的创业资本来自亚洲内部，37% 来自亚洲以外，主要是美国。

（1）印度

印度的创业投资主要来自于美国，如表 10 - 2：

表 10 - 2　1998 年印度创业投资来源构成　　（单位:%）

国家	养老基金	公司法人	政府部门	银行机构	保险公司	私人	美国	其他
印度	0.01	1.48	7.69	34.25	0.21	2.09	51.84	2.43

资料来源：IVCA（印度创业投资协会）。

印度的创业资本来自美国主要有这样两个原因：

①印度迅速发展的软件业，特别是信息情报业在全球经济衰退的大环境下，业绩仍然稳定增长，对美国的创业投资公司构成巨大的吸引力，其中 Intel 已经在印度连续投资了 1 亿美元；2000 年美国约 40% 的 IT 创业投资对印度跃跃欲试。

②硅谷等美国地区印度人口众多，如 1998 年美国签发的 HBI 签证 50% 是签给印度人的，其中取得成功的企业家有的便

设立创业投资，支持印度 IT 产业的发展。如 2000 年出两名美籍印度人创建了总额高达 2 亿美元的 Igate 基金，其中 15% ~ 20% 投入印度，包括 Rekhi 和 Bhatia 等在内的硅谷有名的软件工程师精英——硅谷印度帮，积极为印度筹集创业资本；为吸引美国大的创业投资商投资印度，Rekhi 等人组织美国投资印度专题研讨会，他们的目标是每年创造 30 亿美元的创业投资，到 2002 年，印度创业投资从美国的流入量很快上升到 30 亿美元。

（2）中国

改革开放以来，中国的经济高速增长，也备受美国创业投资家的青睐。英特尔公司、哈里森公司、恒隆公司和国际数据集团公司（IDG）于 1998 年 3 月斥资 200 万美元帮助中国的爱特信搜狐公司作为专项发展基金，同年 5 月，IDG 又向中国深圳金蝶软件公司投入 2000 万元人民币的风险基金。1998 年 10 月 26 日 IDG 公司宣布在未来七年内斥资 10 亿美元，在华发展创业投资基金，帮助中国发展高新技术产业。

目前，美国创业投资机构在中国的主要投资项目有：

1. 美国凯雷集团

美国凯雷集团是管理高达 183 亿美元投资基金的全球最大直接创业投资集团，凯雷下属投资于泛亚地区（包括中国）的三家基金为：凯雷亚洲合伙人，管理 7.5 亿美元企业收购基金；凯雷亚洲创业投资基金 I，管理 1.59 亿美元风险基金；凯雷亚洲创业投资基金 II，管理 1.64 亿美元风险基金。

美国凯雷集团在中国的投资项目：

·携程旅行网，于 2000 年 11 月投资，公司于 2003 年 12 月在纳斯达克上市，总部在上海。

·太平洋百货公司，于 2001 年 5 月投资，业务总部在上海。

·宝途国际，人造圣诞树制造商，于 2002 年 8 月投资，总部设在深圳。

·艾德斯国际，网络储存软件开发商，于 2002 年 8 月投资，总部在北京。

·新能源技术有限公司，聚合物锂离子电池制造商，于 2003 年 6 月投资，生产基地在东莞，总部在香港。

·E‑Power，集成电路设计公司，于 2003 年 12 月投资，总部在上海。

·Awaken，无线内容供货商，于 2004 年 2 月投资，总部在北京。

·聚众传媒集团，楼宇视频媒体广告公司，于 2004 年 9 月投资，总部在北京。

·中国太平洋人寿保险公司，于 2004 年 12 月，总部在北京。

2. 美国华平创业投资公司

华平是世界上历史最悠久、规模最大的创业投资公司之一，管理资金达 150 亿美元。在过去的 40 年间，华平在全球所投资的公司有近 500 家，投资金额达数百亿美元。

华平在中国的投资项目：

·鹰牌控股公司，瓷砖和卫生洁具生产厂。

·煤体世纪集团，是在中国和香港提供户外广告媒体服务的主要公司之一。华平于 1996 年投资该公司。

·亚商在线，是一家在中国向政府及企事业单位提供非生产性办公室采购服务的网上虚拟兼网下实体型公司。华平于 1999 年 12 月投资该公司，总部设在北京。

·亚信科技（中国）有限公司，亚信是华平对中国信息技术产业的一项主要投资。2000 年 3 月该公司在纳斯达克挂牌上市，筹得 1.38 亿美元的资本。

·北京港湾网络有限公司，数据网络设备公司。华平于2001年9月投资该公司。

·上海华腾软件系统有限公司，是一家在中国专门为银行及金融机构服务的主要信息科技公司。华平于2000年4月投资该公司。

·浙江大学网络信息系统有限公司，是一家开发和销售以中国中小学教育领域为对象的企业级软件公司。

·浙江卡森实业公司，中国最大的皮革加工企业。华平于2003年9月投资该公司。

（二）美国创业投资国际化的高不确定性和高风险性

首先，创业投资的过程本身就具有较高的风险，而跨国界因素又带来了附加风险，如政治风险、汇率风险和高代理成本等。

尤其是美国对亚洲新兴国家的创业投资的不确定性和风险性更加突出，因为在这些国家尚没有充分实现市场条件，法律法规也不完善，经济发展相对也不稳定，如1997年的亚洲金融危机对美国创业投资的国际化进程影响很大。

其次，在创业投资的运营过程中存在着资本的两级委托代理问题，即投资者与创业投资家之间、创业投资家与创业企业之间的委托关系，由此产生的信息不对称在创业企业运营中引起了逆向选择和道德风险问题。由于文化和制度的差异，这种情况在对国外的输出过程中表现得更加突出，因为在规则转变之后，人们的长期预期并不稳定，会追求短期行为，从而产生更多的委托—代理问题。

最后，作为一种股权投资，创业投资的资本增值收益是通过股权转让退出创业投资企业而实现的，所以创业投资的退出问题独具特点。因此，作为一种特殊形式的国际直接投资，跨国创业投资产生的条件更具复杂性。东道国的退出机制如何，有没有完善发达的二板市场，兼并收购的法律环境是否健全都会时时刻刻地影响着创业投资公司的退出过程。

（三）美国创业投资国际化的内部动因和国际环境

从根本上说来，美国创业投资国际化就是对高额利润的追求。创业投资在美国出现得最早，发展得也最完善，然而我们知道，一种行业发展越充分，竞争就会越激烈，超额利润就越少。美国创业投资经过几十年的发展，各种利润率已经日渐平均化。资本天生逐利，美国的创业投资家开始把目光放宽到世界范围内，尤其是上面提到的欧洲、亚洲等近年来经济高速增长，创业投资起步较晚的国家和地区。这些地区的特点是经济发展较快，对创新产品的需求比较旺盛，相比之下，创业投资程度却很低，这样就给已经非常成熟运作的美国创业投资公司广泛的发挥空间，也较容易取得超额利润。

230

1. 内部动因

折衷理论是解释国际直接投资动因的一个经典理论。折衷理论认为，当投资主体具备了企业优势（资本优势和管理优势）、内部化优势（内部交易优势）和投资区位优势时，就会导致国际直接投资行为。这三种优势也是跨国创业投资的必要条件：

第一，企业优势。企业具备了跨国界投资的能力，其表现就是资本优势和管理优势。美国创业投资业经过几十年的发展，无论从经验上讲还是从创业投资技术上讲，甚至从创业投资理论上讲都具有无可比拟的优势。

第二，区位优势。投资主体在选择投资区位时，首先要考虑的是该地区创业投资业发展的环境以及创业投资退出的环境。因为只有一个地区的投资环境有利于创业投资业的发展，大量的创业投资活动才会产生对外援资本的需求，跨国创业投资才能获利。美国创业投资国际化过程中所选择的地区都是经济高速增长的国家或地区，尽管在这些地区可能会存在退出机制不健全的情况，但是美国依然有强大的 NASDAQ 的退出市场进行支持。

第三，内部化优势。当跨国公司附属的创业投资公司进行跨国创业投资经营时，内部化优势就会体现出来，例如在美国创业投资退出时可以通过公司系统内部转让或并购，不但减少了交易成本，还可以满足公司总体投资战略的要求。

2. 外部环境

外部环境则是影响跨国创业投资的客观因素。与一般国际直接投资相比，跨国创业投资的特殊性对外部环境的要求更为苛刻。

（1）国际投资环境

231

首先，全球经济一体化的运动使得全球经济壁垒逐渐降低，从而推动了资本市场国际化的发展，创业投资的跨国界流动更加通畅；其次，对技术创新的追求增加了对创业投资的需求，相应地也拉动了创业投资的供给，国际创业投资市场的供求关系得到了改善。

（2）东道国创业投资环境

东道国对创业投资的规制和国内创业投资业的活跃性是吸引跨国创业投资的基础。基于对创业投资重要性的认识，许多国家制定了专项政策以吸引国际创业投资；东道国创业投资业的发达程度和集聚效应（区域集聚和行业集聚），对国际创业投资的进入起着重要的引导作用。

（3）创业投资退出环境

创业投资是靠资本的退出来实现其投资收益的，所以对退出环境的要求显得尤为重要。退出环境一般包括资本市场特别是IPO市场、政策环境、法律环境和国际环境等，这些因素决定了国际创业投资从东道国国内渠道和国际渠道退出的选择和效益。

（四） 美国创业投资国际化的进入模式

国际直接投资的进入模式指的是投资方的资本、技术、管理技能等生产要素进入他国市场的途径以及相关的法律制度安排。传统的国际直接投资进入模式主要有绿地投资、合资企业和跨国并购，这三种进入模式都是将东道国的资产置于跨国公司（投资方）的控制之下，都涉及一国企业对另一国企业的管理控制。相比而言，跨国创业投资的进入模式显然有其独特性：

首先，跨国创业投资不追求对所投资创业企业的资产控制，而通常以可转换优先股、可转换债券等特别的股权安排来投资；其次，投资方通过创业投资家对所投资创业企业提供增值服务，提高创业投资的运营效率，使得投资方和引资方的合作关系更为密切；最后，跨国创业投资要依靠创业投资的跨国退出来获得投资收益，对引资方的资本市场环境和政策法规环境要求较高。

232

美国创业投资的国际化进入模式主要有以下几种：

1. 直接投资

直接投资是指投资方以直接投资于东道国创业企业的方式进入东道国市场。根据投资方数量的多少，可以把直接投资进入模式分为两种：

第一是独立直接投资。境外投资者单独对东道国创业企业进行投资。跨国公司附属的创业投资公司大多采用这种模式。独自直接投资其经营战略明确，资本退出比较容易（必要时可以在跨国公司内部转让）。专业创业投资公司进行独自直接投资时，主要是对项目的投资预期看好。

第二是联合直接投资。境外投资者联合其他创业投资者对东道国创业企业进行投资，联合方既可以是境外创业投资公司也可以是东道国的创业投资公司。联合直接投资的主要目的一是分散创业投资风险，二是拓宽资本退出的渠道。

2. 间接投资

间接投资是指投资方以间接方式投资于东道国创业企业。由于投资环境差别较大,创业投资的进入、运作和退出的不确定性和风险性随之加大。根据合资方式的不同,间接投资进入模式分为两种:第一是联合间接投资。第二是委托间接投资。

(五)美国创业投资国际化对东道国的影响

1. 美国创业投资对东道国产生的正面影响

创业投资的作用正日益凸显出来,创业投资已经成为新经济增长的发动机,对一个国家的技术创新、经济发展、就业和社会福利等方面产生了重大影响。美国创业投资的国际化对东道国而言,也在相当大的程度上起到了这些积极作用。

(1)强力推动技术进步

233

创业投资的范围主要是高新技术产业,跨国创业投资首先为东道国高新技术产业提供了巨大的资金支持,使这类高风险性产业得以生存和壮大;其次创业投资家提供的增值服务,大大提高了创业企业的成功率,并将研究成果转化为科技生产力。国外创业投资和管理资源的输入,强力地推动了东道国的技术进步。

(2)改变经济增长方式

现代经济增长理论把技术进步看做经济增长的内生变量,跨国创业投资的投入一方面促进了技术进步,另一方面推动了东道国的产业结构升级,从而改变了经济增长的方式。另外,由于创业投资的对象主要是中小型企业,这将为东道国的劳动力资源提供了大量的就业机会。

(3)培养创业投资文化

跨国创业投资一个重要的溢出效应就是有助于培养东道国的创业文化。第一,形成了整个社会对具有冒险精神的创业活动的认识和鼓励的氛围;第二,政府相应地创造了激励创业投资的环境，增强了投资者的信心；第三，最重要的是培养了一批高水平的创业投资家，这些是创业投资活动成功与否的关键因素。

2. 美国创业投资国际化对东道国产生的消极影响

跨国创业投资虽然对东道国会有以上几种正面的效应，但同时也会带来一些消极影响。

首先，跨国创业投资对东道国本土的创业投资产生了挤出效应，长期下来会抑制东道国本国创业投资公司的发展，不利于东道国自身创业投资业的建设与完善。就拿中国为例，近几年国际创业投资大规模投入中国内地（其中又以美国创业投资公司为主），国际创业投资的进入对于我国创业投资事业是一个促进，但也是一种压力。从 2002 年起，国际创业资本在中国内地的投资总量超过了本土创业资本的投资总量，而且这种趋势有增无减。2002 年，国际创业资本在中国投资总额是本土创业资本投资总额的 1.06 倍，2003 年为 4.87 倍，2004 年为 2.49 倍。2003年，当中国本土创业投资公司业绩全面下滑的时候，外资创业投资在中国却非常活跃，创造了一个又一个经典退出案例，令本土创业投资汗颜。而我们反思，中国创业投资的萎缩在一定程度上讲，不能考虑以美国为主的国外创业投资的进入。

234

其次，创业投资是一种短期投资，风险基金进入的开始便是为了尽快实现 IPO 或者兼并收购等退出方式，以得到高额的利润回报并尽快收回资金进行下一轮投资，而并不是想长期占有创业企业股份并控制企业，一般的存在期间大致是 3～5 年时间。就创业企业自身而言，是做好长期运营打算的，这种最终目标的不一致，难免会产生一些短期行为的负面影响，急功近利、千方百计甚至不择手段地实现创业企业的上市或者购并，很多时候，会影响到创业企业的长期发展。当美国创业投资大量进入东道国的时候，投资市场会出现一片繁荣的景象，而在繁荣的背后可能潜伏着长期运转的危机。

二、美国创业资本的资金来源国际化

（一）美国创业资本来源分析

表 10 - 3　1978、1988、1998 年美国创业资本的主要来源

来源	1978 年	1988 年	1998 年
公共和私人养老金、抚恤金	15	46	23
个人和家庭积蓄	32	8	22
金融保险机构	16	9	13
捐赠资金和基金	9	12	21
公司	10	11	15
国外	18	14	6

资料来源：Berlin Mitchell（2000），"That Thing Venture Capitalists Do"，Federal Reserve Bank of Phila，Jan/Feb。

美国创业资本的来源（表 10 - 3）显示，美国创业资本来源呈现多样化的特点，国外创业资本的流入也是其中的一个表现形式。从表 10 - 4 不难看出，1978 年至 1992 年间，美国国外创业资本流入额在全美创业资本筹资总额中一直占有明显比重，平均达到 13.5%，1985 年美国国外创业资本流入额达到 10.31 亿美元，创历史最高位，占全美创业资本总筹资额的 23% 之多。1993 年开始这一比例指标有明显的下降。其中，1986 年美国调高资本利得税，影响了创业投资的资本回报率，该年度美国国外创业资本流入额明显下降，只有 5.21 亿美元，降幅达 49.5%。而且 1990 年至 1995 年间美国国外创业资本流入处于衰退期，基本上退回到了 1982 年以前的水平，1996 年开始有所复苏。但之后的 2000 年 3 月，美国纳斯达克综合指数一路狂跌，标志着互联网泡沫开始破灭。美国的创业资本，也随之再次陷入了低潮。

表 10 - 4　1978～1997 年美国创业资本筹资总额
和国外创业资本流入关系

时间 （年）	美国创业资本年筹资 总额（百万美元）	国外创业资本流 入额（百万美元）	国外创业资本流入额占 全美筹资总额比重（%）
1978	457	82	18
1979	517	76	15
1980	1333	107	8
1981	1831	183	10
1982	2234	290	13
1983	5832	933	16
1984	5176	931	18
1985	4482	1031	23
1986	4735	521	11
1987	5752	805	14
1988	3977	517	13
1989	3698	481	13
1990	2681	188	7
1991	1635	196	12
1992	2151	237	11
1993	2722	109	4
1994	5098	102	2
1995	4876	146	3
1996	8477	678	8
1997	11699	819	7

资料来源：Gompers and Lerner，宋晓东等译：《创业投资周期》，经济科学出版
社 2002 年版，第 8 页。

（二）国外创业资本流入美国的原因

美国和德国是当今世界创业资本市场的两个典型代表①。但

——————————

①　美国创业资本规模世界最大，并且是最成功的创业资本市场。而德国
的创业资本市场是当前世界上发展最快的。

相对于美国创业资本市场的发展状况，德国创业资本投资的发展速度是比较慢的。直到 1985 年，德国创业投资公司对外的投资总额才为 10 亿马克，整个创业资本市场到了 1991 年才开始进入一个发展期，而且 1995 年之前国外流入的创业资本仍极为有限，与美国创业资本市场有着明显的差距。国际创业资本之所以选择美国，应该说是多种因素综合作用的结果，它与两国的银行投资体制、法律环境、企业家的创业精神以及创业环境都有着直接关系。

1. 银行投资体制不同对创业资本的流入有较大影响

237

德国的创业投资资金来源结构中，银行资金占据了主导地位，而实际上，德国的创业资金的主体也是来自于银行等金融机构。德国的银行通常都设立有专门负责创业投资的部门。由于德国混业经营较为成功，因此银行在投资领域已经形成了企业和银行之间互相信赖的稳定关系。对于传统行业中的企业，银行基于自己的长期营运经验和对企业日常经营活动的高度参与，往往能很好地掌握企业的情况。但创业投资属于一种新型的投资模式，而且专业的分工和科技的发展使得银行很难掌握其所需要的大部分信息。与此相反，银行与创业企业之间存在着一种高度的信息不对称状况，而且创业企业也充满了风险，此时的银行往往无法对急需资金的创业企业做出正确的信贷风险评估。出于对自己资金安全的顾虑，银行往往偏于保守，将信贷控制在有限范围之内，造成企业无法获得足够资金，特别是创业企业，由于缺少足够的自有资金和与银行之间的相互信赖关系，获得信贷的可能性就更小。

而且，长期以来德国推出了扶持创业企业和中小企业的政策，它们也都是以扩大银行信贷投资空间、改善银行信贷条件、提高银行信贷发放率为着眼点，这些以银行为基础的资助性信贷计划养成了企业对银行信贷的依赖心理。此外，联邦政府、各州政府和欧盟推出的大批扶持创业企业和中小企业的信贷计划，与其他的市场化筹措资金等渠道相比，在信贷期限、利率等方面具有更多的优惠，而且创业的企业家不用担忧企业控制权为外人所把持、企业内部信息外泄等顾虑。这种行政干预状态下的创业资本投资促进计划使得许多企业对按照市场规律运作的创业投资不屑一顾，从而忽略了市场这只"看不见的手"的力量和作用。

2. 法律环境不同也是一个重要因素

美国创业资本发展有一个得天独厚的优势，即其法律环境有利于创业投资，尤其是在创业资本组织形式上，较早制定了《统一合伙法》（Uniform Partnership Act，简称 UPA）。该法是由美国全国统一州法委员会于 1904 年组织起草，最后于 1914 年完成，现为 40 多个州议会通过采纳，在 40 多个州具有法律效力。

在美国的合伙制创业投资基金中，合伙是一种合伙人之间的契约关系，不同于公司的法人。合伙的契约关系通常适用于合同法的一般原则，在美国法中，合伙又是一种代理关系，因而美国合伙法和代理法相似。在美国的合伙制创业投资基金中，创业投资基金的投资者，即委托人，与创业投资基金的管理人或创业资本家形成委托—代理的关系。委托人提供了创业投资基金的绝大部分资金（占 99%），通常不参加基金的运营，仅以投资额度为限对一基金的债务和亏损负有限责任；而代理人通常只提供很少一部分的资金（占 1%），但以自己的所有财产对基金的债务负无限的责任，委托人保留对重大财务的决策权。这种投资方式使得创业投资资金所有权和使用权分离，提高了使用效率。与此同时，委托人通过合约安排使得代理人的收入与基金的业绩直接挂钩，代理人收益的大部分来自基金的增值收入（通常可以提取基金收益的 20% 作为绩效报酬），这就等于为创业资本家提供了一个看涨的股票期权。

通过这些合约的安排，投资者有效地实现了激励与约束的相容，而且，投资者也可以避免资金因为专业知识的缺失而导致的高度信息不对称状态。因此，随着美国投资者对创业投资本质认识的加深，这种组织形式和监管模式也就成为了美国创业资本投资者的第一选择。

有限合伙制的另一个吸引人之处就是，在美国税法中，公司是独立的纳税实体，而合伙企业则被视为其所有者的延伸，不是税法上的纳税实体，不用缴纳公司所得税，所以有限合伙投资企业能够享受一系列的税收优惠待遇。这也是为什么美国的创业投资企业大量选用有限合伙制作为其组织形式的原因之一。

而在德国，有限合伙制被当做课税的主体，需要缴纳公司税，除此之外投资者还要缴纳个人所得税，因此，这种形式在德国并没有体现出它在美国的那种优势。在德国的创业投资发展的早期阶段，政府有意识地与银行合作发起建立创业投资基金，而在这种基金中，政府关心的问题是新技术的商业化，而银行更多地则关心最小化风险，以免对其声誉造成影响，对创业投资基金的赢利状况毫不关心。既然在投资者中都不能就所关心的问题取得一致，那有效的监管又从何谈起呢？

另外，德国有关金融机构投资的现行法规限制了金融机构向创业投资机构提供资金。例如，德国保险业和为数不多的养老基金只允许用不超过其保证金财产5%和其他资产6.25%的资金以创业投资的形式进行投资。《联邦银行法》第12款规定德国银行的参股额和长期投资额不得超过其自有资金。另外，由于税制方面的原因，德国的养老金一般都掌握在企业家手中，很少进入创业投资领域。这也是德国创业投资的资金来源中没有养老基金投入的原因。

3. 美国的创业精神和良好的创业环境对创业资本有很强的吸引力

从本质上看，人的因素才是最重要的。一个国家如果没有一批高素质的企业家队伍、对企业家的有效激励措施以及敢于开拓的企业家精神，那么，无论这个国家的硬件设施如何完善，也不可能建立起一个高效率、低成本的创业资本市场。Becker 和 Hellmann 在《创业资本的起源——德国的经验教训》（the Genesis of Venture Capital —— Lesson from the German Experience）一文中指出，企业家精神对创业资本发展至关重要。他们认为德国并不缺乏具有创意的人才和发展创业投资所需要的资金，德国缺乏的是那些愿意并且有能力将他们的创意转化为成功的创业行为的人才。这也就是我们通常所讲的企业家精神的缺乏、企业家精神的高低与一国的历史、人文和商业文化背景有关。美国人自踏足美洲以来就充满了富于冒险的精神，这种冒险精神现在俨然已经成为了美国创业投资产业和科技创新的一种自然禀赋和优势，他们能够坦然面对失败，喜欢尝试新鲜事物，对成功的追求与热爱驱使他们不断地去开拓新的领域。而在欧洲大陆的德国、法国等老牌的资本主义国家中，沉稳、守旧已经沉淀为文化的一部分，不可能轻易更改。而且，欧洲国家的习惯中并不欢迎那些经常犯错误的人，这也就说明了尽管有不少的激励措施和优惠条件，而且在各种硬件设施和科技水平并不比美国落后多少的情况下，欧洲的创业投资仍然不活跃的原因。[①]

另外，硅谷对企业家的鼓励既很好地体现于以创业投资家、咨询顾问和律师等为代表的商业服务行业，又深深地体现于普通

240

人的态度之中。从建设高速的城市网络到赞助商业聚会，当地政府、学校和公众协会都以各种方式为联络和交流提供了便利。更为重要的是，当地居民，无论他们是否属于高技术群体，从根本上对企业家的努力持赞同态度。他们支持企业家充满激情的追求。特别是，人们了解并接受创建企业过程中的高风险本质，努力的企业家无论获得成功与否，都会受得到同样的尊敬。

第二节　创业资本的全球化趋势

一、美国创业资本全球化概述

　　20 世纪 90 年代以来，随着经济金融全球化和世界经济一体化进程的加快，创业投资的全球化趋势也越来越明显，跨国创业投资已经发展成为国际直接投资的重要组成部分，世界多个国家的创业资本都空前发展壮大起来。

　　从 1995 年至今，国际创业投资进入了一个高速发展时期。根据普华永道公司研究报告提供的数据，1995 年至 2000 年，全球创业投资取得了爆发式的增长，全球创业资本筹资总额从期初的 440 亿美元增加到期末的 2500 亿美元；2000 年更是达到了最高峰，2000 年之后又呈现出快速下跌趋势，2002 年下降到 880 亿美元；到 2003 年下半年又开始回升。在全球创业投资业最为发达的美国，从 20 世纪 80 年代到 90 年代中期，外国创业资本就占同期美国创业投资总额的 10% 左右，在 2000 年则达到了 26% 的高位。2002 年，国外流入美国的创业资本额占全美创业资本总筹资额的 20%；在整个欧洲，国家之间的创业资本流动和海外流入占其创业资本总量的 27%；而在亚洲，创业资本在国家和地区之间的跨界流动以及海外流入额更是占其全部筹资额的51%之高；在亚洲，我国台湾地区和大陆地区都是典型案例，台湾地区在1984年至1998年几年间，外部流入的创业资本总额为5.1428亿美元，占到整个台湾地区创业投资总筹资额的25.27%（表10-5）。而近些年来，全球创业资本也正大举进入我国大陆地区。据不完全统计，仅2004年，中国大陆吸收国际创业资本高达数十亿美元，单笔投资金额在1000万美元以上的项目达30多个。国际创业投资的大量进入，极大地推动了我国大陆创业投资行业的发展，创业投资、创业项目投资已经成为重要的经济增长点，在新一轮创业投资浪潮中，最具投资价值的高新技术企业和项目是国内外创业资本追逐的焦点，目前，我国大陆地区每年有数十万项技术专利产生，同时也有数十亿资金在积极寻找投资项目。以上这些数据和事实表明，在经历了近十年的快速发展之后，跨国创业投资已经形成了一定规模，创业投资的全球化趋势已经基本形成，并已发展成为国际直接投资（FDI）的一种新动向。笔者认为参与美国等发达国家创业投资的外国投资者，主要是看重其经济成熟可稳定实现其高收益目标；参与转轨国家创业投资活动的外国投资者，侧重介入风险基金的发起，培育其创业投资市场；而介入包括我国大陆等在内的亚洲地区的外国创业投资者，则意在通过灌输资金和管理技能开拓创业投资领地，抢占市场先机。

表 10-5　我国台湾地区 1984~1998 年创业
投资的内、外部来源金额及比例

投资来源	金额（百万美元）	比例
本地区	1520.5	74.73%
外部	514.28	25.27%

资料来源：http://www.tvca.org.tw/e1998yrbk.xls。

二、创业资本流动方向的多元化和交叉型发展趋势

国际创业投资分布极不均衡。创业投资环境越好的地区，创业投资越集中，增长速度也越快。发达国家由于在创业精神、法律制度和创业环境等方面有优势，所以集中了绝大部分创业资本。而且发达国家的创业资本也互相交叉投资。截止到 2000 年，美国和西欧的创业投资基金分别为 480 亿美元和 140 亿美元，在国家创业投资总额中分别占 70% 和 20% 左右，这个比例在短期内将不会有很大变化。但从长远来看，由于各国政府已经将发展创业投资看做是进入新经济的重要步骤，正在大力追赶，所以创业投资也开始呈现出多元化发展趋势。不仅发达国家向不发达国家投资，一些发展中国家也有向发达国家投资的趋势。所以交叉投资成了当前国际创业投资运动的一个特点。

三、创业资本全球化对我国的影响

创业资本的全球化发展对我国产生了正面的和负面的双重影响。正面效应主要表现在：

1. 创业资本的全球化发展趋势对我国创业资本市场的发育发展具有明显的催化作用。这主要通过两方面得以体现。第一，当前阶段，我国很大一部分创业投资机构投资行为重政策、轻效益，投资活动缺乏必要的监控和法律约束，投资效率低下。为提高资本运动的效率，需要加强投资的规范化和科学化。而仅依靠投融资体制改革这一项举措明显是不够的，所以国外规范高效的创业资本的进入对提高和规范我国的创业投资市场具有很大作用。第二，目前，我国的资本市场尚未完全开放，国际创业资本的合理退出渠道还不完善，国际创业投资在进入我国市场以后不能根据经营情况退出市场，国际创业资本的退出障碍使我国有关

部门充分认识到了国内创业资本市场存在的问题。这对我国创业板市场的正常发育具有重要意义。

2. 创业资本的全球化发展趋势有利于我国的产业结构调整，促进高新技术的快速发展。科技是第一生产力，它对于一国经济增长具有重要的推动力。有资料显示，发达国家科技进步对经济增长的贡献率为60%～80%，但我国只有32%，存有明显差距。而创业资本尤其是经验丰富的国际创业资本，可以扶持与高技术和新产业成长高度相关的企业。创业资本的进入则可以推动一国高新技术产业的迅猛发展，帮助本国加快和完成产业结构的调整。

3. 创业资本的全球化发展趋势有利于创业投资人才的合理利用，并为我国培养一批专家队伍。目前，专业人才的缺乏已成为制约我国创业投资业发展的一大瓶颈。国际创业资本的流入加快了本土员工与国际创业投资优秀人才的交流，对于加快我国创业投资业专业人才的成长，以及国内创业投资业的发展都有明显的推动作用。

创业资本的全球化发展趋势在促进我国创业投资业发展的同时，也产生了诸多的负面影响，具体来说：

1. 创业资本全球化对我国的经济安全产生一定影响。由于国际创业资本投资对象多为高新技术产业，它们更热衷于国内空白项目的创业投资，有些甚至通过购买、控股等手段来掌握高技术成果，控制相关行业，获取高额利润。所以，我们要对发达国家是否出于政治目的控制我国关键领域，是否对我国国家经济安全构成威胁予以充分的重视，

2. 创业资本全球化发展趋势引发我国创业利润外流问题。关于国外资本进入我国所引起的利润侵吞问题已经引起我国政府和经济学界的重视。而创业资本作为一种资本形式，它的流

入所引发的我国创业利润外流也是不容小视的，一国经济发展应将本国国民福利的改善和提高放在首要位置，但我国改革开放以及国外创业资本开始流入以来，国内经济保持高速发展，但经济利润很大比例为外资所侵吞，侵害了我国国民福利的提高①。

　　总之，创业资本的全球化发展趋势对于我国经济发展具有明显的推动作用。创业资本对于促使我国高新技术发展，加快产业结构调整，在一定程度上完善我国资本市场建设具有显著作用。另外，通过国际交流，有助于为我国培养一批懂技术、有国际实践经验的创业投资业专业人才队伍，对于推动我国创业投资市场的发育发展有重要作用。但与此同时，我们不应忽视创业资本的全球化所带来的国际创业资本流入对我国产生的影响，国际创业资本往往带有浓厚的资本主义色彩，附属于发达国家的利益集团，甚至具有一定的政治色彩，而创业资本的发展战略决定了它对我国高技术产业的冲击，它们通过控股、收购等方式来取得我国某些高技术产业的经营管理权，对我国经济发展具有很大的影响，应予以充分重视。另一方面，改革开放以来，伴随着我国利用外资的不断扩大，国际创业资本也不断流入，一定比例的国家经济利润为外资所侵吞，当然创业资本市场也是如此，创业投资业也存在利润外流问题。目前国内较为活跃的 IDGVC，就是一家美国的国际创业投资公司，作为最早进入中国市场的美国创业投资公司之一，IDGVC 管理着 3 个以上的基金，目前已经在中国投资了 100 多个优秀的创业公司，总投资金额在 2 亿美元以上，IDGVC 当前在中国管理的资金总额已达 8 亿美元，在 2003

245

---

　　①　刘志阳：《创业资本的金融政治经济学》，经济管理出版社 2005 年版，第 201～209 页。

年 IDGVC 将投资于新浪、网易、慧聪、携程等诸多项目成功地实现了退出，获得数倍乃至数十倍的收益，可谓业绩显赫。

第十一章 美国与德国创业资本市场差异比较分析

247

正如我们在本书中已经多次提到的，自从20世纪90年代，美国进入新经济时代以后，世界各国政府就开始关注美国新经济成功的原因。促进美国经济转型的原因固然众多，但一个关键的因素是美国经济存在着支持创新活动的融资制度安排——创业资本。可以说，创业资本制度的发展成为推动一国科技创新、发展和应用的必要条件。德国的创业投资活动在欧洲大陆的发展极为缓慢，然而1997年以后，这种状况得到迅速改变，德国成为欧洲发展创业资本市场最快的国家。然而，同全球最大、最为成功的美国创业资本市场相比，德国的创业资本市场还处在一个较低的水平。之所以如此，在于美、德两个国家在金融管理体制、法律、人文等方面存在着较大的差异，因而其各自创业投资模式也有较大的不同。如今这两个国家的创业投资模式已经发展成为当今创业投资的两大主流模式，其发展经验对于仍处于初级阶段的我国创业资本市场的建立将是一种有益的借鉴。

第一节　美国与德国创业资本市场的差异

一、美国、德国创业资本规模的差异

美国创业资本协会将创业资本定义为一种由职业金融家投入新兴的、迅速发展的、有巨大竞争潜力的企业中的权益资本。[①]目前美国的创业投资通常是指专业的中介机构——有限合伙制创业投资基金，它不包括从事收购兼并、过桥融资等形式的私人权益资本（Private Equity）。而在德国和其他欧盟国家，创业资本的含义则与美国不同，它所包括的内容和范围比美国要宽泛得多，也就是说德国的创业资本不仅包括对新兴、初创企业融资的资本，也包括收购、兼并以及成熟企业融资的资本，它相当于美国的私人权益资本。

248

1945 年美国研究与开发公司（ADR）的成立，标志着美国创业资本正式诞生，随后创业资本在美国逐步发展壮大，经过几十年的发展美国创业资本市场已经成为支持创新的一支重要力量。目前制度健全、监管得力的美国创业资本市场，是世界各国政府发展创业资本竞相模仿的典范。而创业资本在德国由于受到社会、经济、政治、文化等诸多因素的影响，起步较晚，发展较为缓慢，缺少应有的活力。可以说，在 20 世纪 80 年代之前，德国创业资本市场根本就不存在。进入 20 世纪 90 年代以后，德国政府才逐渐认识到德国经济在促进和激励创新方面与美国存在的

---

① 见 http：//www. nvca. org/。

巨大差距，因而开始效仿或复制美国发展创业资本的方法和经验，极力推动本国创业资本市场的发展。在这种情况下，德国创业资市场得到迅速发展，尤其是在 1997～2000 年期间出现了兴旺的局面。但创业资本总量上同美国相比，德国的创业资本市场仍处在一个较低的水平。表 11－1 给我们展示了美国和德国创业资本市场在规模上存在的巨大差距。

表 11－1　美、德两国创业资本投资额比较

年份	美国创业投资额 （百万美元）	德国创业投资额 （百万欧元）
1993	3810.5	343.9
1994	4159.2	361.8
1995	7648.1	319.8
1996	11561.5	446.5
1997	15111.3	478.3
1998	21391.8	856.3
1999	54895.2	1280.8
2000	106131.0	1860.4
2001	40700.8	2850.3
2002	21236.2	3325.3
2003	18187.7	3991.9

249

资料来源：美国的数据根据 Venture Economics 整理，德国数据来源于德国创业投资年鉴（BVK，2004）。

从表 11－1 我们可以看出，美国创业资本市场的规模明显要大于德国创业资本市场。1993 年，美国创业投资达到 38 亿美元，而同期德国的创业投资仅有 3 亿欧元，其规模仅相当于美国的十分之一。进入 20 世纪 90 年代，随着经济全球化和知识经济的扩散，世界各国都出现了科技投资热潮，美德两个国家的创业投资额都有大幅度的增长，尤其是美国的创业投资额在 2000 年达到了自从创业投资诞生以来的最高点，当年创业投资额高达

1061 美元。德国创业资本市场也显示了同样的趋势。从 1997 年开始，德国创业资本投资额快速增长，1998 年达到 8.56 亿欧元，比 1997 年的 4.78 亿欧元，增长幅度高达 80%，1999 年则达到 12.8 亿欧元，比 1998 年增长 50%。德国创业资本市场之所以在 1997 年以后迅速增长，主要原因是由于，1997 年 3 月德国证券交易所在法兰克福成立了专门为创业企业上市和创业资本退出的创业板市场——德国法兰克福新市场（Neuer Market Frankfurt）。新市场的成立对德国创业资本市场发展起到了有力的促进作用。

尽管如此，德国的市场规模也远远小于美国的创业资本市场。有统计资料显示，在 1998 年，美国的创业投资总量大约占美国当年 GDP 的 0.54%；而同期德国的创业资本投资总量仅占当年德国 GDP 的 0.102%①，仅相当于美国的五分之一；到 2002 年这种格局依然没有改变，当年美国的创业投资额占 GDP 的份额是 0.6%，而同期德国的创业投资额仅相当 GDP 的 0.12%②。

如果以美国 NASDAQ 市场和的规模比较来看，截至 2001 年年底，NASDAQ 市场总共有 4109 家上市公司，市值大约 2.9 万亿美元。而德国法兰克福新市场自从 1997 年开始营业以来，到 2003 年关闭前也只有 340 多家上市公司，市值只有 400 亿欧元左右。同美国相比不可同日而语。

德国创业投资尽管在投资金额上占据欧洲创业投资金额的 13%，在欧盟仅次于英国，居第二位，但德国创业资本市场的规模是与其经济规模是不相称的，因为德国是欧盟中经济实力最强

① 见 Tykvova, T. (2000), Venture Capital in Germany and its Impact on Innovation. ZEW Working Paper.

② 见 William L. Megginson (2004), Toward a Global Mode of Venture Capital [J], Journal of Applied Corporate Finance 16, pp. 8~26.

250

的国家。据世界银行统计，2003 年欧盟的 GDP 是 8.2 万亿美元，而欧盟第一经济强国——德国的 GDP 为 2.4 万亿美元，占整个欧盟 GDP 的比例为 29%。但在创业投资方面，德国远远落后于欧盟其他国家。据欧洲创业投资协会统计，2003 年欧盟创业投资额占 GDP 的比例为 2.88%，德国仅为 0.116%，低于英国 0.852%、瑞典 0.38%、芬兰 0.31%、法国 0.274%、荷兰 0.241%、意大利 0.233% 的水平。

二、投资主体组织形式的差异

世界上的创业资本组织形式主要有以下几种：（1）有限合伙制（Limited partership）投资公司；（2）政府扶持的投资机构；（3）金融机构下属的创业投资部门；（4）产业或企业附属投资公司；（5）小型私人投资公司或富有的家庭/个人投资者。而有限合伙制投资公司是美国的创业投资组织形式中最为常见的组织形式。

最早，在美国从事创业投资活动的机构主要有三种组织形式：一是以有限合伙形式存在的创业投资基金；二是大企业附属的创业投资机构；三是小企业投资公司（Small Business Investment Companies，SBICs）。

有限合伙制创业投资基金包含两类合伙人，一类是普通合伙人，另一类是有限合伙人。美国的创业资本之所以采取合伙制，是与其法律体系和税收政策相关的。首先，合伙制不具有独立的法人资格，是一级税赋，仅个人所得纳税；其次，合伙制的有限合伙人虽然是出资者，但不参与基金的日常投资运作和管理，保证了普通合伙人作为专家理财的独立性；最后，合伙制中的普通合伙人作为基金的管理者，要承担创业投资的债务和法律连带责任，这样就对其起到自我表现约束的作用。此外，通过签订合伙契约，充分保证了两类合伙人权益，对普通合伙人有效地起到了激励和约束作用。

随着美国市场环境的不断改变和对创业投资认识程度的加深，有限合伙制的优点不断地得到凸显。有限合伙制中存在着两个层次的委托代理关系，即投资者和创业资本家之间的委托代理关系和创业资本家与创业企业之间的委托代理关系。在有限合伙制中，创业资本家作为一个中间人而存在，他具备一定的专业技术知识，还拥有广泛的融资渠道和丰富的企业运作经验。作为投资者和创业企业之间沟通的桥梁，投资者通过与创业资本家之间的合约确定了对创业资本家的激励与约束，而创业资本家又通过其与创业企业之间的合约确定了对创业者的激励和约束。

252 他们之间这种关系的建立能比较好地解决以前几种创业资本组织形式无法解决的委托代理问题，既保护了投资者的利益，又使得创业者的积极性得到充分的激励，对创新起到了巨大的促进作用。

目前，有限合伙制的创业投资组织已经迅速地发展成为当今美国广泛采用的一种创业投资组织形式。从表11 - 2 的统计数据可以看出，1980 年，三种组织形式筹资的资金分别占创业资本总量的 40.0%、31.1%、28.9%，基本上三分天下。然而从1982 年开始，有限合伙基金的份额就开始逐年上升，到1988 年就达到80%，从此，其份额一直稳定在80% 左右的水平①，成为美国创业资本市场占主导地位的组织形式。目前我们谈论的创业资本就是指以有限合伙制形式存在的创业投资基金，在美国，

————————

① 1989 ~ 1994 年，有限合伙制创业投资基金占创业资本总量的比例分别是 79%、80%、80%、81%、78%、78%（见 Gompers，P. A and J. Lerner.，1999，The Venture Capital Cycle. p9. Boston，MA：MIT Press）。以后年份则没有相应的统计数据。

这种组织形式也称为正式的创业资本（Formal Venture Capital）。对于从事创业投资活动的其他组织形式，则称为非正式的创业资本（Informal Venture Capital）。

表 11 - 2　美国创业资本市场的结构（单位：百万美元）

年份	1980	1981	1982	1983	1984	1985	1986	1987	1988
创业资本总计	4500	5800	7600	12100	16300	19600	24100	29000	31100
有限合伙基金	40.0%	44.0%	58.0%	68.7%	72.0%	73.0%	75.0%	78.0%	80.0%
大公司下属创业投资机构	31.1%	28.0%	25.0%	21.0%	18.0%	17.0%	16.0%	14.0%	13.0%
小企业投资公司	28.9%	28.0%	17.0%	11.0%	10.0%	10.0%	9.0%	8.0%	7.0%

资料来源：Sahlman，W.，1990. "The Structure and Governance of Venture Capital Organizations"，Journal of Financial Economics 27，pp473~521。

美国创业投资组织形式的机构化和专业化，是美国创业资本发展历史上的一次重要的制度创新，促使美国的创业资本发展成为一种系统化的融资、投资制度，并已形成一套完整的进入、评价、投资、监控、退出等的市场体系，从根本上解决了技术创新和创业企业由于高度不确定性、信息不对称等原因，带来的代理问题和激励问题，从而在投资者和技术创新之间建立了一个互相沟通的中介，承担和弥补了创业企业融资困难的缺口。

更重要的是，专业化的创业投资机构（创业资本家），使美国的技术创新方式发生了戏剧性的变化，产生了一种由新熊彼特学派提出的将企业家驱动和公司导向两部分结合起来的新型技术创新模型。在创新过程中，创业资本家积极地与大企业、大学、金融机构以及各种各样的在创新过程中起重要作用的机构建立联系，成为扩大技术创新网络的核心，使美国的技术创新进入了一个新的发展时代。

德国尽管是欧洲创业投资比较发达的国家，但由于其法律
和历史因素的限制，在美国占据主要地位的有限合伙制创业投
资组织形式在德国无法开展起来。目前德国主要采用的创业投
资组织形式有：（1）有限责任公司（GmbH）；（2）有限责任
合伙（GmbH & Co. KG）；（3）投资公司基金。另外的一种比
较特殊的形式就是创业投资公司（UBG）。UBG制度是在传统
公司的结构形式上建立起来的，它有两个突出的特点：可免征
交易税和净财产税；可以有限地减征公司的所得税和资本利
得税。

截至1999年，德国大约有250家创业投资公司，但其中大
多数维持着较小规模，往往只对公司所在地的创业企业进行投
资，并且它们与当地的信贷机构保持着紧密的联系。在德国，创
业企业和中小企业在创业的早期阶段，非正规创业投资占有相当
的比重。而在中后期，金融机构下属的创业投资部门和大型企业
附属的投资公司则成为了主要的创业投资组织形式，但由于创业
企业属于新创立企业，缺乏一定的信用资料，因此这些组织在做
出判断决策时往往思想较为保守，无法及时向急需资本的创业企
业提供需要的资金；即使可以提供，条件也会比较苛刻。另外，
近年来德国公开上市交易的创业资本企业数量也在增加，现在已
经占到了创业资本企业数量的1/4左右。

三、创业资本资金来源的差异

创业投资的高收益性吸引了来自不同行业的资金，目前各国
的创业投资资金，主要来自于公共养老基金、私人养老基金、公
司资金、个人资金、保险公司/银行资金、捐赠基金以及来自国
外的创业资本等。

254

　　根据1997年美国创业资本的资金来源统计，养老基金占了
创业资本总量的40%，其他资金来源分布情况分别为：企业公
司30%、个人和家庭13%、捐赠基金9%、银行和保险公司
1%。前面我们提到，通过中介机构（特别是有限合伙制的创业
投资公司）进行投资已经成为美国创业资本发展的一种主流趋
势，因此，我们还可以从美国独立的创业投资企业资金筹集的状
况，来观察美国创业资本来源情况（见表11-3）。

表11-3　通过独立的创业企业筹集的创业资本概要统计

年份	1979	1983	1987	1991	1995	1999
私人养老基金	31%	26%	27%	25%	38%	9%
公共养老基金	a	5%	12%	17%	n. a.	9%
企业资金	17%	12%	10%	4%	2%	16%
个人资金	23%	21%	12%	12%	17%	19%
捐赠资金	10%	8%	10%	24%	22%	15%
保险公司/银行资金	4%	12%	15%	6%	18%	11%
外国投资者	15%	16%	14%	12%	3%	22%

　　注：这两年的数据都包括在私人养老基金的数量之内。
　　资料来源：Paul Gompers and Josh Lerner （2001），"The Venture Capital Revolu-
tion"，Journal of Economic Perspectives 15 （2），pp145~168。

　　从表11-3可以看出，美国的养老基金已经成为创业资金的
主体来源，而且国外资本由于受到美国创业资本市场丰厚的投资
回报率的吸引，已经成为创业资本的一个重要来源，在1999年
这个比例达到了22%。此外，来自于个人的资金一直在美国的
创业投资产业中保持一个稳定的较大比例。从总体来看，银行和
企业的资金虽然在各年均占10%以上的比例，但并没有成为美
国创业资本的主要资金来源。

表 11 - 4　德国创业资本的资金来源

来源	年份	信贷机构（银行）	保险公司	行业（企业）资金	个人资金	政府资金	国外养老基金	其他
所占比例	2003	43.2%	11.1%	3.8%	5.1%	7.5%	24.1%	4.1%
	1999	44%	12%	9%	8%	7%	18%	2%
	1998	50%	14%	9%	8%	4%	14%	1%

资料来源：1998~1999 年数据来源于"The Market for Venture Capital in Germany", Deutsche Bundesbank Monthly Report October 2000, 2003 年数据来源于德国创业投资协会（BVK）。

德国创业资本的资金来源情况见表 11 - 4。从表 11 - 4 我们可以看到，在德国创业资本的资金来源结构中，银行等信贷机构占有绝对的优势。1998 年，银行向创业资本提供的资金比例高达 50%，尽管从 1999 年这一比例开始下降，但下降幅度还是不大，到 2003 年银行等信贷机构的资金比例仍高达 43%。

另外，随着金融的全球化的不断加快，由于德国创业资本的资金来源中，外国的养老基金的比例逐步增加。如表 11 - 4 所示，1998 年国外养老基金所占的比例已达 14%，与保险公司所占比例相当；1999 年国外养老基金的比例达到 18%，超过了保险公司的比例，到 2003 年，国外养老基金所占比例高达 24%。这个迹象表明国外投资者对德国创业资本市场越来越看重，投资也在不断地增加。

从表 11 - 4 可以看出的另外一个趋势就是，德国政府明显增加了对创业资本投资的支持，1998 年政府资金占创业资本筹资额的 4%，1999 年就上升到 7%，2003 年仍保持在 7.5%。政府资金的增加表明德国政府已经充分认识到创新对经济增长的积极影响，尤其是对政府公共政策与激励创新之间的联系有了新的认识。

四、资金投向以及投资方式的差异

创业资本成立的主要目的是投资于技术创新型的中小企业，解决高科技商品化过程中的融资困难问题。美国一直是世界科技创新的策源地。进入 20 世纪 90 年代，人类在基因工程、医药产业、生物工程、计算机、信息通讯等诸多高科技领域取得了重大的突破，科学技术水平处于一个飞速发展的阶段。美国的创业投资家们灵敏地捕捉住了这一机遇，将创业资本主要投资于高科技领域，在把科技转化为生产力的同时也获得了巨额的利润。由第三章表 3－3 可以看出，美国创业投资的主要投资领域和投资热点基本上反映了科技发展的最新趋势，像 20 世纪 80 年代的个人计算机、通讯技术、软件开发到 90 年代的生物工程、互联网，创业投资均大量涉足。创业投资对高科技产业的投资占其总投资的 90％以上。可以说，创业投资是美国科技创新的主要推动力量。

而在德国乃至整个欧洲国家，长期以来创业资本的投资重点仍放在传统行业上。在电子信息和生物医药等高科技领域的投资不足总投资的 1/4。这种状况目前仍然没有改变。据欧洲创业投资协会统计（EVCA Year Book 2004），2003 年德国创业资本市场实际投资额为 24.81 亿美元，其中对传统产业的投资高达 18.52 亿美元，对高科技产业的投资仅 6.29 亿美元，所占比例仅为 25％。美德两国创业资本投资领域的差异，也可以视为 20 世纪 80 年代以来美国的信息产业和生物科技产业发展一枝独秀的一个主要原因。

创业资本由于对早期科技创新的融资支持，因而对中小科技企业和创新企业的发展起到了非常重要作用。但随着创业资本收益率的增加，越来越多的投资者加入创业资本行业，新基金不断

地推出，基金的规模和数量都大幅度增加。在这种情况下，美国创业资本的投资阶段由传统的早期阶段开始转向中晚期投资，争取以较短的时间退出创业企业，获取超额的投资利润。1995～1999 年，美国创业资本向早期阶段投资的比例分别是 36%、26.9%、24.9%、28.0%、21.1%，平均比例是 27.4%。（详见第八章表 8 -9）

表 11 -5　德国创业资本的投资阶段

（单位：10 亿马克）

投资阶段	总投资额		接受投资企业价值	
	1998	1999	1998	1999
种子和起步期	0.83（25%）	1.80（33%）	1.56（17%）	3.16（23%）
扩展期	1.01（30%）	1.95（35%）	4.3（46%）	5.76（41%）
Buy-out	0.83（25%）	0.78（14%）	2.10（22%）	2.76（20%）
为 IPO 做准备	0.4（12%）	0.76（14%）	0.94（10%）	1.45（10%）
其他	0.26（8%）	0.23（4%）	0.54（6%）	0.77（6%）
总计	3.33（100%）	5.51（100%）	9.44（100%）	13.91（100%）

资料来源："The Market for Venture Capital in Germany", Deutsche Bundesbank Monthly Report October 2000. p22。

　　美国和德国的创业投资企业都有一个共同的特点，即投资主要发生在创业企业发展的后期。发生在这个时间段的创业投资可以免去投资于那些仍处于发展初期的企业时必须要做的许多前期准备工作，因为处于发展后期的创业企业已经具有了一个比较明晰的商业前景和运作基础，在很大程度上降低了投资方和企业之间的信息不对称问题。虽然投资于企业发展的后期可以减少许多不必要的麻烦，并且降低了风险，但是就投资对市场的促进作用而言，投资于发展初期的企业更能明显地促进整个创业投资行业的发展。美国的创业资本市场对早期阶段的创业企业投资要高于德国的创业资本市场，它们对处于种子期和启动期企业的投资，解决了很多创业企业的资金需求问题，提高了创业企业的成功率。但在 2000 年美国股市泡沫破灭以后，创业投资家重新回归传统，开始偏重于长期投资。在 2000～2002 年三年间，这一变化非常明显。对早期阶段的投资由 1999 年的 21.1% 迅速增加到 2000 年的 63.8%、2001 年的 70.1%、2002 年的 61.5%。

五、创业投资退出渠道的差异

作为一种中长期的投资，创业资本家对一个创业企业的投资期限通常为 3～7 年，为了将账面价值转化为实实在在的货币价值，最终实现资本的增值，或是为了淘汰那些已经被证实没有希望的项目，投资者最后必定要从所投资的企业中退出。在国际上常用的退出方式有四种：企业上市（IPO）、企业兼并、出售或清算。

259

实践表明，IPO 是创业资本家退出创业投资项目的最佳渠道，创业企业在 IPO 时所实现的资本收益将能满足投资者对期望回报率的要求，而且也有助于创业资本家声誉的提升。创业投资项目的 IPO 是通过在一个专为新兴行业和企业（尤其是高科技行业）中的私人权益资本（包括创业资本）退出而设立的股票市场来实现的。美国和德国都建立起了这样的市场，即美国的NASDAQ 市场和德国的 Neuer Market Frankfurt（法兰克福新市场）。

美国创业资本市场从 1995 年以后之所以持续升温，一个很重要的因素，是美国股市的繁荣，创业资本投资的企业被大量地IPO，创业资本也得以通过 IPO 顺利退出。1995 年，创业企业IPO 数量为 209 家，1999 年、2000 年则分别高达 272 家、262 家。

需要注意的是，最后经营成功并上市的企业在整个创业投资行业中毕竟还是少数。在美国创业投资市场上，接受创业投资的创业企业最后往往只有 5%～10% 能够成功，因此，其他的退出方式就成为了这些失败的投资者无奈的选择。企业兼并、出售或清算都是这种无奈情况下可选的退出渠道，但其收益率比起 IPO 而言就不可同日而语了。统计数字表明，以清算方式退出的投资占投资总额的 32% 左右，在这种情况下，投资的回收率一般只有 64%。

在德国，由于整个创业投资在经济总量中表现并不活跃，因此德国的创业投资退出市场发展也是比较滞后的。创新企业从创业资本家手中回购企业股权（Buy Back 方式）占的比例最高，为 57%；将股权出售给工业界的投资者（Trade Sales 方式）占 31%；通过 IPO 方式退出的占 9%，将股权转让给其他创业资本家（Secondary Purchase 方式）的占 3%。

260

表 11－6　德国新市场成立以来的 IPO 情况

	1997	1998	1999	2000	2001	2002	总计
全部 IPO 数量	11	41	130	133	11	1	327
创业企业 IPO 数量	7	15	45	53	3	0	123

资料来源：BVK, 2004。

从表 11－6 我们不难看出，尽管 1997 年德国成立的新市场对创业资本，通过 IPO 的方式退出有很大的促进作用，1999 年、2000 年创业企业 IPO 数量分别为 45 家、53 家，但德国的 IPO 市场同美国 IPO 市场相比差距仍较大，仅相当于美国同期 IPO 数量的五分之一。特别是 2000 年以后，同美国股市下跌一样，德国新市场的运行也陷入困境，整个市场交易清淡，挂牌公司市值大幅度缩水，2002 年年底新市场市值比最高市值缩水近 95%，以致德国法兰克福交易所不得不在 2002 年宣布新市场将于 2003 年年底关闭。这样创业资本在德国通过 IPO 这——渠道退出将会更加困难。

第二节　美国与德国创业资本市场差异形成的原因

通过以上的分析我们可以看到，相对于美国创业资本市场的发展状况，德国创业资本投资的发展速度是比较慢的。笔者认为，造成德国创业资本市场发展滞后的原因主要在于：

一、两国金融体系存在着根本的差异

261

尽管美国和德国都是发达的市场经济国家，但两国的金融体系存在着很大的差异。美国金融体系的核心是一个成熟、完善的股票市场，受到分业经营体制的影响，其资金的筹集和运用主要通过股票市场进行。德国虽然也有一个比较成熟的股票市场，但在历史上，德国很早就已经实行金融混业经营，银行不仅能经营传统的银行储蓄、贷款业务，也能进行投资，持有企业的股份，是一种全能型的银行。整个德国的金融体系就是建立在银行基础之上，银行在德国的整个投资体系中占据了重要的地位。

金融体系最根本的功能是引导储蓄向投资的转化，因此，观察金融体系的方法之一就是比较不同国家的储蓄和金融资产结构。表 11 – 7 显示了几个主要工业化国家银行与资本市场在资金融通中的相对重要性。从中可以看出，德国和美国分别代表了两种不同的类型。在美国，银行资产对 GDP 的比重为 53%，只有德国的三分之一；相反，美国的股票市值对 GDP 的比重为 82%，大约比德国高三倍。因此，美国英国的金融体制常常被称为"市场主导型"，而德国、法国、日本则被称为是"银行主导型"。

表 11 - 7　1993 年银行与资本市场的国际比较

（单位：10 亿美元;%）

国家	GDP	银行资产（BA）	BA/GDP	股票市值（EMC）	EMC/GDP
美国	6301	3319	53%	5136	82%
英国	824	2131	259%	1152	140%
日本	4242	6374	150%	2999	71%
法国	1261	1904	151%	457	36%
德国	1924	2919	152%	464	24%

资料来源：Allen and Gale（2001），p72。

为了更加清楚地区分以德国为代表的银行主导型金融体系和以美国为代表的市场主导型的金融体系，我们从机构的角度通过表 11 - 8 进行简要的比较。

表 11 - 8　美国与德国的金融体系比较

		美国	德国
银行体系	商业银行	提供短期工商企业贷款、住宅贷款、农业贷款，以及对同业贷款。格拉斯-斯第格尔法禁止商业银行从事投资银行业务，但是自 1999 年 11 月后放松	主要包括三大全能银行：德意志银行、德累斯顿银行、商业银行，从事存贷款、生命保险、有价证券承销和投资多种业务
	储贷机构	传统上提供抵押和其他消费信贷。很多是互助性质的，即存户同时是股东	兼顾公共利益，不以盈利最大为目标；共有三级：地方、州和中央储蓄银行
	保险	生命保险公司提供税收比较优惠的储蓄手段；财产保险公司主要目的是提供保险，投资工具只是副产品；很多公司是互助性质的	全能银行与保险公司均能提供保险。但是与银行不同，保险公司受到严格监管
养老保险	公共	涵盖所有员工；保费与平均收入相联系；替代率较低	涵盖所有员工；保费与工作期间平均收入项联系；替代率较高
	私营	主要包括根据最终收入决定的固定受益人；通常不采用指数化；固定认缴计划日趋重要	

续表

		美国	德国
金融市场	股票市场	三大主要交易所为：NYSE，AMEX，NASDAQ；它们是经由初次发行（IPO）筹集资金的主要渠道	以法兰克福为中心的 7 个区域性交易所；上市公司数量较少
	债券市场	各级政府以及企业重要的资金来源	各级政府与银行重要的资金来源。对非金融企业不重要

资料来源：Allen & Gale（2000，p53，p72）。

两国金融体系的差别自然而然地也反映到了两国的创业资本（Venture Capital）体系中。在美国，创业资本发展的基础是一个专为新兴行业或新兴中小企业特别设置的股票市场，如 NASDAQ 市场，创业资本循环中的资金筹集、投资和投资回收等各个环节的最终目的都是为了创业资本最后能顺利通过股票市场退出，完成创业资本的循环。而在德国模式下，银行是创业投资的主体，各主要银行以直接或间接的方式将资金投向创业企业，银行与企业关系密切，多数情况下投资的银行会成为创业企业的股东而存在。如果从投资方式的角度来看，美国的创业资本市场更倾向于使用直接融资的方式，而德国的创业资本市场则多采用了间接融资的方式。

由于金融体系的不同，美国和德国各自创业资本市场中的资金筹集体制也很不相同。美国的资金筹集体制是一种"距离型融资体制（Arm's Length System）"。① 在这种体制下，证券市场为不同范畴的市场参与者提供了众多的金融工具，而投资过程中的监督功能（Monitoring）则由创业资本家、投资银行、商业银行或一些中介机构完成。在这种筹资体制下，投资者的权

_____

① Allen F. and D. Gale（1999），Comparing Financial Systems. MIT Press, Cambridge，MA.

263

利保护只能依赖于白纸黑字的投资合约，投资者对于信息披露的要求显得更为迫切和必要。因此，这种体制更适用那些法律法制健全的国家，以及那些信息较为分散的行业，如高新技术产业等。

而德国的创业资本筹集体制是一种"关系型融资体制（Relationship－based System）"，[1] 在这种体制下，投资者通过在企业中持有大量的股份或以主要贷款人的角色在企业享有一定的控制权，并以此来确保自己投资得到相应的回报。在德国的关系型融资体制中，银行扮演了一个主要的贷款人角色。在众多的投资者（银行）当中，其中的一个将担负起"委派监督（Delegated Monitor）"的角色，代表其他的投资者行使事前对客户和项目的

264

选择、投资项目监控以及企业运营干预等职责。这种体制的好处是它类似于一种长期的隐性合约，出于对名誉的关心，双方都有一种自我约束的意识。但由于这种体制是建立在自我约束的基础上的，因此发生这种关系型融资行为的双方必须先建立起一种长期稳定的关系，这样有助于减轻参与各方的信息不对称程度以及代理成本。这种体制更适合于德国那种四平八稳发展的传统行业。

二、银行投资体制限制了创业投资的发展

德国的创业投资资金来源结构中，银行资金占据了主导地位，而实际上，德国的创业资金的主体也是来自于银行等金融机构。德国的银行通常都设立有专门负责创业投资的部门。由于德国混业经营较为成功，因此银行在投资领域已经形成了企业和银

---

① Allen F. and D. Gale（1999），Comparing Financial Systems. MIT Press，Cambridge，MA.

行之间互相信赖的稳定关系。对于传统行业中的企业，银行基于
自己的长期营运经验和对企业日常经营活动的高度参与，往往能
很好地掌握企业的情况。但创业投资属于一种新型的投资模式，
而且专业的分工和科技的发展使得银行很难掌握其所需要的大部
分信息。与此相反，银行与创业企业之间存在着一种高度的信息
不对称状况，而且创业企业也充满了风险，此时的银行往往无法
对急需资金的创业企业做出正确的信贷风险评估。出于对自己资
金安全的顾虑，银行往往偏于保守，将信贷控制在有限范围之
内，造成企业无法获得足够资金。特别是创业企业，由于缺少足
够的自有资金和与银行之间的相互信赖关系，获得信贷的可能性
就更小。

　　而且，长期以来德国推出了扶持创业企业和中小企业的政
策，它们也都是以扩大银行信贷投资空间、改善银行信贷条件、
提高银行信贷发放率为着眼点，这些以银行为基础的资助性信贷
计划养成了企业对银行信贷的依赖心理。此外，联邦政府、各州
政府和欧盟推出的大批扶持创业企业和中小企业的信贷计划，
与其他的市场化筹措资金等渠道相比，在信贷期限、利率等方
面具有更多的优惠，而且创业的企业家不用担忧企业控制权为
外人所把持、企业内部信息外泄等顾虑。这种行政干预状态下
的创业资本投资促进计划使得许多企业对按照市场规律运作的
创业投资不屑一顾，从而忽略了市场这只"看不见的手"的力
量和作用。

三、两国法律起源和法律环境存在着巨大差异

　　近年来，哈佛大学经济系施莱佛（Andrei Shleifer）等人的
发表了一系列有关法律和金融关系的研究成果。他们认为，世
界上现有商业法律从最初的起源看只有英国的普通法和罗马

法，后者又分别衍生出三类商业法规：法国的民法体系、德国的民法体系和斯堪的纳维亚民法体系，其他国家的法律体系都通过各种方式由其衍生而成。在此基础上，他们设计并收集了一些反映股东法律权利，法律实施质量等情况的指标，并分析这些指标在不同法律体系下与公司治理和企业融资结构之间的关系。他们发现，普通法体系下对投资者权利的保护强于罗马法体系。这种情况与收入水平或经济发展程度无关。四种法律体系中，英国的普通法对私人产权保护最得力，法国体系的民法保护最不力，德国的民法体系和斯堪的纳维亚民法体系介于两者之间。就法律实施质量看，斯堪的纳维亚体系质量最高，德国体系次之，英国普通法再次之，最低仍然是法国体系。法国体系中对小投资者法律保护程度差与它们企业所有权相当集中有关。不同的法律体系对投资者的保护程度不同导致其金融体系的发展和金融结构的特征不同，例如，实施有效的法律体系会影响资本市场和债务市场的总量和范围。分属不同来源的法律体系下的经济体在资本市场的规模和范围方面存在系统性差异，普通法体系下资本市场规模远大于民法体系，普通法体系国家的债务水平低于德国民法体系国家。

施莱佛等人还研究了不同法律体系下金融结构的差异，结果他们发现法律体系对金融结构有重要影响：实行以普通法为基础的法律体系的国家或地区，其金融体系以证券市场为基础；而金融体系不发达的国家或地区较多实行的是以法国民法为源起的法律体系。这是因为实行普通法的国家或地区对小股东的保护力度很强，有利于资本市场的发展，相反，强调对贷款人的权利进行保护的德国式民法体系较有助于银行中介机构的发展，容易形成以银行为主的金融体系。

表 11-9 不同法律体系下国家和地区的创业投资水平

国家和地区	法律体系的类型	2000 年创业投资	
		10 亿美元	占 GDP 的比重（%）
以色列	英国普通法	3.2	3.17
新加坡	英国普通法	1.2	1.41
中国香港特别行政区	英国普通法	2.2	1.38
美国	英国普通法	122.1	1.33
瑞典	斯堪的纳维亚民法	2.1	0.88
英国	英国普通法	12.2	0.85
加拿大	英国普通法	4.3	0.68
法国	法国民法	4.9	0.34
意大利	法国民法	2.8	0.24
瑞士	德国民法	0.6	0.23
德国	德国民法	4.4	0.21
日本	德国民法	2.0	0.05
英国普通法国家平均值		—	1.14
所有民法国家平均值		—	0.31

267

法律体系的起源不同可以解释美国与德国创业资本市场的差异。美国是以英国普通法为基础的法律体系，其对投资者权益的保护程度要高于德国这些以民法为基础的法律体系，因而在美国的创业投资者投资的创新活动虽然不确定性高、信息不对称程度严重，但其权益受到侵害的情况较少。从表 11-9 可以看出，在普通法国家的创业投资水平（1.14%）要远远高于民法国家的水平（0.31%），而德国民法体系的国家其创业投资水平是最低的。

事实上，两国的创业投资水平差异还体现在法律环境上。美国创业资本发展有一个得天独厚的优势，即其法律环境有利于创业投资，尤其是在创业资本组织形式上，较早制定了《统一合伙法》（Uniform Partnership Act，简称 UPA）。该法是由美国全国统一州法委员会于 1904 年组织起草，最后于 1914 年完成，现为 40 多个州议会通过采纳，在 40 多个州具有法律效力。

在美国的合伙制创业投资基金中，合伙是一种合伙人之间的契约关系，不同于公司的法人。合伙的契约关系通常适用于合同法的一般原则。在美国法中，合伙又是一种代理关系，因而美国合伙法和代理法相似。在美国的合伙制创业投资基金中，创业投资基金的投资者，即委托人，与创业投资基金的管理人或创业资本家形成委托—代理的关系。委托人提供了创业投资基金的绝大部分资金（占 99%），通常不参加基金的运营，仅以投资额度为限对基金的债务和亏损负有限责任；而代理人通常只提供很少一部分的资金（占 1%），但以自己的所有财产对基金的债务负无限的责任。委托人保留对重大财务的决策权。这种投资方式使得创业投资资金所有权和使用权分离，提高了使用效率。与此同时，委托人通过合约安排使得代理人的收入与基金的业绩直接挂钩，代理人收益的大部分来自基金的增值收入（通常可以提取基金收益的 20% 作为绩效报酬），这就等于为创业资本家提供了一个看涨的股票期权。通过这些合约的安排，投资者有效地实现了激励与约束的相容，而且，投资者也可以避免资金因为专业知识的缺失而导致的高度信息不对称状态。因此，随着美国投资者对创业投资本质认识的加深，这种组织形式和监管模式也就成为了美国创业资本投资者的第一选择。

有限合伙制的另一个吸引人之处就是，在美国税法中，公司是独立的纳税实体，而合伙企业则被视为其所有者的延伸，不是税法上的纳税实体，不用缴纳公司所得税，所以有限合伙投资企业能够享受一系列的税收优惠待遇。这也是为什么美国的创业投资企业大量选用有限合伙制作为其组织形式的原因之一。

而在德国，有限合伙制被当做课税的主体，需要缴纳公司税，除此之外投资者还要缴纳个人所得税，因此，这种形式在德国并没有体现出它在美国的那种优势。在德国的创业投资发展的早期阶段，政府有意识地与银行合作发起建立创业投资基金，而在这种基金中，政府关心的问题是新技术的商业化，而银行更多地则关心最小化风险，以免对其声誉造成影响，对创业投资基金的赢利状况毫不关心。既然在投资者中都不能就所关心的问题取得一致，那有效的监管又从何谈起呢？

另外，德国有关金融机构投资的现行法规限制了金融机构向创业投资机构提供资金。例如，德国保险业和为数不多的养老基金只允许用不超过其保证金财产 5% 和其他资产 6.25% 的资金以创业投资的形式进行投资。

269

《联邦银行法》第 12 款规定德国银行的参股额和长期投资额不得超过其自有资金。另外，由于税制方面的原因，德国的养老金一般都掌握在企业家手中，且很少进入创业投资领域。这也是德国创业投资的资金来源中没有养老基金投入的原因。

四、资本市场的规模和活跃程度存在巨大差异

如前所述，由于法律体系不同，美德两国形成了不同的金融体系，在美国以股票市场为中心的金融体系下，资本市场极其发达，因而形成了巨大的资本市场规模和容量，创业资本很容易通过 IPO 顺利退出，这就形成了一个筹资、投资、退出的良性循环，因而加快了资金向创业资本市场的流入。

但是上述优点仅仅是问题的一方面，美国斯坦福法学院 Bernard S. Black 和 Ronald J. Gilson（1998）认为，更重要的是 IPO 退出机制在资本供给者和使用者之间确定了一种对未来企业控制权结构的隐性合约。这种隐性合约对于处理高风险条件下委托人

与代理人之间的利益冲突是有效的，但它在其他退出机制下是不容易被复制出来的。他们解释了美国创业资本市场同德国相比具有较高活力的原因，是在公司治理结构上的制度性差异，即美国是以股票为中心的市场，而德国是以银行为中心的市场。股票市场形成一个合适的特殊种类退出：IPO。IPO 使创业资本家和创业家双方均受益。创业家能够重新获得企业的控制权，给创业家一个在执行阶段的激励并使其努力去增加企业的价值。然而，这种隐性激励合约在其他退出机制下是很难复制出来的。在以收购作为主要退出机制的情况下，企业的控制权从创业资本家转移到其他人手中，企业家永远无法控制自己创办的企业。很显然，这种机制不利于激励企业家，也不利于创业资本市场的发展。

270

Black 和 Gilson 论证道，许多国家公开地羡慕美国创业资本市场，但就是难以成功地复制，原因在于这些国家未能做到创业资本与资本市场的良性互动。他们认为，一个具有一定规模、活跃的、强有力的资本市场是创业资本壮大和发展的前提，特别是发达的股票市场给创业资本家提供通过 IPO 退出，这是充满生机与活力的创业资本市场存在的关键。他们对 1978 ~ 1996 年美国有创业投资背景公司 IPO 的数量与创业资本承诺投资的关系进行了实证分析，结果发现，创业投资的 IPO 多的年份，当年的创业投资的承诺投资额就多，反之亦然（见第三章图 3 - 2）。

美国总统经济顾问委员会在 2001 年美国总统年度报告中更是自豪地宣称，创业资本市场的繁荣和 IPO 市场的强大动力，是美国经济独有的特色，这说明了为什么新经济出现在美国，而不是欧洲或亚洲。

德国政府意识到了德国金融体系的缺陷，于 1997 年专门成立了为创业企业退出的二板市场——德国新市场，但运行几年以后，实际效果并不像美国的纳斯达克市场那样理想，最后被关闭。这个现象也表明，在以银行为中心的金融体系中，缺少的不仅仅是一个股票市场，更多的是缺乏能够评估创业企业的各个环节、经验丰富的创业资本家，以及能够让处于早期阶段的公司公开上市的投资银行家。此外，股票市场如何保护投资者者特别是中小投资者也是德国证券市场远没解决的问题。可以说，繁荣的创业资本市场反映了一系列相互依赖的各种因素，而股票市场的强大只不过是重要的、关键的因素之一。

五、两国企业家精神存在着较大的差异

不少人认为，退出渠道的完善，即针对创业资本退出的证券市场的建立，就会对一国的创业投资事业起到立竿见影的作用。但是从本质上看，人的因素才是最重要的。一个国家如果没有一批高素质的企业家队伍、对企业家的有效激励措施以及敢于开拓的企业家精神，那么，无论这个国家的硬件设施如何完善，也不可能建立起一个高效率、低成本的创业资本市场。

271

Becker 和 Hellmann（2000）在《创业资本的起源——德国的经验教训》一文中指出，企业家精神对创业资本发展至关重要。他们认为，德国并不缺乏具有创意的人才和发展创业投资所需要的资金，德国缺乏的是那些愿意并且有能力将他们的创意转化为成功的创业行为的人才。这也就是我们通常所讲的企业家精神的缺乏。

企业家精神的高低与一国的历史、人文和商业文化背景有关。美国人自踏足美洲以来就充满了富于冒险的精神，这种冒险精神现在俨然已经成为了美国创业投资产业和科技创新的一种自然禀赋和优势，他们能够坦然面对失败，喜欢尝试新鲜事物，对成功的追求与热爱驱使他们不断地去开拓新的领域。同时，美国文化在鼓励冒险的同时，又允许和容忍失败，美国社会往往将创

业家的失败视为一次创业学习的经历，这种宽容态度，使不少企业家失败后又成功地东山再起。

而在欧洲大陆的德国、法国等老牌的资本主义国家中，沉稳、守旧已经沉淀为文化的一部分，不可能轻易更改。而且，欧洲国家的习惯中并不欢迎那些经常犯错误的人。这也就说明了尽管有不少的激励措施和优惠条件，而且在各种硬件设施和科技水平并不比美国落后多少的情况下，欧洲的创业投资仍然不活跃的原因。

此外，德国对解雇员工特别是终止劳动合同的赔付有很多限制。这些规定减少了劳动市场的流动性，增加了初创公司的成本，从而阻碍了新企业的出生率。相反，美国则有活跃的劳动市场。劳动市场管理的差异造成美国新企业的出生率远远高于德国。根据全球创业调查协会的调查，2003 年美国的新企业出生率为 11.9%，即每百人中有 11.9 人从事创业，而德国只有 6.4%。

272

从以上的比较分析中，我们可以看到，美德两个创业资本市场的差异是经济、文化、社会、法律诸多因素造成的。因此，一国在进行创业资本市场的建设中，不能简单地复制美国的模式，而应该从阻碍创业资本发展的各个环节进行系统性推进，这样才能使创业资本得以顺利循环，使之加快、加大对科技创新活动的资金支持力度。从目前的情况看，我国发展创业资本市场应着力从以下几个方面加以重点突破。

首先，要进行预先建设的是人的思想，也就是要形成一种解放思想、勇于创新的创业投资文化。只有创业资本市场参与的各方的主观能动性调动起来了，形成了一个科技创新的环境，产生出具有创新特点、多样性的科技产品，这样才能够吸引创业投资的进入，这也是对美德两国创业资本市场进行比较分析的收获之一。

其次，我国创业资本投资体系建立的过程中，政府与民间资本必须进行一种默契的配合，政府应该能及时洞察在创业资本投资体系建立过程中市场参与者对于制度的需求，从税收、法律等诸多方面支持创业资本投资市场的建设；而参与者也应该在当前既定的市场环境下进行制度创新的实践，以达到既定条件下的效用最大化。

最后，需要建立起一个完善的创业资本投资循环制度。一个完善的创业资本市场应该包括筹资、投资和退出三个完整的阶段，其中还有诸如监督、激励、约束等环节辅助。而在我国目前的创业投资市场环境中，由于创业板市场迟迟未能建立，而其他的退出渠道由于受到全球经济不景气和科技股风光不再的影响，利用股权转让退出投资的途径是相当困难的，而我国的法律体制中公司又不能回购自己的股票，因此造成了创业资本投资循环的不通畅，影响了创业资本的再投入。因此，尽管创业板市场不是唯一的退出渠道，但我们还是应该在尽量控制风险的前提下，尽快建立自己的创业资本股票市场，加速投资循环的过程和提升投资者的收益水平。

273

第十二章 美国发展创业资本的
经验与启示

　　美国的创业资本从 1945 年正式诞生，至今经历了 60 多年的发展历程，在这一过程中美国的创业资本市场不断壮大，但并非一帆风顺，也有低潮和迂回，比如在 2000 年 4 月以后美国的创业资本市场就出现低谷现象，但这并不能否定美国创业资本市场发展的成功，时至今日，它仍然是全世界规模最大、发展最为完善的一个创业资本市场。创业投资资金来源渠道多元化、国际化特征明显，区域化、集聚化倾向仍在不断增强，美国的创业资本为美国技术创新型企业的成长与发展提供了必要的资金和管理支持，对促进整个美国高新技术行业的发展起到了至关重要的作用，并成为美国新经济的主要催化剂，极大地促进了美国的经济增长，其作用不容小觑。通过本书的研究和探讨我们不难发现，美国创业资本市场的成功与其创新的制度安排、合理的运作机制、完善多样化的退出机制、机构化专业化的创业投资人才以及政府的公共政策密不可分，但更离不开美国所特有的令人愉悦的创业环境、对创业家的宽容和尊重以及创业家的创新精神，李钟文、威廉·米勒等就将美国的硅谷定位为创新与创业精神的栖息地，如何理解美国的创业环境和创新精神，对我国也具有一定启发。因此，笔者认为总结美国创业资本发展的成功经验对于我国尚处于发展阶段的创业资本市场具有较好的借鉴作用。

第一节　美国创业资本发展的成功经验

一、成功的制度安排

正如作者在第一章提及的，美国的创业资本制度安排是一个独特的制度创新，这种安排改变了传统的过分依赖于银行的融资模式，美国成熟的资本市场使创业资本和封闭式私募基金的运作能够成功实现。独立的有限合伙制投资公司和在证券市场上公开交易的创业资本投资公司（如 SBICs 等），带来了治理结构和激励机制上的差别，这种差别又必然会反映到其投资项目的表现和市场运作的效率上。但我国创业投资业在这方面尚有欠缺，借鉴美国的成功经验不失为一个合理举措。具体来说，我国属大陆法系，而美国属英美法系，两国法律体系的差异决定了我们的创业投资发展模式不可能也不应该照抄美国模式。所以，我国可以参考德国或法国等大陆法系国家的做法，即根据我国创业投资的特点，对现行法律中的某些条款做出专门针对创业投资的解释；当然也可以先制定一些指导性的行业规范文件，根据具体运作效果作出适时修订，最终形成法律文件，为我国创业投资的发展创造有效的制度环境。从长期来看，我国的创业投资需要建立和规范创业投资运营机制、完善产权保护、修改管理层持股的法律规定等。

二、合理的运行机制

创业资本与传统的银行信贷、股票、债券形式均有差别，它是一种新的融资制度安排,在早期向成长性强的企业提供的一种权益性资本,并在后续阶段不断投入资金,企业成熟时实现退出。总的来说,美国创业资本采用了有限合伙制的形式,它有利于解决委托——代理关系中由信息不对称产生的激励问题。美国创业资本的来源呈现多样化的特点,但机构投资者是投资主体。美国的第二板市场——纳斯达克证券市场在创业资本发展过程中起到了决定性的作用,因为它为投资者提供了最优的退出渠道。在美国创业资本的发展历程中,美国政府的公共政策作用很大,美国政府对创业资本的有力支持,推动了创业资本市场的发展。正是美国创业资本的合理运作机制,使得美国创业资本市场不断壮大,发展成为当今世界规模最大、最为完善的一个创业资本市

场。与美国比较,目前我国创业资本市场在有效的退出渠道,创业投资资金来源和政府公共政策等方面还有待进一步完善。具体来说,我国应加快建立第二板市场为创业资本投资资金提供一个有效的退出方式,政府也应制定有利于创业资本发展的经济政策,引导资金流入,壮大创业投资资金规模,促进我国创业投资业的发展。另外,从资金来源角度,我国应加快完善投融资体制,实现创业投资资金来源的多样化,要以建立"多方投入、风险共担、利益共享"创业投资运行机制为目标,拓宽融资渠道,形成卓有成效的创业投资运行机制,降低风险,增强投融资的信心。我国目前风险资本来源的国内部分主要是政府财政、机构投资者、个人投资基金、产业资本等,国外部分所占比重过低。在美国,创业投资资金来源中的50%以上已经实现国际化,这被业界视为是一个新的发展趋势——国际化发展趋势。所以,我国应创造适宜风险资本流入的投资环境,引导国际创业投资基金或国际机构投资者扩大对我国创业投资业的投资,拓宽我国创业投资业的资金来源,加快我国创业投资业的发展。

三、完善多样的退出渠道

正如我们所熟知的，创业资本通常所用的退出渠道有 4 种：企业上市（IPO）、企业兼并、出售和清算，退出渠道是否有效是决定创业资本投资能否成功的关键因素。而四种退出渠道中，IPO 是回报率最高，是效果最优的创业资本退出方式。美国创业资本发展的关键在于其有一套完备的退出机制，包括第二板市场及收购兼并市场。美国的二板市场被誉为创业投资的"造血装置"、高技术产业发展的"发动机"，其宽松的上市条件和快捷的电子报价系统使得以 NASDAQ 为代表的二板市场得以迅速发展。目前，NASDAQ 已发展成为全世界创业投资公开上市最大的市场，20 世纪 90 年代美国通过风险基金和原始股上市等途径进行的创业投资每年都在 450 亿美元至 650 亿美元之间，其中 NASDAQ 吸纳的约占半数。更有微软、英特尔、西斯科、戴尔、雅虎等著名的风险企业在 NASDAQ 实现了成功退出和再度融资。NASDAQ 不仅是美国的创业板市场，更是世界优秀创业投资企业展示自己的舞台，2003 年第 3～8 期的《美国创业投资》资料显示，选择 NASDAQ 退出方式的仅占创业资本退出案例 20% 的比例。而收购兼并市场是美国创业投资的第二种退出渠道，这种方式投资年限是最短的，报酬率中等，但是对于创业投资企业来说，要注重投资资本的赢利性和流动性的统一，才能达到收益最大化，所以很多创业投资企业选择了这种退出渠道，这种退出方式选择的占比高达 60%。我国目前仍然缺乏创业板市场和收购兼并市场，创业投资资金难以顺利回收和实现资本增值。而且，在我国股份是不允许回购的，这样就导致我国创业资本投资的最佳退出渠道无法利用。作为一个发展中国家，我国利用创业资本发展高科技产业是一项刻不容缓的任务。而发展创业资本的关键是建立一套可行的创业资本退出机制。因此，美国创业资本的运行机制和有关政策是值得我们借鉴的。

四、机构化的运作

本书第八章对 KP 的发展历程进行了梳理，我们发现 KP 具有规模大型化、人力资本丰富的显著特点，但其本身的优秀并不是 KP 成功发展的充分条件，美国发达的资本市场，有效的 IPO 退出机制也是一个有力保障。

对高技术创业企业投资存在着市场和技术的高度不确定性，加之高度的信息不对称，创业投资成功与否与创业投资家专业知识和专业水平高低有很大关系，可以说，KP 的成功就得益于它的优秀合伙人。KP 采用的是有限合伙制，它能够为创业投资家实现自身人力资本价值提供保证。人力资本重要性充分反映了美国创业投资这种特殊中介行业的本质特征。除 KP 外，其他著名的创业投资基金之所以能够取得成功，也都是因为其拥有经验丰富的普通合伙人。除了人力资本外，创业投资基金的规模大型化是美国创业投资公司发展的主流趋势。

278

正如我们指出的，KP 在 1972 年成立时花了四个月的时间才辛苦地募集到 800 万美元的基金，而现在 KP 新发起的基金其募集资金往往不到一个月就能完成。应该说是 KP 合伙人的良好信誉导致了基金规模的大型化。到 20 世纪 90 年代美国创业投资行业出现了巨型基金。这些巨型基金的发起人均是一些著名的创业投资机构。截至 2000 年，美国巨型投资基金达到 19 只，其规模总和超过了 1994～1996 三年间创业投资行业筹资的总和。创业投资基金规模的大型化加大了对项目的投资量，每个项目的平均投资额有增加趋势。导致创业投资基金对技术创新投资力度的增加，从而加快了技术进步的步伐，进而促进了经济增长。但如果没有有利的 IPO 退出机制，美国创业资本的机构化机制也无法顺利运作。美国创业资本作为一个资金筹集、投资、退出、再投资的循环过程，完善的退出机制是保证创业投资取回投资和获得收益的必要环节。美国创业投资的退出渠道以公开上市（IPO）、出售和并购为主，有平均 30% 以上的创业资本通过 IPO 退出。美国发达的资本市场给创业投资家提供通过了 IPO 退出的方式。

总之，美国创业投资的成功发展，与其采取的有效组织制度休戚相关，机构化的运作实现了一种新颖的人力资本间接定价机制，这种做法解决了创业投资家人力资本的激励问题。另外，美国健全完善的资本市场为创业资本投资提供了最优的退出渠道，实现投资回收和资本增值，为创业资本家赢得满意的利润，这也促使创业资本家形成了稳定的利润预期，增加了进一步融资的信心，创业投资行业能够吸引更大规模的资金，推动了技术进步，进而为美国的经济增长做出了巨大的贡献。我国目前阶段，创业投资业的专业化、机构化水平明显滞后，应加大人力资本开发，尽快建立和完善创业投资的退出机制，引导并形成一定规模的创业投资基金，从而促进我国创业投资业的快速发展。

五、专业化的创业投资人才队伍

美国创业投资业发展的成功经验表明，创业投资家为创业企业的发展提供了卓有成效的增值服务，创业投资家的素质是决定创业投资成败的关键。KP 公司的成功运作和不断壮大也显示出优秀人力资本的重要性。创业投资作为跨越科技和经济两个领域的比较特殊的投资活动，涉及多学科的理论知识，实践性极强，对人力资本的要求很高。创业投资的高风险性，也要求严格的风险控制，对风险项目的评估更是需要相关领域的专家级人才队伍，有经验的、成熟的管理人才是一个好项目能否成功的关键。在美国创业投资业界，创业投资者宁可投资第二流项目、第一流的人，也不投资第一流的项目、第二流的人。因为一流人才会把二流项目变成一流项目，而二流人才则可能把一流项目做成二流项目。

但是，我国专业化的创业投资机构还不是很多，创业投资方面的人才更为缺乏，尤其缺乏既具有丰富的工作阅历，又通晓企业的经营管理；既懂得专门的科学技术，又拥有敏锐的市场感悟能力与挑战精神的复合型人才。此外，创业投资家不仅看项目，更重要的是看企业家的综合素质和创新精神，这类人才都带有一定的专业性和区域性。这与美国的情况有相似之处。因此，我们必须采取各种手段，譬如，在大学的教学计划中注重跨学科、宽领域的课程设置，在创业投资的实践中给予创业投资家以高薪、股权和期权，从而加快国内创业投资人才的选拔培养和国外相关人才的大力引进。

280

六、政府公共政策的支持

纵观美国创业资本的发展历程，政府的公共政策发挥了至关重要的作用，美国政府对风险资本市场的发展采取了扶持和引导的有利政策。1958 年，美国颁布《小型企业投资法案》，并据此建立了小型企业投资公司制度（SBICs），确立了创业投资基金的合法主体地位，鼓励创业投资基金对不同产业公司提供初期融资，以增加中小企业的投资渠道，带动美国高科技产业的发展。1991 年之后，美国联邦政府进一步改善其对 SBIC 的支持，一些地方政府还相继提出了本州帮助创业投资基金公司的方案。1978 年美国政府将风险资本利得税税率从 49% 降低到 28%，数据显

示，这项举措使美国创业投资资金规模明显提高，之后的 1981
年，又将这一税率从 28% 降低到 20%，并采取了一系列扶持措
施，很好地改善了创业环境。为了吸引更多的创业投资参与者，
允许养老保险基金、银行、保险公司、证券公司在进出余额及盈
利中划出 5% 用作创业投资，允许共同基金划出 5%～10% 用作
风险资金，允许国外创业投资机构进入国内市场。政府还通过设
立"小企业风险研究基金"向创业投资者和风险企业提供无偿
资助，规定国家科学基金会与国家研究发展经费的 10% 要用于
支撑小企业的技术开发上。美国政府还使用"政府采购"的方
式，收购大量的高科技企业的产品，刺激了成果的转化和产业化
过程，进而推广到国民经济部门，形成了强大的高科技产业。

美国著名的高技术公司 IBM、HP 等都很大程度受惠于"政府
采购"；为了支持风险企业高新技术的合作开放，美国政府尽
可能放宽行政限制，给创业投资以切实的行政支持，并且对技
术产权保护方面做得也非常好，如规定科技人员的发明享有明
确的技术权益。所有这些，都带来了美国创业投资基金的空前
增长。

　　高新技术产业创业投资不仅是企业或个人行为，而且也是一
种政府行为。政府强有力的支持是创业投资发展的必要条件。借
鉴美国发展创业资本的经验，并根据我国的具体情况，我国政府
可以在税收、担保以及政府补贴等方面充分发挥作用。美国创业
投资市场发展过程中政府的有力支持是一个重要的决定因素。政
府资本的导向作用、放宽风险资本的来源、鼓励投资的税收优惠
政策等均体现出美国政府在创业投资市场发展各个阶段的推动和
促进作用。当前阶段，我国的创业投资基金更多地倾向于投资扩
张期甚至在 IPO 前的成熟项目，对投资成本高、风险较大的早期
创业项目关注较少。因此，我国政府在抽取部分财政资金和利用

社会商业资本组建以商业资本为主导的投资公司的同时，还应提取部分专项资金通过市场化运作的方式对创业早期的项目予以重点支持，以加快我国多层次创业投资格局的形成。

七、创业环境和创新精神

20 世纪 90 年代，人们对美国给予了特别的关注，因为由信息产业和被信息产业化了的传统产业组成的富有创业精神的信息经济，推动了美国实现就业增长和财富创造[①]。随着美国新经济的成功以及知识经济和经济全球化的发展，世界各国开始效仿或复制美国发展创业资本的方法和经验，虽然创业投资在世界其他国家也得以一定程度的发展，但其中也不乏有目共睹的失败案例，美国目前仍然是世界上最为发达、规模最大的创业资本市场。李钟文、威廉·米勒等的著作《硅谷优势——创新与创业精神的栖息地》透过"硅谷现象"总结了美国的创业环境和企业家的创新精神，他们认为，创业精神和创新活动是硅谷成功的精髓，而技术突破只是其结果。另外，在硅谷具备能够集中地将创业精神成功地转化为科技创新的环境条件。按照他们结论来理解我国的情况，让人不禁想起我国的高新开发区和大学科技园区建设，应该说，我国的高新开发区和大学科技园区已经形成了一定的规模，但真正的成果转化并不理想，企业的创业积极性也没有充分地调动起来，这对于我国的科技发展是一个不利的信号。因此，政府部门应努力创造一种支持创新和创业的社会环境，释放企业家的创业精神，对于企业家的努力，无论获得成功与否，都要予以足够地尊敬。只有这样，才能营造出有利于我国高技术

---

① 李钟文、威廉·米勒等：《硅谷优势——创新与创业精神的栖息地》，人民出版社 2002 年 1 月版。

发展的商业环境和高技术创业精神的栖息地。

第二节　美国创业资本制度的若干启示

通过以上对美国创业资本制度和市场的分析，结合我国创业投资业的现状，我们认为，美国的创业资本制度可以对我国创业投资业的发展提供一些有益的启示：

一、我国的创业投资制度环境需要改革

创业资本制度的完善其实是一个诱致性变迁与强制性变迁互动发展的结果。我国的创业投资运行模式从一开始就是模仿了美国的创业投资发展模式，但由于我国制度环境——尤其是法律环境的限制，决定了我们的创业投资发展模式和结果不可能完全与美国的发展模式一致。从我国目前的法律环境来看，《公司法》对企业的注册资金、企业组织形式和企业对外投资额都有限定，使得在美国大行其道的有限合伙制创业投资企业在我国没有建立的可能性，尤其是对于企业注册金额的限制还为许多风险企业的创立和后继（上市）融资设置了严重的障碍。因此，作为制度的供给者，政府必须在制度环境上做出一定的改革。在前面的分析中我们也已看到，美国政府为了刺激创业投资的发展也曾进行了大量的制度改革。

283

但在当前环境下，寄希望于政府对《公司法》等法案进行大幅度的修改或在短期内出台专门管理创业投资的法案都是不现实的，而且在美国也没有这样的先例。所以，在现有制度下进行有限的改革不失为一条代价小、见效快的捷径。具体来说，可以

参考德国或法国等同样不承认有限合伙制的大陆法系国家的做法，即针对创业投资的特点，对现行法令中的某些条款做出专门针对创业投资的解释；或是先制定一些指导性的行业规范文件，在使用过程中再针对发生的问题做出修改，最后再形成成文的法律。这种政策性的供给将能给创业投资创造一个宽松的制度环境。

有限合伙制的优点在于其能带来税收上的优惠，而公司制的创业投资公司则不能享受到这一优惠条件，也就限制了我国创业投资公司的投资积极性。另外，创业投资是一个长期的高风险、高度不确定性的过程，企业在相当长的一段时间内都可能无法产生利润来回报创业资本家，因此，在税收制度上给予创业资本家一定的优惠显得尤为重要。

284

我国民间对于创业投资的热情已经很高，形成了创业投资制度安排变迁的有利条件，如果此时政府能及时做出回应，在制度环境等方面给予配合，两者的互动将能促使我国的创业投资事业更为顺利地发展。

二、政府的资助必不可少

政府使用强制力能够提供一种比竞争性组织具有更低交易费用的制度性服务。而一个功能较完备的创业资本市场的形成不是一个短期的过程，它是一个从创新产业培育到资本市场培育的长期过程。在美国创业投资的发展过程中，我们不难发现美国政府在其中留下的明显印记。早在 1958 年，美国政府就发起使用了 SBICs 的投资方式，为投资于高成长性企业的基金提供资本，其后又设立了大量的政府项目，培育高新技术产业和创业资本市场。据不完全统计，从 1983 年至 1997 年，仅在小型企业创新研究（SBIR）一个项目中，美国政府就投入了 70 亿美元的资金。

而为了保持住美国在信息领域的领先地位，在 1997 年开始的下一代因特网计划中，美国政府还将持续投入大量资金，这将给美国带来巨大的经济和社会效益。

具体说来，政府提供资助的方式可以有以下几种：直接供给资本（政府直接对风险企业投资或类似于 SBICs 的形式）、经济激励（包括税收激励和担保服务等）、法规调整和信息咨询或相关业务服务等。

但在采用政府资助和干预的过程中需要牢记美国的经验教训。我国的创业投资一开始采用了政府支持的方式，中央和地方政府也都投入了大量的资金和人力、物力资源，但目前的收效却并不十分令人满意。具体原因可能在于我们犯了和美国的 SBICs 投资制度一样的错误。我国是政府提供资金，国有创业投资公司进行投资，在它们两者之间存在着一种委托—代理关系。而国家对于代理人的监督成本是极其高昂的。因此，代理人无疑存在着利用二者之间的信息不对称谋取个人利益的动机，从而造成国有资产投资效率低下，并有造成损失的可能。而且，由于这些使用国有资金的创业投资公司具有一定的政策背景优势，它们还可能对市场的正当竞争行为构成威胁，对那些民间发起的创业投资基金产生一定的冲击。其中，曾经是我国创业投资业一家著名公司的"中国新技术创业投资公司"高息揽存，利用资金炒房地产的案例就是一个活生生的例子。因此，在我国当前的信用环境和投资体制下，无论是国家还是个人（包括金融机构等非政府组织），在提供资金上的服务时，应该首先建立起一套监控机制，防止代理人的机会主义行为。在某种程度上，这种监督可以交由一些具备一定声誉基础的社会中立组织来完成，以避免发生更大的监管成本。

三、完善创业资本的退出渠道

正如上文所言，创业资本通常所用的退出渠道有 4 种：企业上市（IPO）、企业兼并、出售和清算，一个有效的退出渠道是创业资本投资成功的关键性因素。在以上的四种方式中，IPO 是其中回报率最高的，也是最优的创业资本退出渠道。而我国的创业板市场迟迟不能建立，在前一个创业投资高潮期间投入的许多资金都不能顺利地回收和实现资本增值。而且在我国，股份是不允许回购的。这就等于将创业资本投资的两个收益率最高的退出渠道给否决了。因此，我国建立创业板市场的需求越来越迫切，这也就成为当前阶段的一个重要任务。

286

四、开拓思路，实现制度的创新

既然我国的市场环境和制度环境都还不是十分的理想，而发展的需求又容不得我们静待新制度或新措施的出台，所以我们只能在现有环境下对仅有的工具进行改良或发掘其尚未被发现的一面。比如，在我国没有优先股的公司环境下如何进行创业资本合约的设计，如何用其他的工具来实现优先股创业投资的优点。

参考文献

中文部分

1. ［日］青木昌彦著《比较制度分析》［M］周黎安译，上海：上海远东出版社 2001 年版。

2. ［美］W. D. 比格利夫、J. A. 蒂蒙斯著《处于十字路口的风险投资》［M］，刘剑波等译，太原：山西人民出版社 2001 年版。

3. ［美］保罗·A. 冈珀斯、乔希·勒纳著《风险投资周期》［M］，宋晓东、刘晔、张剑译，北京：经济科学出版社 2002 年版。

4. ［美］李钟文等主编《硅谷优势——创新与创业精神的栖息地》［C］，北京：人民出版社 2002 年版。

5. ［美］大卫·卡普伦著《硅谷 108 将——150 年来硅谷英雄史诗》［M］，陈建成、陈信达译，上海：上海人民出版社 2003 年版。

6. ［美］保罗·克鲁格曼著《发展、地理学与经济理论》［M］，蔡荣译，北京：北京大学出版社、中国人民大学出版社 2000 年版。

7. 钱颖一、肖梦主编《走出误区——经济学家论说硅谷模式》[C]，北京：中国经济出版社 2000 年版。

8. [美] 安纳利·萨克森宁著《地区优势：硅谷和 128 公路地区的文化与竞争》[M]，曹蓬、杨宇光等译，上海：上海远东出版社 1999 年版。

9. 王缉慈等著《创新的空间》[M]，北京：北京大学出版社 2001 年版。

10. 张景安、亨利·罗文等著《创业精神与创新集群——硅谷的启示》[M]，上海：复旦大学出版社 2002 年版。

11. 钟坚著《世界硅谷模式的制度分析》[M]，北京：中国社会科学出版社 2001 年版。

英文部分

1. Admati, A. R. , Piderer, P (1994): Robust Financial Contracting and the Role of Venture Capitalists. *Journal of Finance 49*, *371 – 402.*

2. Aghion, P. and P. Bolton (1992): An Incomplete Contracts Approach to Financial Contracting, *Review of Economic Studies 59*, *473 – 494.*

3. Aghion, P. , P. Bolton and J. Tirole (2000): *Exit Options in Corporate Finance: Liquidity versus Incentives*, mimeo, IDEI, Toulouse.

4. Amit, R. , J. Brander, and C. Zott (1998): Why do Venture Capital Firms Exist? Theory and Canadian Evidence, *Journal of Business Venturing 13*, *441 – 446.*

5. Aoki, Masahiko (1999): *Information and Governance in the Silicon Valley Model*, in X. Vives (ed.), Corporate Governance: Theoretical and Empirical Perspectives, Cambridge, UK: Cambridge

University Press, forthcoming in 2000.

6. Aoki, Masahiko (2000): *Innovation in the Governance of Product-System Innovation: The Silicon Valley Model.* SIEPR Policy paper No. 00 - 03.

7. Aoki, Masahiko and Serdar Dinc (1997): *Relational Banking as an Institution and its Viability under Competition*, in G. Saxonhouse and M. Aoki (eds.) Finance, Governance and Competitiveness in Japan: Essays in Honor of Hugh Patrick, Oxford University Press, forthcoming.

8. Baker, Malcolm (2000): *Career Concerns and Staged Investment: Evidence From the Venture Capital Industry*, Harvard University Working Paper.

9. Baker, Malcolm, and Paul A. Gompers (1999): *Executive Ownership and Control in Newly Public Firms: The Role of Venture Capitalists*, Harvard University Working Paper.

10. Barry, C. B (1994): New Directions in Research on Venture Capital Finance. *Financial Management 23*, 3 - 5.

11. Barry, C. B. , Muscarella, C. J. , Peavy III, J. W. , Vetsuypens, M. (1990): The Role of Venture Capital in the Creation of Public Companies: Evidence from the Going Public Process. *Journal of Financial Economics 27*, 447 - 471.

12. Bascha, A. and U. Walz (1999): *Convertible Securities and Optimal Exit Decisions in Venture Capital Finance*, University of Tübingen and CEPR Working Paper.

13. Bascha, Andreas and Uwe Walz (2001): *Financing Practices in the German Venture Capital Industry: An Empirical Assessment*, University of Tübingen, mimeo.

289

14. Bascha, A (2000): *Why do Venture Capitalist Hold Different Types of Equity Securities*, University of Tübingen Working Paper.

15. Bergemann, D. and U. Hege (1998): Dynamic Venture Capital Financing and Learning. *Journal of Banking and Finance* 22, 703 – 735.

16. Bergemann, D. and U. Hege (2000`: *The Financing of Innovation: Learning and Stopping*, CEPR Working Paper.

17. Bergemann, D. and U. Hege (2002): The Value of Benchmaking, mimeo.

18. Berglöf, E. (1994): A Control Theory of Venture Capital Finance, *The Journal of Law, Economics and Organization 10* (2), *247 – 267.*

19. Bigus, Jochen (2002): *Moral Harzad by Inside Investors in the Context of Venture Financing and Security Incentive*, mimeo. University of Hambury.

20. Black, B. S. and R. J. Gilson (1998): Venture Capital and the Structure of Capital Markets: Banks Versus Stockmarkets, *Journal of Financial Economics 47, 243 – 277.*

21. Brander, J. , R. Amit and W. Antweiler (1998): *Venture Capital Syndication: Improved Venture Selection versus Value-added Hypothesis*, Discussion Paper, University of British Columbia.

22. Bratton, William W. (2001): Venture Capital on the Downside: Preferred Stock and Corporate Control, *Michigan Law Review* (Volume100).

23. Casamatta, C. (2001): *Venture Financing in Early Stage: Overview and Issues.* Université de Toulouse, mimeo.

24. Casamatta, C. (2003): *Financing and Advising: Optimal*

Financial Contracts with Venture Capitalists, Journal of Finance, forthcoming.

25. Casamatta, C. and C. Haritchabalet (2002): *Learning and Syndication in Venture Capital Investment.* Université de Toulouse, mimeo.

26. Cestone, Giacinta (2003): *Venture Capital Meets Contract Theory: Risky Claims or Formal Control?* Journal of Finance, forthcoming.

27. Cestone, G. and L. White (2000): *Anti-Competitive Financial Contracting: The Design of Financial Claims*, UAB-IAE Working Paper No. 453.

28. Chan, Y. -S. , Siegal, D. , Thakor, A. V. (1990): Learning, Corporate Control and Performance Requirements in Venture Capital Contracts. *International Economic Review 31, 365 – 381.*

29. Cornelli, F. , Yosha, O. (2003): *Stage Financing and the Role of Convertible Debt. Review of Economic Studies 70, 1 – 32.*

30. Dessi, R. (2001): *Start-up Finance, Monitoring and Collusion*, mimeo, IDEI, Université de Toulouse.

31. Dewatripont, M. and J. Tirole (1994): A Theory of Debt and Equity: Diversity of Securities and Manager-Shareholder Congruence, *Quarterly Journal of Economics, 109: 1027 – 1054.*

32. Dietz, Martin (2002): *Risk, Self Selection, and Advice: Bank versus Venture Capitalists*, mimeo University of St. Gallen.

33. D'Souza, P. (2001): *Venture Capital and asymmetric Information.* Dissertation. Berlin.

34. Garmaise, M. (1999): *Informed Investors and the Financing of Entrepreneurial Projects.* Working paper. Stanford University.

35. Gebhardt, Georg (2000): *Innovation and Venture Capital*, University of Munich, mimeo.

36. Gilson, R. (2002): *Engineering Venture Capital Market*. Columbia Law School Working Paper.

37. Gilson, R. and David M. Schizer (2002): *Understanding Venture Capital Structure: A Tax Explanation for Convertible Preferred Stock*. Columbia Law School Working Paper No. 230.

38. Gompers, P. A. (1997): *Owership and Control in Entre-preneurial Firms: An Examination of Convertible Securities in Venture Capital Investment*, Working paper. Harvard University.

292

39. Gompers, P. A. , and J. Lerner (1998a): *Conflict of Inter-est in the Issuance of Public Securities: Evidence from Venture Capital*, NBER Working Paper 6847.

40. Gompers, P. A. , and J. Lerner (1998b): *Venture Capital Distribution: Short-and Long-run Reactions, Journal of Finance 53, 2161 - 2183.*

41. Gompers, P. A. , and J. Lerner (1998c): What Drives Venture Fundraising? *Brooking Papers on Economic Activity-Microeco-nomics 149 - 192.*

42. Gompers, P. A. , Lerner, J. (1999a): An Analysis of Compensation in the US Venture Capital Partnership. *Journal of Fi-nancial Economics 51, 3 - 44.*

43. Gompers, P. A. , Lerner, J. (2000): Money Chasing Deals? The Impact of Fund Inflows on Private Equity Valuations. *Journal of Financial Economics 55, 239 - 279.*

44. Gompers, P. A. , and J. Lerner (2001): The Venture Cap-ital Revolution, *Journal of Economic Perspectives 15 (2), 145 - 168.*

45. Gromb, Denis and David Scharfstein (2001): *Entrepreneurship in Equilibrium*, LBS and MIT, mimeo.

46. Hellmann, T. (1998): The Allocation of Control Rights in Venture Capital Contracts, *Rand Journal of Economics 29*, 57 -76.

47. Hellmann, Thomas (2000): *Contracting over Future Ownership Choice*: IPOs, Acquisition and Convertible Securities in Venture Capital, Stanford University, mimeo.

48. Hellmann, Thomas (2002): A Theory of Strategic Venture Investing, *Journal of Financial Economics 64*.

49. Hellmann, T. and M. Puri (2000): The Interaction between Product Market and Financing Strategy: The Role of Venture Capital, *Review of Financial Studies 13*, 959 -984.

50. Hellmann, T. and M. Puri (2002): Venture Capital and the Professionalization of Start-Ups: Empirical Evidence, *The Journal of Finance 57*, 169 -197.

51. Holmström, B. (1979): Moral Hazard and Observability, *Bell Journal of Economics 10*, 74 -91.

52. Holmström, B. (1982): Moral Hazard in Team, *Bell Journal of Economics 13*, 324 -340.

53. Holmström, B. (1999): Managerial Incentive Problems: A Dynamic Perspective, *Review of Economic Studies 66*, 169 -182.

54. Holmström, B. and J. Tirole (1997): Financial Intermediation, Loanable Funds and the Real Sector, *Quarterly Journal of Economics 112*: 663 -691.

55. Houben, Eike (2002): *Venture Capital, Double-sided Adverse Selection, and Double-sided Moral Hazard*, University of

Kielmimeo.

56. Inderst, Roman and Holger M. Müller (2002): *Venture Capital and Market Structure*. mimeo.

57. Jeng, L. A. and P. C. Wells (2000): The Determinants of Venture Capital Funding: Evidence Across Countries, *Journal of Corporate Finance 6, 241 – 289.*

58. Kanniainen, Vesa und Christian Keuschnigg (2000): *The Optimal Portfolio of Startup Firms in Venture Capital Finance*, CESifo working paper.

59. Kanniainen, Vesa und Christian Keuschnigg (2001): *Start-up Investment With Scarce Venture Capital Support*. University of St. Gallen Department of Economics Discussion paper No. 2001 – 2004.

60. Kaplan, S. N. and P. Stromberg (2001a): Venture Capitalists as Principals: Contracting, Screening, and Monitoring, *Amercian Economic Review 91, 426 – 430.*

61. Kaplan, S. N. and P. Stromberg (2001b): *Characteristics, Contracts, and Actions: Evidence From Venture Capitalist Analysis.* University of Chicago mimeo.

62. Kaplan, S. N. and P. Stromberg (2003): Financial Contracting Theory Meets the Real World: An Empirical Analysis of Venture Capital Contracts, *Review of Economic Studies, forthcoming.*

63. Kirilenko, A. A. (2000): Valuation and Control in Venture Finance, *Journal of Finance*, forthcoming.

64. Kockesen, L. and S. Ozrtark (2002): *Staged Financing and Endogenous Lock-in: A Model of Start-up Finance.* Columbia University mimeo.

65. Kortum, S. and J. Lerner (2000): Asseessing the Contribution of Venture Capital to Innovation. Rand Journal of Economics 31, 674 – 692.

66. Landier, Augustin (2001a): *Start-up Financing: Banks vs. Venture capital*, mimeo, MIT.

67. Lerner, J. (1994a): The Syndication of Venture Capital Investments. *Financial Management 16 – 17*.

68. Lerner, J. (2000): *Venture Capitalists Financial Innovation and the Innovation Process*, prepared for the Council on Foreign Relations.

69. Lerner, J. and Merges, R. (1997): *The Control of Strategic Alliance: An Empirical Analysis of Biotechnolgy Collaboration.* NBER Working Paper 6014.

70. Lerner, J. and Tsai, A. (1999): *Do Equity Financing Cycles Matter? Evidence From Biotechnolgy Alliances.* NBER Working Paper.

71. Leshchinskii, Dima (1999): *Venture Capitalists as Benevolent Vultures: The Role of Network Externalities in Financing Choice*, mimeo, HEC.

72. Lin, T., and R. Smith (1998): Insider Reputation and Selling Decisions: The Unwinding of Venture Capital Investments during Equity IPOs, Journal of Corporate Finance 4, 241 – 263.

73. Lülfesmann, C. (2000): *Start-up Firms, Venture Capital Financing, and Renegotiation*, University of Bonn, mimeo.

74. Marx, L. M. (1998): Efficient Venture Capital Financing Combining Debt and Equity, *Review of Economic Design 3, 371 – 387*.

75. Marx, L. M. (2000): *Contrac Renegotiation in Venture*

295

Capital Project University of Rochester. mimeo.

76. Maug, Ernst（2000）: *Ownership Structure and the Life-cycle of the Firm: A Theory of the Decision to go Public*, mimeo, Duke University.

77. Michelacci, C. and Suarez, J. （2000）: *Business Creation and the Stock Market.* CEMFI Working Paper, Madrid.

78. Neff, Cornelia （2000）: *Financing and Product Market Competition: Optimal Contracts with Venture Capitalists.* University of Tübingen Working Paper.

79. Neher, D. V. （1999）: Staged Financing: An Agency Perspective, *Review of Economic Studies 66*, 255 – 274.

80. Neus, Werner and Uwe Walz （2001）: *Exit Timing of Venture Capitalists in the Course of an Initial Public Offering*, University of Tübingen Working Paper.

81. Renucci, A. （2000）: *Optimal Claims and Tightness of Relationships with a Value-Enhancing Investor*, mimeo GREMAQ, Université de Toulouse.

82. Renucci, Antoine （2001）: *Access to Financing and the Organizational Structure of the Firm*, mimeo GREMAQ, Université de Toulouse.

83. Repullo, R. and J. Suarez （1998a）: *Venture Capital Finance: A Security Design Approach*, CEMFI Working Paper No. 9804.

84. Sahlman, W. A. （1990）: The structure and governance of venture-capital organizations. *Journal of Financial Economics* 473 – 521.

85. Schmidt, K. M. （2003）: *Convertible Securities and Venture Capital Finance*, Journal of Finance, forthcoming.

86. Schwienbacher, Armin (2001): *Innovation and venture capital exits*. mimeo. University of Namur.

87. Schwienbacher, Armin (2002): *An Empirical Analysis of Venture Capital Exit in the United States*. mimeo. University of Namur.

88. Sorenson, O. and T. Stuart (1999): Syndication Networks and the Spatial Distribution of Venture Capital Investment. *American Journal of Sociology 106, 1546 – 1548*.

89. Tirole, J. (2000): Corporate Governance, *Econometrica*, forthcoming.

90. Trester, J. J. (1998): Venture Capital Contracting under Asymmetric Information, *Journal of Banking and Finance 22, 675 –699*.

91. Tsuru, K. (2000): *Finance and Growth*. OECD Working Paper, ECO/WKP (2000) 1.

92. Ueda, M. (2000): *Banks versus Venture Capital*, mimeo. Universitat Pompeu Fabra.

后　　记

　　本书是北京市重点学科"北京师范大学世界经济学科"资助的一本专著。它是我多年来从事创业资本研究的一个总结。

　　我对创业资本发生兴趣可追溯到 1995 年。当时我在中国光大国际信托投资公司工作，我因和王韬光先生共同编写《企业兼并》[①] 一书，有幸参加中国留美经济学会在北京大学组织的"现代工商管理丛书"首发式，从而结识了海闻教授、尹尊声教授，也结识了这套丛书另一本书的作者陈闽教授。我和陈教授一见如故，在学术上有很多共同的趣向。当时陈闽教授交给我一篇他与一个美国学者合写的文章《风险资本在新技术公司发展初期的作用——波特技术公司成长案例研究》，我看后觉得很有价值，因为当时国内对美国风险投资介绍并不多见，尤其是具体的案例分析，更是鲜有。我对这篇文章精心修改润色后，将它推荐给了中信国际研究所的季红女士，感谢季女士的慧眼，她将这篇文章发表于她主编的《经济导刊》1998 年第 1 期[②]。后来，为

298

---

　　① 该书系现代工商管理丛书的一本，由中国留美经济学会组织编写，尹尊声、海闻主编，上海人民出版社出版。

　　② 这篇案例后来在国内流传非常广泛，几乎所有的有关风险投资、创业投资的书籍都会提到这个案例，一些最重要的学术论文也常引用这个案例，例如，《中国社会科学》2003 年第 1 期发表的《人力资本间接定价机制的实证分析》一文，主要就是以此案例作为分析基础。但遗憾的是这些书籍和论文没有一个标明此案例的真正来源。

了进一步推动创业资本知识在国内的普及，我们合作编写了
《创业资本运营》① 一书。

　　对创业资本真正深入的研究则始于我与张树中先生的一段合
作。当时我们俩均在光大证券供职，他那时虽然担任光大证券北
方总部总经理，事务缠身，但对学术研究的兴趣很浓，正在职攻
读中国社会科学院世界经济与政治研究所的经济学博士。得知我
对创业资本有所了解，张先生便同我探讨这方面的问题，因为他
那时正准备撰写博士论文，题目恰巧也是创业资本这个领域的。
我们先后对创业资本的定义、运行机制、制度安排以及对我国的
借鉴意义等问题无数次交换意见，也先后请教了王国刚研究员、
王松奇研究员。在探讨问题的过程中，进一步激发了我对创业资
本理论研究的兴趣。

　　1999 年至 2002 年，在南开大学经济研究所攻读经济学博士
期间，我收集了大量的创业资本相关文献，并进行了仔细的研
读，还翻译了几十篇经典文献。这些文献我还在进一步译校当
中，我希望尽早将它们整理完毕，供有志于研究创业资本的人加
以利用。

　　收入本书的部分章节先后在《世界经济》、《经济学动态》、
《统计研究》、《管理世界》、《改革》、《欧洲研究》、《南开经济
研究》、《北京师范大学学报》、《证券市场导报》 等刊物发表过，
在这里向这些杂志谨表谢意。

　　我在国海证券工作期间的同事李高峰、黎江帆为我翻译了大
量的英文文献，收集了相关的数据和资料，为我的研究提供了有
力的支持，令我感念至今。

　　在本书写作过程中，得到了北京师范大学经济与工商管理学

---

①　该书 1998 年由中信出版社出版。

院院长李翀教授的悉心指点和帮助，尤其是学院良好的学术环境和学术氛围，使我得到了极大的快乐和鼓舞。

多年来，我之所以能保持长久的兴趣，在求学和治学的道路上进行艰辛的探索，与我的妻子对我的支持和鼓励是分不开的。长期以来，她默默地承担着操持家务、扶养孩子的重任，是我事业坚强的后盾。每当我看到妻子不知疲倦地辛劳，我内心都充满着感激之情。我把这本书献给她，以表达我对妻子的敬爱。

我自从 1983 年离开老家到京求学，至今已经过去了二十多年。父亲对我的言传身教，母亲对儿子的期盼，一直激励着我不断去追求和探索。2005 年 5 月，我的父亲永远离开了我，他并没有看到这本书的出版，但其中的思想很多是来自他的鼓励，这本书也寄托了一个儿子对父亲的无限思念。

300

在求学的道路上，我遇到了许多良师益友，得到了许多师长、好友、同学、同事的关心、帮助和支持，他们是南开大学曹振良教授、逄锦聚教授、柳欣教授，中国金融学院孔敏教授，清华大学人文学院蔡继明教授，好友高书生教授、曲和磊博士、高文舍博士、高玉喜博士、李青博士，师兄李军林博士、师妹李雯博士、同学洪开荣博士、李向前博士，在此书付梓之际，谨向他们表示真诚的感谢。

2007 年 10 月于京师园